春 华 秋 实

——五十载针灸研究征程中的苦与乐

主 编 韩济生 万 有

北京大学医学出版社

CHUNHUA QIUSHI WVSHIZAI ZHENJIV YANJIV ZHENGCHENG ZHONG DE KUYULE

图书在版编目（CIP）数据

春华秋实：五十载针灸研究征程中的苦与乐 / 韩济生，万有主编. -- 北京：北京大学医学出版社，2018.7
ISBN 978-7-5659-1829-2

Ⅰ. ①春… Ⅱ. ①韩… ②万… Ⅲ. ①韩济生－生平事迹 Ⅳ. ① K826.2

中国版本图书馆 CIP 数据核字 (2018) 第 140492 号

春华秋实——五十载针灸研究征程中的苦与乐

主　　编：韩济生　万　有
出版发行：北京大学医学出版社
地　　址：（100191）北京市海淀区学院路 38 号　北京大学医学部院内
电　　话：发行部 010-82802230；图书邮购 010-82802495
网　　址：http：//www.pumpress.com.cn
E－mail：booksale@bjmu.edu.cn
印　　刷：北京信彩瑞禾印刷厂
经　　销：新华书店
责任编辑：刘陶陶　　**责任校对**：金彤文　　**责任印制**：李　啸
开　　本：710 mm × 1000 mm　1/16　　**印张**：17.75　　**字数**：260 千字
版　　次：2018 年 7 月第 1 版　2018 年 7 月第 1 次印刷
书　　号：ISBN 978-7-5659-1829-2
定　　价：90.00元

序

我习惯把韩济生院士尊称为韩先生，周围多数人也这样。在北大和北医，先生的称呼只有德高望重的老师才能享用，可谓是“最高职称”吧。

韩先生从事生理学教学和科研 66 年，其中后 53 年一直在研究针刺镇痛的原理。他用现代科学方法揭示了中医针刺治疗的奥秘，获得世界公认的原创性成果，与此同时培养了大批人才。韩先生在 90 华诞之际，检阅累累硕果，回忆丰富经历，成书《春华秋实》，对总结经验、教化后人，很有意义。

韩先生极富创新精神，每隔一段时间，都会做出众人想不到的事情，给大家带来惊奇和欣喜。这次他采用讲故事的方式写书，用自己亲身经历的 53 个故事，描绘出从事针刺镇痛原理 53 年所走过的道路。有趣的故事被娓娓道来，深奥的学问和深刻的道理涵育在内，引人入胜，润物无声。韩先生对事物敏锐的洞察力以及强大的叙事能力实在令我敬佩。我不由地赞叹，原来科学史和科普读物是可以这么来写的！我还在想，将来我们教科书的编写，是不是也可以参考这样的方法呢？

本书叙述的 53 个故事告诉我们，科学研究是为追求真理，来不得半点虚假，从事科学研究是艰巨的，要准备经受各种艰难险阻，要能吃苦，能坚持，然而也常能享受绝处逢生后成功的喜悦。他的故事也告诉我们，科学研究需要团队合作，包括国际交流和协助，而合作需要谦虚和忍让，要甘愿吃亏。

韩先生的一生与时代同行。他体会到个人不可能超越时代，但却可以在任何情况下都坚持自己的追求，只要自己不忘初心，朝着既定的方向不懈努力，有时逆境反而会成为有利的机遇。他是一位乐观主义者，如果说成功有助于他的乐观，我更愿意说是他的乐观造就了他的成功。也因为他对人生的深刻感悟，他感恩时代，感恩周边的同志和朋友，使得他越到老年越感受到幸福，这是韩先生的修炼。

是为序。

韩启德

前　　言

我 1952 年从上海医学院毕业。根据当时的国家需要，没有实现原来的愿望去做一位外科医生，而是从事生理学的教学、研究工作，至今 66 年。在生理学研究中，我又主要从事针刺镇痛原理研究，已满 53 年。

当我 70 岁（1998 年）时，我的学生和同事王晓民为我编写了一本小册子，名为《芳菲时节》，寓意有许多学生一起工作，出了不少成绩；大家欢乐相处，好似春花怒放。现在我 90 岁了，本人已逐渐退出科研领域。好在研究已结出果实，许多学生都已成长，硕果累累。现在我的另一位学生和同事万有建议出版一个续集，一方面促使我把 53 年来从事针刺原理研究中比较有意义的情节写成 53 个小故事，留下胜利的喜悦和失败的教训供后来者参考；另一方面有一些共同成长的同事和学生对这一集体有一些不同的体会和评议，可以得到及时反映。关于本书的书名，万有提出了几个建议，我几乎脱口而出选了《春华秋实》，可以和《芳菲时节》相映成趣。

写小故事费了我不少时间，但也给我带来极大的喜悦。时间不可倒转，历史不能再现。有的事件是瞬间要求做出决定的，是祸是福都不能改变，要紧的是每时每刻我都已尽了最大的努力！许多实例说明：人虽不一定能胜天，但逆境有时可以转为优势，天灾有时可以变为馅饼。有缺陷的人生，才是世界的原貌和本质！“往者已矣，来者可追”，这里的“来者”可以是本人，也可以是翻阅本书的年轻读者。

此时此刻，我的内心充满了幸福和感恩。庆幸人到九十还保持着基本健康；感谢时代赋予的机遇、老师的培养、同事的帮助、学生们的努力和亲人的毕生关照！

感谢亲爱的读者！

韩济生

2018.06.12

Contents 目　录

第一篇　科研小故事

引　言

第二篇　韩济生院士和他的学生们

第一篇

科研小故事

引 言

1953 年我从上海医学院医疗系毕业以后被分配到哈尔滨医科大学从事生理学教学工作。当时教学是必须完成的任务，科研是自己的额外选择。我在血压测定方法、红细胞生成机制等方面跌跌撞撞地做了一点尝试。直到 1962 年我调任北京医学院生理教研室，师从王志均教授，做消化代谢方面的研究。在政治运动频繁的年代，我真正从事教学、科研工作也只短短几年，未得要领。1965 年我接受国家任务，研究针刺麻醉原理，这才肩负重任，目标明确，在生理教学的同时正式走上科研之路。这时我已 37 岁。

针刺属于中医系统，麻醉属于临床范围，对我都是陌生事物。但是国家任务是国民必须承担的义务。我以责无旁贷之心，勇敢地迎上前去，带着两三位比我年轻约 10 岁的助教和研究生以及几位技术员，开始科研之旅。50 多年后的今天，我回想当时物质上“一穷二白”、科研思路上“一无所知”的背景，以目前的眼光审视当年所选的道路，应该说还算是合理的，或者说是比较幸运的。那就是，先不说“为什么（Why）”（针刺为什么会镇痛），而是问“是什么（What）”（针刺真的有镇痛作用吗）。有了“针刺确能镇痛”的事实，和“针刺镇痛确有物质基础”的事实，我们就有信心从事深入研究。从针刺技术的精确化，各种神经信息传递物质的解析及其传导通路的探索，终于完成外周刺激引起脑和脊髓释放某些特定神经化学物质密码的破解。

此过程有许多值得回忆的人和事，有许多特殊的机遇和祸福，偶然性中带有必然性。记录这些小事，既可以表达对于曾经拔刀相助的贵人的衷心感谢，也可能对开始步入科学殿堂的年轻人有一定启发，或许也能博得年长过来人会心一笑！

最可贵的是，前后直接参与团队一起奋斗的兄弟姐妹们（多达300余人），在阅读本书时，可以在生命过程中稍稍歇下匆匆脚步，借此回忆一下如烟往事，不论是幸福还是遗憾，都是弥足珍贵的历史！

本篇主要由我执笔，但因某些节段的具体实验并非由我操作，所以我对情节了解不深，需要实际操作者加以深化。例如，药物依赖部分由崔彩莲教授、吴鎏桢研究员修改，帕金森病部分由王晓民教授修改，胆囊收缩素（CCK）和阿片肽相互作用机制方面由万有教授修改，针刺减肥部分由田德润教授修改，孤独症和生殖部分由张嵘执笔，灸法研究部分由伊鸣执笔。有时为了落实一个细节，我都要请教实验者本人一一加以核实。至于为我做文字修饰的战友更是数不胜数，一并在此致以衷心感谢！

在历史长河中，每人都尽了一份力量。人活到了九十岁，还能留下的记忆已经不多。但与几百位朋友和学生共度的科研时光弥足珍贵。因为虽然在今天看来似乎已是了无新意的点滴成就，在当年却都是挑战未知的惊喜所得。如果这些经历能为初上科研征程的年轻人提供一点前进的动力，能为遇到困难的彷徨者提供一点继续前行的助力，那就是我额外的收获和幸福了！

韩济生 2018-03-12

1.养兵千日，用兵一时

1965年9月的一天，北京医学院（现名北京大学医学部，下文简称北医）党委书记彭瑞骢约我到他办公室谈点事。我带着疑惑的心情去了。彭书记说："你有没有听说过'针麻'（针刺麻醉）这件事？"我说："没有。"我想，我是一个一般群众，好多事情不知道是正常的。于是他从头解释这个新事物：做手术不要用麻药，只要在穴位上扎针就能起到麻醉作用。现在领导指示要开展这方面研究，问我是否愿意参加。我摇头，表示不可理解有这样的事，太离奇，我也不愿参加。因为当时常常听到有各种新鲜事，比如饮水疗法（每天喝几大杯水，有利健康）、鸡血疗法（把鸡血抽出来，给人注射，有利健康）。都是“事出有因，查无实据”，不了了之。现在又来一个“针刺麻醉”，我心想也不过如此。彭书记料事如神，波澜不惊，说是他也觉得不可信，最好还是亲眼去看看吧。第二天清晨我们乘车到北京郊区通县结核病研究所。所长辛育龄教授是从苏联留学回来的胸外科专家。他亲自执刀，为一位青年女工行“肺叶切除术”。躺在手术台上的是一位青年女工，双手双腿上各插有 10 枚针灸针，全身总共 40 枚。有 4 位针灸医师，各负责一个肢体。在统一号令下，每位医生轮流在相应的位置上捻针，场面颇为壮观。从辛主任操作手术刀切开皮肤开始，我们密切注视着患者的表情，没有见到任何皱眉痛苦状，给她用弯曲的麦秆吸食橙汁，也坦然应命。我们问医生是否给了她麻醉药品，回答是没有（当时没有“撒谎”这一说）。这个场面深深震撼了我的心，至今记忆犹存。我认为，只要有这个事实，一时讲不出作用原理没关系，总是会找出原理的。不必彭书记再动员，我就表示：我愿意做这个研究。

事后彭书记说明，是柬埔寨西哈努克亲王到北京大学第三医院（北医三院）看了针麻手术，极为兴奋；周总理指示卫生部长钱信忠，如果讲不出道理，应该抓紧做研究，讲出作用原理，卫生部这才向部属医学院（包括北医、上海医学院等）布置此项科研任务。事后了解，北医党委曾经动员生理学领域内的高年资教授来做此研究，未获允诺，才找到我这名讲师来接受这项任务。我是 1953 年上海医学院毕业的（包括在大连医学院生理高级师资班进修一年），这时已经毕业 12 年。毕业后我被分配到哈尔滨医科大学生理系任助教，1956 年转入北京卫生部干部进修学院生理教研组任讲师，1961 年转入北京中医学院（现名北京中医药大学）生理教研组，1962 年再转到北京医学院生理系。领导调我到北医，说明是为了“给王志均教授做助手”，我也盼望在王先生的指导下，在消化生理界大干一场。未曾想到领导又要我转入一个本人毫无学业基础的针灸研究领域，变化跨度似乎太大了！但是我想：“养兵千日，用兵一时”，毕业 12 年，何止千日；现在国家有需要，难道不应该站出来贡献一点力量吗？！

北京医学院的基础医学院总支书记许鹿希，更是对我慰勉有加，说是要在基础部建一个跨学科的针麻研究组，统一调配人力物力，支持针麻研究。

一场决定自己一生科研方向的大事就这样轻松确定了。

事后我才知道，针刺麻醉这个新事物是 1958 年上海第一人民医院耳鼻喉科尹慧珠医生首先使用的。1958 年 8 月 30 日，她只用针刺双侧合谷穴手捻针就完成了扁桃腺摘除手术。这是全国，当然也是全世界第一例在针刺“麻醉”下完成的扁桃体摘除手术。其后尹医生在领导支持下接连做了 47 例，成功率达到 80%。同年，在互不知情的情况下，西安第四人民医院耳鼻喉科孟庆禄医师在 1958 年 12 月 5 日在患者的双侧内关和太冲穴扎上针，接上西安制造的山西卫生七型电针仪，成功完成扁桃体摘除术。这可称为“电针麻醉”。其后又有人将针刺麻醉应用于肺叶切除（1960，上海第一结核病院，裘德懋主任），颅脑手术（1965 年，上海华山医院，陈公白院长），心脏二尖瓣手术（1966 年，上海胸科医院，顾恺时院长）。从此一发不可收拾。北京也紧随其后，积极开展针刺麻醉。

2. 在患者身上开刀有止痛效果，给正常人扎针能降低痛感吗？

静下心来想一想，我们面对的科学问题是什么？如果想研究针麻的作用原理（Why），首先要弄清楚事实（What）：针刺真的能镇痛吗？有没有足够的事实根据？当时我们无法回答这些基本问题！即使亲眼目睹了肺切除手术，我还是认为没有足够的事实根据，从科学上，而不是从情感上得出结论：“扎针确实有镇痛效果。”我们可以用常识来推想：一个没有接受任何麻醉药物而躺在手术台上等待手术的人，他的痛觉灵敏度应该是和正常人一样的。那么为什么刀割一个正常人皮肤却不痛？一定是扎针使痛觉变得迟钝了。临床医师坚信：针麻手术需要扎针，而且要在手术前半个小时就开始扎针，等出现“得气”状态的时候，才能开始手术；手术过程中还要继续扎针，才能保持效果。如果这些是针刺麻醉的充分和必要条件，那就可以据此设计生理实验，记录扎针以后人的痛觉是否比扎针前迟钝（减退）了？摸索痛觉减退的规律（时间过程、空间范围）。想到这里，原来觉得神秘莫测的问题就有了研究思路和具体路线。

但是如何精确地测试痛觉灵敏度？不用刀割、火烫是难以测出痛觉阈值（痛阈）的。一个人的痛阈低（用低强度刺激就能引起痛觉）表示怕痛，痛阈高（用高强度刺激才能引起痛觉）表示不怕痛。扎针能使人的痛阈升高，从怕疼变为不怕疼吗？这个问题成了研究的关键（焦点）。

关于针麻原理的研究也是上海和西安的专家做在前面的。1965 年 7 月，在卫生部（现名国家卫生健康委员会）和上海市卫生局（现名上海市卫生和计划生育委员会）的领导下，成立了上海市针刺麻醉协作组。临床组长是裘德懋，机制组长是徐丰彦（上海医学院），副组长是张香桐（中国科学院上海生理研究所）。他们选用带有刻度的弹簧棒作为测痛工具，研究针刺穴位引起人体痛觉变化的规律。

我们查阅生理学教科书和文献，发现有多种测定痛阈的方法。比较精确的一种是给受试者皮内注射一种刺激性强的物质，称为斑蝥素。注射后皮肤起一个大泡。用剪刀剪开大泡，露出一小片真皮。用一个没有底的玻璃圆筒置于受试者暴露的真皮上，滴上氯化钾溶液，可引起疼痛。根据引发痛觉所需氯化钾的浓度，可以判定该受试者痛阈的高低。在此基础上，可以观察针刺是否能引起受试者的痛阈显著升高。还有一种办法，是把高能量的强光聚焦在受试者的皮肤上，看多长时间（几秒）才引起疼痛，该法比较简单易行。但两种方法都给人体皮肤带来损伤，会给受试者带来一定痛苦，而且在一个部位不可重复测痛。

另外一种方法是机械性加压。用一个带弹簧的钝头金属棒在皮肤上逐步加压，直到产生痛觉为止，记录弹簧刻度显示的压力。但用手加压，终究难以准确定量，而且同一测痛点不能重复测定。

我们继续查找，发现了直流电离子导入法。把直流电的正极（面积 25 mm^2，带有氯化钾溶液）放置于待测者的皮肤上，另一个大型无关电极

（面积 50～100 cm^2）放在其小腿肚上。当直流电逐渐增加达到一定值时，大量钾离子渗入皮肤，刺激感觉神经，引起疼痛，记录这时的电流值，确定为“痛阈”。经过试验，我们发现此法基本无损伤性，重复性高，简便易行。用这种测疼方法在我们自己身上试验，结果表明扎针确实能引起痛阈升高 80%～100%。注射小剂量吗啡也可引起痛阈升高一倍左右，表明痛阈有足够的变化量，可以进行原理研究。到此，以定量方式测疼的方法建立了！一个好的开端就是成功的一半。此时科研小组研究人员的高兴心情，真是无以言状！我们计划动员 50～100 人来做针刺镇痛的正式实验。

为了加快工作进度，我们配置了 5～10 个床位，每床配备 1～2 个测痛人员，动员上百个被试者，订制 5～10 台专用测痛仪器，一一解决有关问题，将在下文再谈。由于该实验前无古人，一定要做好预备实验，明确目的，做好详细计划，才能开展大规模科研。否则将事倍功半，甚至半途而废。

3.大会战前的练兵

科研团队的初始成员是从生理学系抽出的 3 个人作为基本队伍：韩济生、汤健、周仲福，又从各个教研室抽出 6 位技术员，组成一个科研队伍。首先我们要观察针刺是否有镇痛作用，需要做出许多选择。比如，扎几根针？扎哪个穴位？扎多久？由谁来扎？观察身体哪些部位的痛阈变化，观察多长时间……需要解决的问题很多，通过一次实验，不可能回答太多的问题。归根到底，最重要的问题无非是要了解针刺镇痛的时间和空间分布规律。

临床上做一个小手术一般是 1 个小时。我们首先要回答的是镇痛效应时间分布问题：是否确实需要提前半个小时扎针才有镇痛作用？若镇痛有效，疗效能维持多久？关于空间分布规律，是单纯观察一个手术部位（如开胸手术的胸部、开腹手术的腹部）的痛阈变化，还是观察针刺对全身各部位是否都有镇痛效果？经过认真考虑，我们选择了后者，即进行全身代表性部位的探察。我们决定在头面部、胸部、腹部、背部、上肢、下肢共选 8 个点（有的位于针刺的同侧，有的是双侧），观察全身痛阈的变化，至少可以验证一些针灸医师常用口诀的正确性。如“口面合谷收，肚腹三里留”，是否确有其事。关于时间过程，根据临床常规，我们要求捻针 50 min；在捻针期间，以及停止捻针后 30 min 观察痛阈变化，系统观察其即时效应和后效应。在观察期间，每 10 min 测痛一次。在设计试验的时候，有一些技术细节也必须引起重视。比如，在测痛的同时是否继续扎针？考虑到扎针产生的酸、麻、胀、重等“得气”感觉，很可能对测痛过程产生干扰（分散注意力，或转移注意力），我们决定在测痛期间停止捻针，以便被试者集中注意力判定痛阈变化。我们发现，虽然边干边学，在探索中不断完善的试验设计，基本符合要求，保证了临床研究的科学性和高质量；但是有一点是我们无能为力的，我们不是中医出身，没有经过扎针训练，只好到北京中医学院请针灸师来帮忙。

一切设计工作完毕，就差制造出足够数量的测痛仪器了。正当为此焦急时，我们认识了北京航空航天大学的电子工程师刘亦鸣老师。出于个人爱好，他对“针麻”这个新鲜事物极感兴趣，愿意按照我们的要求，迅速设计制造出钾离子测痛仪样机，并按质、按量、按时提供了足够的仪器。要在短时间内完成一个大任务，常常需要有“贵人相助”，看来确有其事。刘老师就是我们的“贵人”。我们从 1965 年开始合作，友谊持续了半个多世纪，至今长盛不衰。1965 年我们第一次取得的数据，进入了国际药理学和毒理学年鉴（Annual Rev Pharmacol Toxicol，1982），我和 Terenius 合著的论文《针刺镇痛的神经化学原理》至今仍被广泛引用，单篇引用率超过 400 次。

4. 人体测痛大实验

为了招募足够数量的健康被试者，我在生理学课大课堂上透露了我们的针麻原理科研计划，提出急需招募志愿人员，当作被试者。上课的所有同学全部举手要求参加这项开天辟地的科学实验！3个实验室，6张观察床，同时开工。我们白天实验，晚上汇总数据进行统计，工具就是一把算盘和一支计算尺，每天工作到深夜。

在针刺前，先测基础痛阈。将测痛仪的电流从开始匀速逐渐增加到1 mA左右，测痛点皮肤就会感到痛，这是一个人的基础痛觉阈值。根据这个数据，可以计算出针刺以后不同时间点痛阈升高（或降低）了多少个百分数（图1）。总体来说，对照组躺着（不扎针）在80 min内测定9次痛阈、8个测痛点，其痛阈平均值之间没有显著差别，也没有明显升高或降低的趋势，表明这种测痛方法本身是稳定可靠的。而合谷穴接受针刺并不断捻针的受试者，其痛阈有显著升高的趋势。这种趋势在10 min时很明显（约升高30%），然后继续上升，到30 min时基本达到顶点（进入缓慢升高的平台期），并维持于此。再持续捻针到50 min时将针拔出，此后痛阈就逐渐下降，半衰期约16 min，在30 min以后尚未完全恢复。实验结果可以从三个方面论述：

（1）针刺是否有镇痛效果？针刺确实有镇痛效果。这是一种缓慢的变化过程，像是涨潮退潮，有一定规律。根据临床医生的经验：需要扎针“诱导”半个小时才能开始手术，得到本次试验结果的充分支持。

（2）针刺是否对每人都有效？虽然对照组和针刺组的痛阈平均值变化

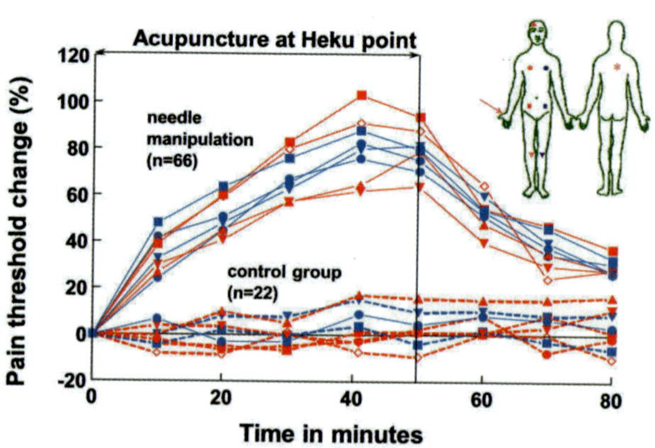

图1 针刺人体合谷穴引起痛阈变化。横坐标为时间（分钟），纵坐标为痛阈变化百分数。虚线表示对照组（22人）8个测痛点、80 min内的皮肤痛阈变化如图所示。实线表示针刺组（66人）8个测痛点的皮肤痛阈变化。右上图表明8个测痛点的空间分布，针刺合谷穴持续50 min

曲线从 10 min 开始就完全分开了，停针 30 min 尚未恢复，但仔细观察各个受试者的数据，有很大的离散度：正常人不扎针，痛阈也可以有 50% 的波动；被扎针的人多数有痛阈升高，但也有一部分人痛阈没有升高。说明针刺并非对每个人都有效（见图 2）。关键问题是，这种差别是随机发生的（碰运气，今天有效，明天无效），还是有规律的（有效的总是有效，无效的总是无效）？用科学词汇来表述，称为针刺镇痛的“可重复性”。这是临床医生最关心的问题，例如有一个患者明天就要做手术，假设针刺镇痛是有规律可循的，而且我们能够预知这个患者是针刺镇痛的有效者，那我们就可以在明天的手术中大胆给他做针麻，取得满意结果的可能性很大。如果手术前就知道这是一个针刺镇痛无效者，我们就不给这个患者实施针麻，而建议采用药物麻醉。为了验证能否预测患者手术中针麻效果，我们设计了一个试验：手术前一天，先用钾离子测痛法对患者测痛 2 次，取得平均痛阈基础值，然后针刺 60 min，每 10 min 测痛一次，记录针刺后痛阈升高百分数。在次日针麻手术中，在患者相同穴位扎针，术后按照镇痛效果判定其级别，分为Ⅰ级（优秀）、Ⅱ级（良好）、Ⅲ级（差）。在 92 例手术患者中，Ⅰ、Ⅱ、Ⅲ级分

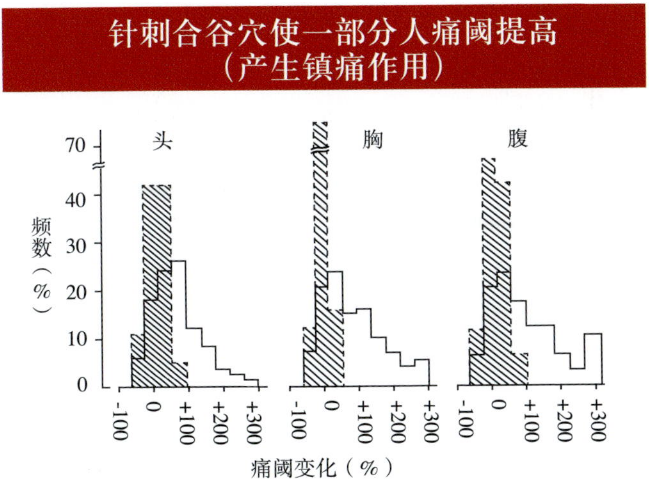

图 2　针刺合谷穴引起皮肤痛阈变化百分数。在 50 min 内连续测痛 6 次，虚线区表示对照（没有给予针刺）组成员在重复测痛以后，痛阈波动的分布规律和幅度。实线区表示针刺组在接受针刺后痛阈变化的分布规律和幅度［北京医学院基础部针麻原理研究组，中华医学杂志，(3)：151，1973］

别为 18、38、36 例。结果证明，手术中针刺镇痛效果优秀和良好（Ⅰ、Ⅱ级）的患者在手术前一天进行的针刺效果测定中痛阈平均升高 76%；而术中针刺镇痛效果差（Ⅲ级）的患者，术前一天进行针刺镇痛，痛阈平均值只升高 25%，差别非常显著。这提示运用钾离子测痛法进行术前针刺镇痛效果测定，有可能成为临床手术中针麻效果的预测手段之一。这个临床试验结果大体上得到其后动物（大鼠）试验的验证。但与临床试验相比，动物实验条件易于控制，结论也更为明确，留待后表。

（3）针刺镇痛是全身作用还是局部作用？按照“口面合谷收，肚腹三里留”的口诀，针刺合谷一个穴位，应该是对头面部有效，其他部位无效。实际上 8 个测痛点的痛阈升高幅度没有显著差别。在后来的实验中，我们把针刺部位改为足三里穴，也没有观察到腹部痛阈的升高比其他部位更明显。这说明针刺镇痛基本上是一种全身反应。当然，仅根据这 1~2 个实验，也不能完全排除局部镇痛或循经镇痛的可能性。

经过三个月的奋斗，我们有了一批手捻针的镇痛阳性结果。下一步，我们在针灸针的针柄上施加频率为 10 赫兹（Hz）、波宽为 10 毫秒（ms）的方波，取得与手捻针相似的镇痛结果。接下来，我们没有在针灸针柄上加用电刺激，而是用一个塑料瓶盖，内部充满棉花，滴入氯化钠溶液，放置于穴位皮肤表面进行刺激（无针的针灸疗法）也收到同样效果。这样就去掉了手法针刺的神秘感，我们初步取得了无损伤、安全有效、容易操作和治疗参数标准化的效果。

5. 人体测痛实验数据的初步挖掘

用痛阈变化百分数作为纵坐标，并用时间作为横坐标作图，可以得到了针刺镇痛的时间 - 效果曲线（如图 1 所示）。仔细分析镇痛曲线上升段和下降段，可以发现他们不是直线，而是缓缓变化的曲线。如果把停针后痛阈下降部分的数据画在半对数纸上，就得到一条针效衰减的时间 - 效果回归线（图

3）。这表示镇痛效果是以指数（而不是以算术级数）规律进行衰减的。在药物代谢研究中，血液中化学物质浓度的下降速率，可以用血中物质浓度降低一半所用的时间来定量描述，称为该物质消失的“半衰期”。针刺镇痛效果衰减的速率，也可以用半衰期来描述。我们实际测量的数据表明，无论是扎哪个穴位，无论该穴位产生的镇痛效果强弱，其衰减的速率（表现为衰减曲线的斜率）是相似的，其半衰期都是 16 min 左右，即镇痛效果在停针后大约每 16 min 下降 50%。电针与手针的研究结果相似，但电针的半衰期约为 14 min。这种差异是否有统计学意义，我们当时未加深入研究。

每天实验的结果都是在当天晚上进行统计。在夜深人静之时，我用半对数坐标纸作图，发现了上述规律，这个结果令人欣喜若狂。我猜想，正如静脉注射吗啡，痛阈达到高峰以后逐渐降低的规律一样，针刺也许可以引起体内产生了一种（或几种）具有镇痛作用的化学物质。在针刺过程中，随着这些镇痛物质的不断释放与积累，受试者的痛阈逐渐升高；停止针刺后，由于这些物质的消减，镇痛效果逐渐减弱，直至恢复针刺前的水平。那么人体内

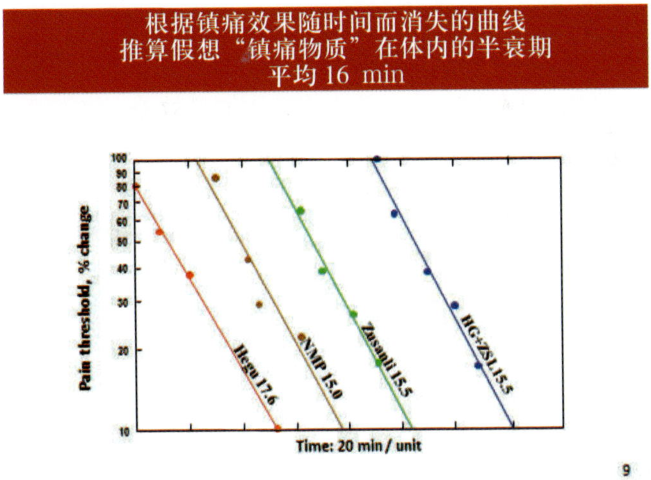

图 3　针刺特定穴位 50 min 结束后皮肤痛阈的恢复过程，以 50 min 时痛阈升高达到的镇痛效果为 100%，以此计算 30 min 内痛阈逐渐恢复的趋势。纵坐标为痛阈变化百分数，横坐标为时间，每一格为 20 min。Hegu：针刺合谷穴；NMP：非经穴位点；Zusanli：足三里穴；HG+ZSL：合谷加足三里。各条回归线上所列数字代表痛阈下降一半所需的时间（半衰期），变异在 15.0~17.6 min 之间（北京医学院基础部针麻原理研究组，中华医学杂志，1973）

真有这种镇痛物质，可以随着针刺的指挥棒起舞，从而产生镇痛作用吗？这种“天方夜谭”式的设想，是真实世界的神奇预示，抑或只是飘然而来的闪念？当时无人能够回答。在 1965 年下半年，生理学和临床医学中并没有认识到人体内部存在着类似吗啡的镇痛物质。我们也没有这个魄力，或者想象力去做这样的猜测。

1966 年 2 月 28 日，由国家科委和卫生部联合举办的针刺麻醉研究工作座谈会在上海召开。会上我报告了在正常人身上针刺某些穴位对痛阈的影响，这些试验结果和结论得到了与会者和部领导的肯定。但当时认为，这是保密材料，未能加以发表。

震惊世界的美国总统尼克松访华发生于 1972 年。但事实上在 1971 年 7 月 9—11 日总统助手基辛格就事先秘密访华，为总统之行进行铺垫。与基辛格不约而同地，1971 年 7 月 8 日《纽约时报》副社长詹姆斯 · 赖斯顿（James Reston）偕夫人经深圳来京，进行采访。在北京期间他患阑尾炎在北京协和医院进行手术后，伤口疼痛，腹部不适。这时医生不是用注射吗啡的常规方法，而是用针刺疗法来止痛，疗效奇佳。这位记者感到十分神奇，即撰文发回美国，1971 年 7 月 26 日他在《纽约时报》的头版上发表文章——《现在让我告诉你们，我在北京经历的阑尾切除术（Now Let Me Tell You About My Appendectomy in Peking）》。这一消息不胫而走，在全世界掀起一股“针麻热”，似乎是在为尼克松访华做铺垫。

1972 年 2 月美国总统尼克松访华时，随行人员黑格尔将军率媒体 36 人观看辛育龄主任做肺叶切除手术。因为结核病研究所位于通县，交通不便，所以改在北医三院手术室进行，效果良好。此外，美国总统私人医生 Walter Tkach 和整骨医生 Kenneth Riland 到友谊医院看了 3 台针麻下进行的手术（白内障手术、甲状腺手术和卵巢囊肿切除术），效果极好，更证明了针刺镇痛不存在虚假之嫌。1972 年，我正在农村劳动，对这些情况一无所知。这些是在美工作的李永明博士在《美国针灸热传奇》一书中详细描述的。

1972 年 4 月，生理系党支部书记范少光找到我，说领导指示要逐渐恢复教学和科研活动，我们又要开展针麻研究了！我反射性地表示“我不信！”

但是支部书记范少光对我说："这是卫生部领导布置的任务，我和你一起做，犯错误我承担。"我这才勉强从农村返回实验室。

其实，空闲时我也在不断思考我们实验结果的意义。针刺确实能引起痛阈升高。那么针刺究竟激活了什么组织？是经络，是神经，是结缔组织，还是血管？为了排除神经的作用，我们曾把局部麻醉药普鲁卡因注入受试者合谷穴部位的皮下，发现皮下注射普鲁卡因不影响针刺（手捻针）的镇痛效果。但将普鲁卡因溶液注入合谷穴的深部肌肉肌腱处，再扎针，发现既没有酸麻胀重等"得气"感，也丝毫不引起镇痛作用。给偏瘫患者失去知觉的患侧进行针刺，也完全不能引起健侧痛阈的任何变化。这些结果都证明针刺可能是刺激了穴位深部的神经，把信息传入脊髓和脑内，发挥镇痛作用。

这些科研结果当时未能发表，直到 1973 年 8 月，在上海人民出版社出版的《针刺麻醉理论研究资料选编》（全书共 264 页）一书中，才刊出我们 1965 年撰写的 3 篇论文：《针刺正常人某些穴位对痛阈的影响》《电刺激穴位区与针刺对痛阈影响的比较》《在针刺穴位提高痛阈效应中神经系统作用的探讨》。论文作者均为"北京医学院针刺麻醉原理研究组"。将这三篇论文的主要内容和精华集中起来，在《中华医学杂志》1973 年第 3 期正式发表，题为《针刺正常人某些穴位对痛阈的影响》。

6.用家兔建立针刺镇痛实验模型

要回答针刺镇痛的原理，必须深入进行各种试验。这些试验往往带有某种损伤性，不能完全在人身上进行。因此首先要建立动物模型，并且确认在动物身上也可以看到针刺镇痛现象。当时我们得知，上海生理研究所已经在兔子身上创建了一个针刺镇痛模型，我和汤健两人专程前去学习。他们使用强光源在 5 米外聚焦到家兔的鼻部，记录其闪避反射的潜伏期，用来证明针刺可以使强光照射引起的闪避反射变得迟钝、延后，这表明针刺有镇痛作用。实验是成功的，但是聚光灯设备太过笨重。能否使光源小型化是关键问题。回到北京，我们两人跑遍了北京的大型百货公司，最后发现小型电影放映机的灯泡可以满足要求，所以买回来请仪器厂做一个铜制灯罩，带有一个漏斗式的光导管，使强光可以聚焦照射到家兔的鼻子周围。其次，如何能比较温和地固定兔子，使其比较舒适而不乱动。由于放置在木盒中的家兔常常因为强烈扭动身体而损伤腰部脊髓，我们设计了专用布兜，将其挂起。为了刚好将光源垂直投射在皮肤上，我们需要一个万能关节，但一时找不到。就用手的腕关节来代替。为了固定腕关节，我们在腕关节两边各叠放 3 块砖头，上面支起一条扁担，来做肘关节的支点。调节光源的电压，使动物接受强光刺激后在 5~6 s 做出闪避反射。鉴于强光本身会引起条件反射（见到光线，预示着疼痛刺激即将到来），我们给兔子带上一个黑色眼罩。后来又发现室温变化可以影响痛阈，我们随即采用多种方法稳定室温（当时没有空调）。在这种条件下，保证了家兔痛阈基础值的相对恒定。一个木架上可以挂上 4 只兔子，同时进行痛阈测定，从而大大提高了这个“土设备”的工作效率。

与人体实验相似，我们计划从北京中医学院请针灸师，在家兔相当于人体足三里的部位进行针刺。当家兔实验启动，我们去请针灸师来操作的时候，受到了他们的质疑，因为他们并没有为家兔进行针刺的经验，因此只好由我们自己进行针刺操作。实验结果表明，与人体观察相似，针刺也引起家兔痛阈显著升高。不同之处是，人体需要针刺 30 min 痛阈才能达到最高点，而对家兔刺激 10 min 痛阈已升高 100% 以上。为保护家兔的皮肤不被烫伤，我们自行规定：痛阈升高 150% 即停止刺激，把升高 150% 作为一个上限。停止针刺后人体痛阈下降的半衰期为 16 min，而家兔约为 5 min。我们设想：与人类相比，小动物的代谢率比较高，在药物代谢动力学研究中，很多物质的生物半衰期都比人类短，这是一个普遍规律。

虽然证明家兔针刺也有镇痛效果。但用同一家兔进行多次实验，可以明显看出针刺局部有组织损伤的迹象。鉴于普鲁卡因实验证明穴位存在于肌肉肌腱等深部组织，又鉴于踝部的跟腱易于定位，按压人体昆仑穴（位于跟腱上）可以引起明确的酸麻胀重（得气）感，我们试着以 2 秒 / 次的节律用食指和拇指按压家兔跟腱，发现所获得的镇痛曲线与针刺足三里的有惊人的相似性，只是半衰期稍有延长，为 5~6 s。优势是连续多次实验对跟腱没有损伤迹象。因此该工作用指压跟腱代替针刺，称谓“指针”。当我们与张香桐教授讨论用压力刺激跟腱来代替针刺引起得气感时，他也深表同意。

7. 针刺镇痛的物质基础：家兔脑室液交叉灌流

1962 年初来北医生理系，我记得系主任王志均教授根据“情绪变动可以影响消化功能”这一常识，交给我的研究任务是：弄清楚大脑是如何控制消化系统功能的。为此必须有动物的脑立体定位仪，才有可能研究脑内特定部位的结构和功能。我没有见过这种仪器，就带了仪器修理厂工人到协和医学院探访。在确认了当时不可能从国外进口这种高级仪器的情况下，我们斗胆请北医仪器修理厂制作一台“山寨版”的立体定位仪，居然取得了成功。1965 年我离开了消化研究室，但立体定位仪仍留在我实验室的柜子里。假定针刺引起的这种未知物质存在于脑内，我们应该可以把现有的脑立体定位仪利用起来，进行深入研究。

对于我们来说，取出动物的脑组织或脑脊液是可以做到的，但分析其化学成分和化学结构非我所长。只能先用生物学鉴定法确定这些脑内未知物质的功能。我们将家兔进行针刺麻醉，正当其痛阈显著升高时，抽出其脑脊液，注射到另一只家兔的脑内（图 4）。如果脑脊液内确实存在内源性镇痛物质，应该在第二只家兔上显示出镇痛效果来。在初试成功的基础上，不断优化条件，经过三个月的奋斗，我们得到了非常漂亮的结果：从正常家兔脑中取出的脑室液注入另一个正常家兔的侧脑室，不影响其痛觉阈值；在给予家兔指针过程中取其脑脊液注入正常家兔脑室，则引起后者痛阈显著升高。这一现象充分说明，在给予指针过程中，脑子里确实产生出具有镇痛作用的

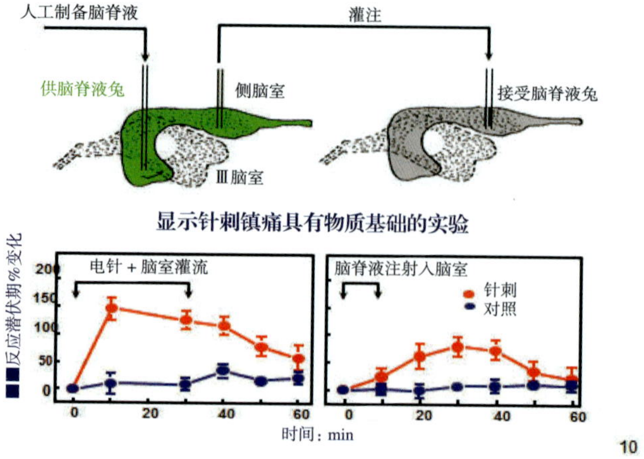

图 4 家兔脑脊液（CSF）交叉灌注实验。左上方示供 CSF 兔，右上方示接受 CSF 兔。人工制备的 CSF 从侧脑室下角注入，从其前角流出，再注入受 CSF 兔的侧脑室前角。侧脑室与第三脑室是相互联通的。下图显示测痛效果。左图和右图分别代表供 CSF 兔和受 CSF 兔的痛阈变化。蓝色曲线表示对照组（未接受指针刺激的家兔），痛阈没有显著变化。左图红色曲线表示指针引起供 CSF 兔痛阈急剧升高（出现镇痛效果），并在指针期间保持高态；右图显示接受针刺家兔的 CSF 后，兔的痛阈有缓慢中度升高（右图红线），与对照组（右图蓝线）相比差异有统计学意义。提示指针期间，脑内可能出现了某些具有镇痛作用的化学成分，可以在受 CSF 兔身上显示出来（Research Group of Acupuncture Anesthesiak Peking Medieal Couege, Scientia Sinica, 17:112, 1974）

物质，虽然我们当时并不知道这是什么物质。

我们虽然证明了针刺可以使脑内产生镇痛物质，但当时未能沿此线索追根问底，用生物化学方法去发掘新物质的化学成分，而是采取了神经药理学方法，试图从文献中寻找脑内已知的镇痛物质，与针刺产生的镇痛物质加以对比，从而阐明该镇痛物质的化学属性，这表明我们科研思路不够开阔，缺乏创新的气魄。由于这是世界上第一次得到证据，说明针刺镇痛有其神经化学的物质基础，所以事后有人认为，我们“失去了一个发现脑内存在的镇痛物质的大好机会”。而英国人 John Hughes（当时是 Hans Kosteriz 教授的博士后）从脑内存在吗啡受体的事实出发，推论出脑内存在着与吗啡作用类似的化学物质。经过几年努力，1975 年他从大量猪脑中分离出功能类似于吗啡的肽类物质，称之为“脑啡肽（enkephalin）”。Hughes 的重大发现证明了一个科学家敏捷的思路和卓越的实践能力相结合，能碰撞出巨大的火花。但我们也必须承认，科研思路不是从天而降的，而是互相启发产生的；科研方法也是逐渐积累，而不是凭空臆想的。以当时我们的科学知识、技术条件和科研经费支持力度，要从脑脊液中提取、分离、纯化出有效化学成分，并对其结构予以鉴定，难度大到不可想象。

当知道别人发现脑啡肽（存在于脑内、作用类似吗啡的肽类物质）时，我们才如梦初醒，去验证针刺是否引起了脑啡肽的释放，这已经是后话了。

8.从常见的神经递质中寻找与针刺镇痛有关的化学成分

乙酰胆碱是最常见的神经递质。把乙酰胆碱注入家兔的脑室，会引起痛阈明显升高；把防止乙酰胆碱分解的保护剂（伊瑟林）共同注入脑室，镇痛作用更强；反之，把乙酰胆碱受体的阻断剂（阿托品）注入家兔脑室，使体内正常发挥作用的乙酰胆碱丧失作用，则针刺的镇痛作用降低了70%，与此同时，吗啡的镇痛作用也降低了60%。这表明无论针刺或吗啡的镇痛效果中都有乙酰胆碱参与；这也间接提示，针刺发挥镇痛作用的原理或许与吗啡有类似之处。

单胺类物质也是常见的神经递质。从化学结构来看，去甲肾上腺素、多巴胺和5-羟色胺都属于单胺类物质，因此有人将这一类神经递质统称为单胺类神经递质。它们的作用比较复杂。

我们查阅文献，发现5-羟色胺和去甲肾上腺素都有可能参与疼痛的调节，值得加以考虑。进行这类研究必需使用特殊的化学药物作为工具药，以便确认或者排除某种神经递质的作用。比如，把5-羟色胺列为介导针刺引起镇痛作用的假想目标，必须符合下列条件：①增加脑内5-羟色胺的生成，应该能增强针刺镇痛；②降低脑内5-羟色胺的功能，应该能削弱针刺镇痛的强度。但是身处于一个基本上闭关锁国的年代，如何能得到这些特殊的药理学研究工具药呢?

一个偶然的机会来临：时任世界卫生组织（WHO）副秘书长的朱章根

先生（华裔）到北医参观，校领导陪同他到当时全校屈指可数、还在继续从事科研的针麻原理研究室视察，他看了我们正在进行的家兔脑室交叉灌流实验，既高兴，又惊讶，当即表示："你们有什么需要，我愿尽量加以帮助。"听闻此言，我们喜出望外，表示希望要一些特殊的化学药品，作为研究的工具。他当即表示："请你们列出详细清单，越详细具体越好，他会尽快替我们买来，寄给我们。"当时全组同事以十分兴奋的心情连夜查阅文献，分析研究，①我们将5-羟色胺列为首要目标，选择了两种物质，一是生物合成5-羟色胺的前体物质（5-羟色氨酸），二是5-羟色胺受体的阻断剂（西喃色林，cinanserin）；②我们将去甲肾上腺素列为次要目标，也列出两种化合物，一是生物合成前体，二是其受体阻断剂。内心也想列出一张长长的单子，但又怕他觉得我们贪心不足，反而败事。次日我壮着胆子，交给领导。内心唐突不安：这样天外飞来的好事，究竟是真是假？

时间飞逝，一个月，两个月……希望越来越小，疑虑越来越深。到了三个月末，国际邮寄包裹终于来了，打开一看，就是我们订购的药物！后来就有了经验：从美国订购货物，海运的时间就需要整整三个月。

9．5–羟色胺（5–HT）：幸运之神的见面礼

幸运之神似乎眷顾我们。5-HT的实验结果可谓一帆风顺。实验从四个方面进行：①向家兔脑内或脊髓内注射5-HT合成酶的抑制剂，使脑内5-HT含量降低（49%~79%），则电针镇痛效果降低了63%；换一种动物，给大鼠腹腔注射5-HT合成酶的抑制剂，得到同样的结果：脑内5-HT含量降低了72%~85%，电针镇痛效果降低了49%~79%。结果说明，无论是家兔还是大鼠，当脑内5-HT不足时，针刺镇痛效果都会大幅度下降。②给大鼠腹腔注射5-HT的前体物质（半成品）5-羟色氨酸，加速5-HT的生物合成，针刺镇痛作用可以提高一倍以上。③用药物阻断家兔或大鼠脑内5-HT的受

体，则针刺镇痛作用大大减弱，削弱了 80%。实验结果干脆利落地证明，就家兔和大鼠而论，脑和脊髓中的 5- 羟色胺是实现针刺镇痛必不可少的重要条件，它扮演着一个重要角色。④在动物实验的基础上，我们又到人体上进行观察验证。在口腔医院各种拔牙手术中，拔除智齿的手术是比较复杂的，引起的疼痛也比较剧烈，针刺麻醉效果欠佳。我们找到一种药物称为氯米帕明（氯丙米嗪），它可以加强 5-HT 的功能。服用一粒氯丙米嗪胶囊 1.5~2 h 以后，在针刺麻醉下进行智齿拔除手术。对照组也服用一粒胶囊，其中含有淀粉。每组 36 例。结果表明：对照组手术优良率仅为 55.6%，氯丙米嗪组优良率提高到 77.8%，后者显著高于前者（Han et al, Scientia Sinica, 22：91, 1979）。

这时我们的情绪可以用心满意得来形容，因为在实验方法（从降低 5-HT 功能到提高 5-HT 功能）、解剖部位（从脑到脊髓）、观察对象（从家兔和大鼠两种动物实验到初步的人体观察）上，结果都很一致。我们似乎觉得阐明针刺镇痛的神经化学原理已经唾手可及，针刺镇痛的真谛已基本掌握了。以后的事实证明，局部来说，确有其事。整体来看，就如摸到大象的一片皮肤就要推断大象的全貌，未免幼稚。

10. 去甲肾上腺素（NE）：初步的考验

关于中枢神经系统内去甲肾上腺素 (norepinephrin, NE) 在针刺镇痛中发挥何种作用的问题，1972 年我们所做的动物实验结果可以用“扑朔迷离，似有似无，似正似负”来形容。用上述研究 5-HT 的原理同样来研究 NE 在针刺镇痛中的作用，始终抓不到要领。

经过一年多的反复探索，我们才掌握了如下的规律：①同样是 NE 这种神经递质，在脑内对抗针刺镇痛，在脊髓内加强针刺镇痛。②同是在脑内，各个不同脑区 NE 作用强度不同：在僵核的对抗作用最强，中脑和伏核其次，有的脑区如杏仁核不起作用。③脑与脊髓相比，脑内 NE 的对抗作用超过脊髓内 NE 的增强作用，因此如果把脑和脊髓的 NE 全部动员起来，NE 对于针刺镇痛主要是起着对抗作用的。④同样是 NE，从脑和脊髓的神经末梢释放出来，可以作用于突触后的不同受体（α 受体，β 受体），其中 α 受体的作用是主要的，β 受体的作用可以忽略不计（Han et al, Chin Med J, 92：793, 1979）。

以上这些结果的陆续发现，使我们由研究初期，即从 5-HT 得来的“狂欢”，进入审慎思考期：神经递质种类繁多，同样的神经递质在不同的神经核团作用可以不同或相反。我们在实验初期有幸抓到了某一现象，实际只是一鳞半爪，何谈“基本掌握”！从此以后，对于任何一种中枢神经化学物质的功能，我们都要提出三定：定性、定量、定位，才能做出初步结论。这里的所谓“定量”并不能仅仅测定其脑内含量。针刺以后脑或脊髓中某一神经递质含量绝对值的升高或降低并不一定代表该神经递质功能状态的增强或减弱。其“动态变化”更能说明问题。欲了解一种神经递质在脑内含量的动态变化，需要确定该递质：①生物合成的速度，②从神经末梢释放出来的速度，③被降解的速率。这三者的总和决定了该递质在脑内的含量。这是一个“更新率”的概念。某种递质含量升高，可能意味着它的功能增强，其生物合成的速度超过了释放利用的速度，我们所见到针刺引起脑和脊髓 5-HT 含量增加、功能加强，正是这一情况的写照。但反过来看，某种递质含量降低是否一定代表其功能降低呢？有可能，但是不一定。它可能是合成速度正常而释放增多的表现，如果是后一种情况，其结果将表现为该递质功能增强。针刺引起脑内 NE 含量降低而功能加强，正是后者的真实写照。

当时我们边学习，边实践，边思考，边讨论，大家都觉得天天有体会，有收获。为了探索针刺镇痛的神经化学机制，全体同事（主要是教工和进修老师）全身心地投入到研究中，整个实验室的情绪随着实验结果的好坏而上下颠簸，这确实是一生中很值得怀念的时期！

11.编写《中枢神经介质概论》的由来

经典生理学教科书中提到的外周神经系统中的神经递质屈指可数，而对中枢神经系统中的神经传递物质（递质或介质）所知甚少，在很多方面甚至是一片空白。既然承认当下的知识不足，就只能老老实实边干边学，别无他途。当时我有一个学友任民峰，他是我在上海医学院时比我高两级的同学，与我同龄。他从北京到西北，后来又回到北京，志愿到北医我们的研究组从事科研工作。我俩有空就做就抓紧时间读书、看杂志、做笔记、做实验，努力学习掌握神经化学研究的知识和方法。为了节省吃早饭的时间，我们在前一天吃晚饭时就多买两个馒头和一点咸菜，第二天把冷馒头就咸菜当早餐。遇到看不懂处，两人切磋交流。范少光比我们稍微年轻，汤健属于小将，周仲福刚从北大生物系分配来我组，长幼共事，大家一起学习和讨论。我 1972 年从农村回到北京，一直到 1975 年，逐渐有点心得，通过实验的考验，也有一些感悟与体会。这时心生一念：何不将学习心得编成一本书，供大家参考，以后有人要从事这方面研究时可以少走弯路。我定下这一目标后，更加紧了系统学习。“学（书）到用时方恨少”，要编书时更感到知识不系统，必须努力补上。1976 年 3 月终于成书，交由科学出版社出版，到 1977 年 9 月才正式面世。全书总共 33.4 万字，印数为 19 900 册，定价为 1.35 元。今天看来，第一次印刷的数量就定在将近 2 万册，可称大胆！但出乎我意料，此书销售情况极佳，1979 年已销售一空。1980 年修改增订出版了第 2 版，字数为 39.7 万。1982 年 10 月第 3 次印刷，共计印数 27 460 册。这在当年科学书籍万马齐喑的年代，算是畅销书了。

第 1 版和第 2 版的差别，除了内容上的增补（例如第 4 章内源性吗啡样物质与中枢神经介质在针刺镇痛中的作用是全新的内容），还有一个差别，就是作者署名，原为：“北京医学院基础部针麻原理研究组生理组”，第 2 版改为：“韩济生、任民峰、汤健、范少光、周仲福”。其中含意，不言自明：

知识分子的劳动逐渐开始受到尊重了（图 5）。

令我印象最深刻的是，这本小书居然对中国神经科学的发展起到一定作用。从我 1979 年第一次出国以来，先后访问过 27 个国家和地区，特别是在机场候机室或排队登机时，多次遇到中国出访的年轻学者，在突然之间认出我以后，第一句话就是：“韩老师，我是读了你写的《中枢神经介质概论》之后，才转去（或选择）做神经科学研究的。”每遇到这种场景，我的心情何止于“内心窃喜”，而是深深感到作为一个教师或研究者无比幸福！

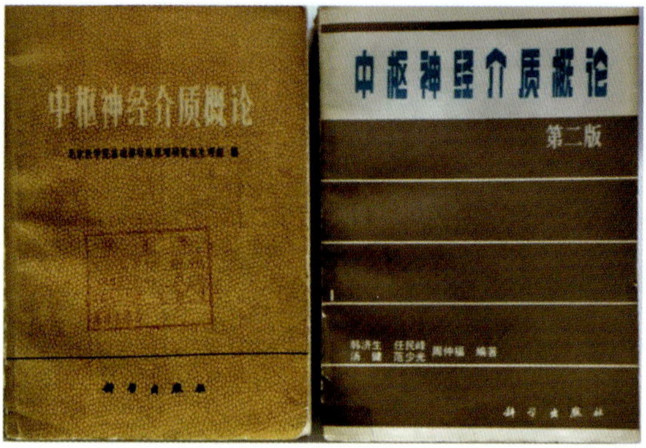

图 5　左：第一版，1977 年，459 页，334 000 字，定价 1.35 元；右：第二版，1982 年，545 页，397 000 字，定价 2.1 元

12. 内源性吗啡样物质的发现及其对针刺镇痛原理研究的影响

在《中枢神经介质概论》第 1 版于 1976 年 3 月交稿时，我还没有注意到 1975 年 12 月在《Life Science》杂志上英国人 John Hughes 等发表了一篇惊世之作：脑啡肽的纯化与特性。作者从猪脑中分离纯化出一种由 5 个氨基酸组成的肽类物质，其生理、药理作用与吗啡类似，命名为“enkephalin”，翻译为“脑啡肽”，表示该物质是从脑内提取、作用类似于吗啡的肽类物质。

上海药物研究所的邹冈和上海医学院的张安中首先发现了这篇论文，并立即联想到，在针刺过程中脑内是否释放出脑啡肽，产生镇痛作用。一个最简单的试验就是：用吗啡受体的阻断剂纳洛酮阻断吗啡受体后，如果针刺的镇痛作用减弱，表示内源性吗啡样物质起作用。我们立刻在家兔身上进行实验研究，发现家兔身上观察到的针刺镇痛作用可以被向脑室注射纳洛酮的方法阻断，从而验证了这一假设。同时邹冈、张安中等用静脉注射方法证明了纳洛酮可以显著削弱针刺镇痛。实际上，纳洛酮阻断针刺镇痛的现象最早是美国的 Mayer 于 1975 年报道的（人体观察），加拿大的 Pomeranz 于 1976 年报道（小鼠），我们于 1977 年报道（向家兔的脑室注射），江振宇等于 1978 年报道（大鼠），黄烨等于 1979 年报道（猴）。因此，我们可以认为这一结论已成定论：针刺镇痛是由于体内、主要是脑内，产生了类似吗啡的物质，作用于吗啡受体来介导的。

当时把这类假想中的物质统称为吗啡样物质（morphine-like substances，MLS），或阿片样物质（opiate-like substances，OLS），包括脑啡肽（1975 年发现，5 肽）、α - 内啡肽（1976 年，16 肽）、β - 内啡肽（1976 年，31 肽）、强啡肽（1977 年，17 肽）等。究竟是哪一种或哪几种物质在起作用？通过什么机制来使它们增加合成、释放加速？释放后在中枢神经系统的哪些部位发挥作用？我们对这些都一无所知。

一种研究途径是，具体测定脑脊液中吗啡样物质的浓度是否增加。可以用生物测定方法，例如把小鼠的一段小肠（回肠）悬挂在特定的培养液中，用电刺激引起它的收缩，加以记录。如果脑提取物中含有吗啡样物质，将其加入培养液，小肠的收缩力应该会受到抑制，从而鉴定其存在的强度或浓度。但是不能具体辨认其化学特性（属于脑啡肽，还是内啡肽等）。

因此，这要求方法学上有一系列突破，才能取得新进展。放射免疫测定法的出现解决了精确辨认各种肽类物质性质（定性）的难题。在立体定位仪下向脑内微量注射阿片肽的抗体，可阻断阿片肽功能，解决了肽类物质作用的生理功能以及作用定位问题。针刺疗法的改进解决了捻针手法难以控制的问题。这将在以后分别讨论。

13. 带着好奇和忐忑心情首次出访美国（1979年6月）

1979 年初我接到美国一个学术机构“国际麻醉药物研究会议（International Narcotic Research conference, INRC）”主席 Eddie Liang Wei（中文名梁栋才）的邀请信，请我参加 1979 年 7 月在美国东部波士顿地区鳕鱼角（Cape Cod）召开的 INRC 年会。这个学会是 1975 年在吗啡受体和内源性吗啡样物质的研究热潮中成立的。当时我在国际上根本谈不上有知名度，他们怎么会知道我在做吗啡样物质的研究？事情要从一段“美中师生情”谈起。

我爱人（中国医学科学院药物研究所朱秀媛）的老师宋振玉先生是新中国成立初期从美国回来的，为人正直而低调。他在美国加州大学旧金山分校药理系攻读药理学博士，他的老师梁栋才与他同年。梁栋才本姓梁，名栋才，按中文意思是栋梁之才。按照常规，如果英文名是 Eddie（Edward），全名应该是 Eddie Leong。但是阴差阳错，变做 Eddie Leong Way（E.L. Way），那就是从姓“梁”变成姓“魏”了，暂且不表。梁栋才教授长着中国脸，但是实际上出生于美国，在美国学习工作，是地道美国人，大家都称呼他 Eddie。他在美国药理学界名望很高，曾任美国药理学会主席，专做吗啡有关的药理工作，被学界戏称为 Mafia（研究吗啡有关的“黑帮”）之头。宋振玉先生是他的后期学生。1973 年，美国成立国际麻醉性药物（narcotics）研究俱乐部，全称 International Narcotic Research Club（NIRC），Eddie 任主席，纽约州立大学药理系主任 Eric Simon 教授任秘书长。

1979 年初，可能国外也听说了中国有开放国门的趋向，Eddie 给宋先生写了一封邀请信，请他到美国参加 INRC 年会，提供机票费用，免会议费。宋先生接到信后，认为自己回国以后没有再做有关吗啡的研究，不想参加此会。但想到我做针麻研究，1975 年以来也做内源性吗啡与针刺镇痛的研究，建议我去参加。这对我（当时已 51 岁）来说当然是一个大好机会。但我怕自己英语不过关，难以进行口语交流。宋老师鼓励我，认为我可以胜任。我深深地感谢宋老师给我的机会，向北医领导提出出国开会的申请。北医领导不敢做主，要请示卫生部。我内心犹豫不定，任民峰（比我高两班的上医同学，与我同年，当时从下放西北回到北京，到我们针麻组合作搞科研）强烈建议我抓住这个机会，认为机不可失，时不再来。为了抓紧时间以免层层耽误，他建议我拿着北医介绍信，到卫生部门口等候钱信忠部长来上班时亲手递交。钱部长接受了我递交的介绍信，说："研究后通知你。"但无人知道，会等待多久。没有想到，几天后卫生部就通知北医领导，同意韩济生出国参加国际会议的申请，一切费用由美方解决。此外另批一百美元作为应急之用。这么快的审批速度，是我万万没有想到的！

1979 年 6 月 16 日我穿着鸿翔服装公司订制的肥大西装，怀中揣着一百美元，踏上赴美征程。那天下大雨，马旭院长亲自到机场为我送行，秀媛也怀着既兴奋又不安的心情同车前往。他们目视我登机后仍不离开，一直等到我的飞机起飞（当时航班不多，可以分辨出起飞的是哪一个航班），马院长感叹地说出一句话："韩济生一个人打天下去了！"

我的目的地应该是波士顿。但是成行之前我忽然想到，既然到了美国东海岸开会，为什么不利用这个机会多访问一个实验室，多学一点东西？从文献中得知，位于美国东海岸华盛顿特区（D.C.）有一个美国国立精神卫生研究院（National Institute of Mental Health, NIMH），其中有一位学者名叫 Ermino Costa，是专做脑内神经递质研究的专家。我写信给他，介绍了自己的工作，表达了顺道访问的意图，居然很快得到正面回答。所以我从旧金山，首先转机到达华盛顿特区（D.C.），住在中国大使馆招待所，次日到访 Costa 实验室。Costa 请我介绍自己的工作。这是我第一次用英语做演讲。Costa 实验室有 30 多位成员，他们大多听说过针灸（acupuncture）这个名词，但是从未想过它会与"科学"有联系。他们抱着似信非信的心情认真听我演讲。我的演讲引来一大堆问题，大都是出于好奇心，比较浅显的科普性质的问题。Costa 本人除了好奇，还表现出特别的兴趣。会后他直接问我，是否愿意到他实验室合作研究（实际上当然是学习），至少一年。我没有这样的思想准备，反射性地想到：我有一个大实验室，离开一年无人领导，损失太大了，就回答说："我已 51 岁，年龄太大了。是否能派我的学生（汤健，41 岁）来学习？" Costa 立即答应了。后来我多次想到，如果我当时同意 Costa 的建议，自己到他实验室来进修一年或几年，开阔眼界，学习新技术新思路，再回国做研究，不知对我的人生轨迹会有何改变？毕竟我是一个医学毕业生自学做研究，而不是科班出身。当然，历史不能重写，对 Costa 提议做出的瞬间回答是对是错，这是一个无人能回答的问题。

Costa 实验室有两位华人博士：庄德茂和洪昭雄，都来自台湾，对我特别亲切，从此成为几十年的好友。

应 Costa 的邀请，当天晚上由主人及其夫人开车到一个高档俱乐部（Cosmos Club）共进晚餐。高档俱乐部规定不穿正装不得入座。我当天只穿了衬衣，不能进门。但他们又有通融办法：如果确实为难，可以借你一件黑色西装。这时的我，既尴尬，又感激。服务员看了我的身材，挑了一件最小号的黑色上装，还是袖子太长，只能将就对付，聊胜于无了。通过这顿晚餐我学了两件事：其一，美国人不是像书本和报纸上所说"不讲究穿着"，实际上在某些场合是非常讲究的。其二，Costa 夫妇（图 6）两人吃饭速度很快，

图 6　Costa 教授及其夫人 1981 年来华时到西安访问

他们吃完一块牛排，我吃了还不到 1/3。看来为适应美国的社会习惯，自己的吃饭速度还需要大大加快。到此为止，我出国的第一个考验终于结束，准备好去波士顿，接受另一个考验。

从华盛顿飞波士顿，一切顺利。但一出波士顿机场，困难来临了。按照 INRC 会议通知，在机场外有一辆交通车，送你到鳕鱼角（Cape Cod）。我拉着一个拉杆箱，走出机场，在大门外来回寻找，有好多交通车在等候接待客人，但没有一辆是去 Cape Cod 的。回到机场问讯处求助，说是无可奉告，自己找吧。天色渐暗，暮色降临。我想：如果真的找不到车，这一夜怎么过？好在天无绝人之路，最后终于在一个角落找到那辆去鳕鱼角的末班交通车。这时我才发现，由于过度紧张，自己的衬衣全都湿透了。

14. 首次用英语做大会报告

鳕鱼角是一个夏季休闲胜地，大会在一个会议厅举行。会议的安排有点奇怪：上午和晚上开会，下午休息（游泳、泡澡、沙滩聊天）。我接受在华盛顿特区高级俱乐部的惨痛教训，次日上午穿着整齐，西装领带，走向会场。看见大部分到会的人穿短裤、拖鞋。这是曾经给我下马威的同一个美国吗？我不懂。开会第一天完全是对“新世界”的适应。我的演讲在第二天。我铆足了劲去参会，演讲内容不知在脑袋里过了多少遍，又有 Costa 实验室交流的经验，倒是一点也不慌。演讲时有台下睁着眼看我的，有来回走动的，我也顾不上。按计划我的演讲顺利结束，听众们鼓掌回应，该是提问的时候了。和在 Costa 实验室不同，麦克风面对台下，在台上听不清楚，再加美国人语速快，不容易听明白，我有时不得不说“对不起，请再讲一遍”，心里有点发慌。主持人安慰我，有时还帮我复述问题，使我的心情安定下来，其实问题都比较简单，出于好奇心的居多。因为对他们来说，这是生平第一次听到用现代神经药理方法来研究东方神奇的针灸疗法，简直不可思议！最后主持人为我总结，讲了好多好听话。我也不知道哪句真，哪句假，一起吞下，离开讲台。后面听的学术报告，我一概都忘了。

到吃午饭的时候，就有好多人来和我这个第一次从中国来参加 INRC 的陌生人（这个群体里唯一来自北京的科学家）聊天，使我产生出一点被认同感和自豪感。最让我印象深刻的是下午在充气旋涡热水泡澡池（Jakuzzi）里，遇见我的报告主持人。经自我介绍，他是纽约大学药理系主任 Eric Simon 教授。因为他知道我是第一次出国，对我最感兴趣的是我的英语是哪里学的（图 7）。我如实说：我 1947 年考入上海医学院，头 2~3 年的课程都是用英语讲授的，打下一点底子；后来听唱片（lingerphone）学口语，来美国这是第二次（第一次在 Costa 实验室）用英语演讲，肯定是讲得不好。他感到非常奇怪，会期内逢人便讲这段故事："你们会想到这是 Dr. Han 第一次出国吗。"然后他一本正经地对我说，自从 1975 年成立 INRC 以来，他就担任秘书长，主持过无数学术会议，我演讲完毕时所获得的掌声之久是从未有过的。

图 7　Eric Simon 教授及其夫人访华时合影

实际上我把幻灯片的讲稿背出来并不难，难的是回答问题。不是学术上的问题难回答，而是语言障碍：卷舌的美语我听不清，各国科学家的英语带着浓重口音，加上麦克风的扬声器是朝着会场方向，而不是讲台，有时我不得不请提问者重复一下。总而言之，一切都过去了。感谢当时 INRC

的会议安排，会议结束时他们可以提供录音带，参会者需要购买，演讲者可以免费获得，对我来说，这是最宝贵的礼物了。2016 年我整理书柜时，居然发现了我当时演讲的录音带（图 8），我拿到中关村商场请他们转成 U 盘，想听听我当时讲的蹩脚英语，还想听听实际鼓掌声音。可惜 INRC 的会议工作人员太高效，演讲和回答问题部分的内容全部录下，其他一点时间都不留。那也对，录下掌声有什么意义。而我居然在 37 年以后还能找到它，这就有点接近奇迹了。

图 8　1979 年 6 月 26 日在美国 INRC 演讲的录音磁带

15.顺访加州大学旧金山分校

开完鳕鱼角的“国际麻醉药品研究学会”，又应梁栋才教授之邀，到加州大学旧金山分校药理系做报告。有了 Costa 实验室和 INRC 大会报告的经验，我到梁栋才实验室做学术报告时，心理压力大大减轻了，如期顺利完成。

这次有机会参观药理学实验室，我觉得非常有兴趣，但也有刺激。由于时间安排上参观在前，报告在后，所以在我参观实验室时，当地工作人员面对一个从未见过的来自中国的客人，不知应该如何对其定位。把他当做内行，还是外行？走进一个实验室，一位华裔女士客气地指着离心机问：“你们实验室有离心机吗？”我有点被羞辱的感觉，但又不能发作，只好说：“有的，都有的。”等到下午我做完报告，内容包括用超速离心机做受体结合实验的结果，听众们才恍然大悟，知道在科学上北京所用的实验方法和思路并不比他们差多少，先前明显是把我低估了。亲身经历这种场面，应该是我的幸福！这时候我想，为了掌握现代研究的进展和方法，也为了了解世界，前几年每天大清早啃着冷馒头抓紧读书，看来还是值得的！结束加州大学的访问，我收到150美元的演讲费，同时要付50美元的住宿费。两者相抵，还赚了一点。第二天我就直赴机场，准备回国。

顺访加州大学旧金山分校还有一个收获。如前所述，药理学系主任E. Leong Way担任过美国药理学会主席（图9），兼任《国际药理学年鉴（Annual Review of Pharmacology and Toxicology）》主编。他听了我的报告，决定请我写一篇大综述，题为《针刺镇痛的神经化学基础》，总结这一领域的国际科研进展情况。我深深体会到这个邀请的分量，这样的综述一般只有该领域的资深专家才能有资格完成，我以感激之情接受了这一邀请。经过慎重准备，精心撰写，几经修改，直到1982年才正式刊出，在国际针灸镇痛领域产生很大影响，得到广泛引用（超过400次）。

图9 Eddie Leong Way 教授（1979）

16.受困旧金山

在美国开了一个大会，访问了两个实验室，刚好一周圆满完成任务，我应该可以安心回国了。但是天有不测风云，我到了旧金山机场国航柜台，服务人员说："你今天不能登机。虽然机票是当天的，但是由于你没有提前确认（reconfirm），所以今天没有你的座位。只能推迟一周再来（当时国航每周来回只飞一次）。"这样当头一闷棍，是我万万没有想到的。怎么办？万不得已，只有打电话到中国驻旧金山领事馆。他们大概是见怪不怪了，说："没有关系，我给你介绍一位当地华侨，请他接待你一周，下周回国。"我这才喘了一口气，可以避免了流落他乡之苦。

来接我的是一位当地华侨领袖谢侨远先生（人称"谢伯"）。他说请你放心，等待一周，顺便看看"大埠"（当地华侨称旧金山为大埠）。谢伯问我来美国的目的，我详细道来。一听我是研究针灸原理的，他睁大双眼，说："你能不能给大埠的针灸医生讲讲针灸治病的原理？"我心想：这不是我的本行吗？当然满口答应。

讲台下坐着一屋子听众，大多是开业针灸医师（从业人员，不一定是注册医师），也有侨界首领。我用英语以尽量通俗的讲法介绍针刺为什么有止痛作用。一个预想不到的困难是语言障碍。当地华人都讲广东话（粤语），大多听不懂普通话，也不懂专业英语，而我只能说普通话和英语（图10）。经过一番协商，由我讲英语，由一位华侨西医将其翻译成粤语。至于有些新出现的专有名词，例如阿片肽、阿片受体、单胺类神经递质等，这位西医也不懂，只能心照不宣、尽力而为了。我的目的无非是讲清楚，针刺能镇痛，有科学道理，有物质基础，而不是全仗着心理作用。不少人一边听，一边先是面露惊色，继而频频点头，演讲一结束，许多人涌向前来握手致谢，我亲眼看到有人热泪盈眶，说："以后再有人说我们针灸不科学，我就把你的论文挂在诊所墙上，请他们看，科学不科学？！"这个

图 10　1979 年 7 月初，韩济生在美国旧金山面对华侨听众讲解针刺镇痛原理。韩济生用英语发言，一位当地医师翻译成粤语

场面让我深深感到，原来我们在国内做的针刺研究，在大洋彼岸有这样大的震撼作用。当天临睡时心想：我在谢伯家白吃白喝一个礼拜，今天总算做出了一点回报。

给针灸医生演讲花去一天，参观金门大桥花去一天，还有几天我该如何打发？既然身在旧金山，繁华之地，何不争取机会到附近的大学或研究机构去看看。要是在今天，到网上一搜，就知道附近有哪些机构可以拜访。但当时没有电脑，没有网络，只有从头脑中去搜索。幸好，我在看文献时尽量要求自己记住主要作者的全名和单位，这时这些信息派上了用场。我从大脑中搜索到在加州有个 Stanford（斯坦福）大学，药理学系主任是 Avram Goldstein，他是著名的阿片研究专家，正在研究一种新的阿片肽——强啡肽，它和脑啡肽（enkephalin）、内啡肽（endorphin）都是类似吗啡的肽类物质，但性质有很多不同：一是这种阿片肽作用特别强，二是它的作用不容易被纳洛酮阻断，要用比一般剂量高 10 倍的纳洛酮才能加以阻滞。但当时强啡肽的氨基酸组成尚未最后明确。我很想去拜访他，从他那里得到一些启发，看看强啡肽是否参与针刺镇痛。谢伯的朋友刘汉民医生（开业牙科医生）开着车送我去一个小镇，名为 Palo Alto，即斯坦福大学所在地。由于这次活动不在我的访问计划内，而是一项临时动议，所以无法事先联系，真正成了“不速之客”，不请自来。

找到 Goldstein 的实验室，我先做自我介绍，自己是做针刺镇痛的原理研究的。Goldstein 也是直来直往。问我：“你认为针刺镇痛确有其事吗？”对于这个直截了当的问题，我本可以用“是的”来做简单回答。但是我比较婉转地回答说：“这要看你从哪个角度来看问题。”这样就为继续讨论留有广泛余地。这个回答引起他的十分认同。我看得出来，听了这个回答，他的表情由原来的茫然无知，转为对我非常尊重。他比我年长 9 岁，是一位科学思维极为敏捷而深邃的学者。经过深入讨论，我知道他正在为他所发现的新型阿片样物质——强啡肽的科学定位而努力探索。我的来访也可说是适逢其时。

回顾体内存在类似吗啡物质的研究历史，1965 年英国人 Hughes 发现了脑啡肽，1966 年美国人 CH Li（李卓浩）发现了内啡肽，现在是 1979 年 A Goldstein 又发现了强啡肽，这 3 种阿片肽之间有何异同？应该如何定位？有意思的是，与之相应，吗啡受体也可分为三个类型：μ 受体、δ 受体和 κ 受体。难道这三种肽与吗啡的三种受体各有对应关系吗？由于当时这些受体的结构尚未明确，一切都在摸索之中。我看见 Goldstein 实验室人员来自世界各国，趁势询问是否可以接受我的同事或学生来此进修，他欣然答应。这就为我的第二届博士生谢国玺 1984 年毕业后立即得到了在 Goldstein 实验室做博士后研究创造了难得的机会。

此次访美之行在有意无意之间，见缝插针，为汤健找到了位于美国东海岸的 E. Costa 实验室，为谢国玺找到了位于美国西海岸的 A. Goldstein 实验室，作为进修场所。这两个实验室都是神经科学研究领域顶尖的实验室，这个布局应该是当时所能找到的最佳机会了。为实验室的后期发展做好了战略准备。当然，谋事在人，成事在天。他们两人确实都按时如愿成行了。但是谢国玺一去不复返，汤健回国后转做心血管生理的研究了（心房肽的心血管效应），没有实现我为神经科学研究储备人才的愿望。这是后话了，毕竟谁也没有预知能力。

从此以后，我和 Goldstein 就成了好友。每次我到美国开会，路过旧金山，如果不到他实验室停留一下，到他家住一夜，他会很生气。每次我要什么化学试剂，只要预先告诉他，他都会事先准备好，以便带回中国。一个常规的优待项目是他亲自驾驶他的小型飞机带我到一个叫 Woods Hole 的小镇去吃早饭，再飞回来，讨论学术问题（图 11）。

图 11　Goldstein 教授及其私人飞机

回想起来，我们在学术上的合作，产生了四项发现。一是强啡肽的生理作用是什么？当时他做的观察是：将强啡肽注入大鼠的脑内会引起动物翻滚，注入脊髓会引起瘫痪而不镇痛。但是我发现大剂量强啡肽注入脊髓引起瘫痪，微小剂量强啡肽在脊髓水平引起镇痛和解除肌肉痉挛。二是电针刺激引起的镇痛作用是随着电针频率而变化的：低频（2 Hz）电针引起镇痛是由于中枢神经系统脑啡肽和内啡肽的释放增多而实现的，而高频（100 Hz）电针引起的镇痛作用是借着脊髓中释放“强啡肽”来实现的。三是强啡肽的作用与注射的剂量有关，在大鼠脊髓注射小剂量强啡肽引起镇痛，大剂量引起瘫痪。四是强啡肽在脊髓有镇痛作用而在脑子里却是对抗吗啡的镇痛作用。对这些结果，他感到非常奇妙，也非常激动。我们的合作有很大的互补性。

1980 年我再度参加国际麻醉药研究年会（INRC），Goldstein 教授建议我的日程是先到旧金山，我在他实验室亲自操作，他想亲眼看看强啡肽是否有镇痛作用。确认无疑后，我再乘坐他的私人飞机从西海岸跨越美国，到达波士顿，去参加 INRC。飞行途中两次降落在小机场加油。这是我毕生唯一的一次经验：坐在私人螺旋桨小飞机的副驾驶座位跨越美国大陆。在 INRC 的开幕式上，Goldstein 教授宣布：明天，来自中国的韩济生将会告诉我们，强啡肽在脊髓中有镇痛作用，而不是引起瘫痪。可见他的兴奋之情。

至于他退休后对我们实验室的馈赠，将在后文介绍。这一切都是我 1979 年第一次出国在受困旧金山后的不幸事件引起的余波（图 12）。

流落他乡的故事即将结束。再讲两点“余兴”，是有关美元的事儿。一是加州大学旧金山分校药理学系主任 E. L. Way 付给我 150 美元讲课费（honorarium）。我花 50 美元住了一夜旅馆，还剩余 100 美元。在谢先生的帮助下，我在大埠买了一台日本产的小型照相机，高高兴兴地带回了家，并如实向有关组织做了汇报。没有想到，得到的回答是：用讲课费买了照相机，也必须上交单位。我虽然心有不服（空欢喜一场），也只能老老实实地执行。此后我学乖了，与其把讲课费上交（最后上交到了哪一级去了？无人知晓），还不如自己留下，给研究生和进修生（家庭困难的，表现特别好的）发奖金，也有个去路。二是谢先生交给我 200 美元作为零花钱，我无处去花，要退回给他。但为了免去互相推让的场面，临走时我把钱压在台灯下面。在赴机场的汽车发动以前，我叮嘱他，“请你仔细查看一下我住房的小桌上，

图 12　Goldstein 教授 1988 年 10 月应邀来北京，连续 5 天为北京神经科学学会做阿片肽系列讲座，韩济生担任全程翻译

有没有弄乱的地方，麻烦你收拾一下。”第二年他访问北京，提起此事，动情地说，中国来的教授对钱财的态度，使他从内心折服！

17. 带着问题开始瑞典之行（1979年10月）

1979 年夏季我第一次赴美，同年秋天（10 月底）有机会到瑞典乌普萨拉大学 Terenius 教授实验室进修（图 13）。去美国是宋振玉教授给的机会，学校再上报卫生部获得同意。去瑞典是北医领导给的机会。北医在派我去瑞典之前，还把我的职称由讲师直接升为教授，我内心充满感激，决心学到多一点本事后立即回国，提高工作水平。

我到瑞典还有一个目的，就是学习提取脑内特定化学成分的能力，因为乌普萨拉大学最大的特色之一就是生物化学成分（大分子或小分子）的分离提取技术，为此他们还建立了一个公司，名为 Pharmacia（法玛西亚公司）。Terenius 教授就是利用 Pharmacia 的凝胶过滤技术，从动物脑内分离提取出作用类似吗啡的肽类物质，从而在该领域获得一席之地。

图 13　1979 年 10 月我到瑞典乌普萨拉（Uppsala 大学）Lars Terenius 教授实验室进修

脑啡肽是英国人发现的，我们只是将它与针刺镇痛联系起来进行验证。我们首先发现给大鼠电针刺激 30 min，会引起痛阈升高（痛的敏感度降低），同时测得大鼠脑内脑啡肽样物质含量升高。如用纳洛酮将吗啡受体封闭，针刺就不再产生镇痛效果。从而勾画出一个假设的链条：针刺—脑啡肽—吗啡受体—镇痛。实际上这个假设需要从多方面加以验证。

1977 年初我和任民峰老师商议，由于平时工作忙，电话多，安排 10 多个进修生的研究进度，无法安下心来自己做实验。趁着春节来临，我们自己来做点动物实验。当时我给自己出的题目是：给大鼠电针半小时，休息半小时，连续几轮，脑啡肽分泌应该越来越多，针刺效果应该会越来越强。可是实验结果是：连续几轮电针，其镇痛效果不是越来越强，而是越来越弱。与原来的设想完全背道而驰。我们立即转过脑筋，联想到吗啡注射次数太多，镇痛效果会逐渐降低，称之为“吗啡镇痛耐受”。现在所见到的现象，是否相当于产生了“针刺镇痛耐受”。耐受的原因是什么？可能是由于脑啡肽分泌越来越多，导致吗啡受体敏感度逐渐降低；也可以用“矛盾论”的观点来推测：既然脑内有天然的镇痛物质脑啡肽，是否也存在着脑啡肽的对立面“抗吗啡物质”？后面一种推测应该是当时学习毛泽东思想的具体收获，特别具有挑战性。毛主席说过：“一万年太久，只争朝夕”，我们说干就干，看看究竟是否存在这种对抗脑啡肽的物质。

汤健到生化教研室求援。在黄宝珊老师的指导下，我们带着来自广西的进修生梁希南（具有生物化学背景），将吗啡耐受大鼠的全脑取出，去掉小脑，磨成匀浆，用高速离心机分离，取上清液部分冷冻干燥以后，用凝胶过滤方法将其分离，先后收集到 20 个组分（编号），再冷冻干燥，分别将每一组分注入正常大鼠的脑室，看是否可以降低吗啡的镇痛作用。

结果十分令人鼓舞：在多管凝胶过滤液中，只有第 13 管的组分可以非常明确地对抗吗啡镇痛！这是我科研生涯中的又一次激动时刻！我们大胆推测：长时间电针有可能引起脑内生成对抗吗啡的物质，姑且称之为“抗吗啡物质”。它的化学本质是什么？我们不知道，只知道其分子量在 1000 左右。这时我恰好得到去瑞典进修的机会，于是制备了一大批大鼠脑样品，一半来自正常大鼠脑，一半来自长时间给予电针发生吗啡耐受的大鼠脑，准备到瑞典大干一场。我心中盘算：英国人发现了脑啡肽（5 个氨基酸残基组成），美国人发现了内啡肽（31 个氨基酸残基组成），我们中国人是否可以发现一个“抗吗啡肽”（分子量 1000 左右，估计是由 8~9 个氨基酸残基组成），不是很有意思吗？！

到了乌普萨拉大学，我向 Terenius 教授说明来意，就开始有针对性地学习生化分离技术（主要是分子筛和高压液相技术）和 Pharmacia 公司新研制的其他分离方法，如聚焦层析（chromatofocusing）等技术，关于生物鉴定技术，我们在国内使用的是注入大鼠脑室观察其镇痛作用，和观察电刺激小鼠输精管的平滑肌收缩作用。Terenius 实验室主要使用“豚鼠”（一种特殊的鼠类动物）回肠的收缩作用作为测定吗啡作用的指标。从豚鼠腹中取出一段小肠，用电刺激引起其节律性收缩，加上吗啡，这种收缩就停止下来了。如果加上我带来的“抗吗啡物质”，希望能对抗吗啡的作用，而且可加以精确定量。花了不到两个月时间，我掌握了这两种方法，开始拿出自己的宝贝样品。目的是从分子量 1000 左右的初制品中分离出“抗吗啡肽”纯品来。

开始的实验结果令人鼓舞，发现抗吗啡成分存在于高压液相分离出的特定组分中。但是把初步获得具有抗吗啡作用的组分再次投入 HPLC 柱子继续分离，发现其抗吗啡活性越来越低，逐渐如烟消云散，不见踪影！估计是小肽吸附在柱子上，洗脱不下来。由于我从中国带来的样品有限，进修时间也有限（6 个月），所以来瑞典时抱有的希望就此幻灭。但关于抗吗啡物质的思路并未磨灭，希望回国以后我们制备更多样品，用学到的技术再接再厉，期望有所收获。

努力了六个月，最后以失败告终。如果我带着这样的灰色心情离开瑞典，总觉得心有不甘。这六个月是够辛苦的，时间上不分早晚，不分工作日和周末；经济上不敢多花一分钱，经常买低价的老母鸡，炖一锅“长命八宝汤”，再加几片面包度日。这样筚路蓝缕，全力奋斗，竟然空手而归，如何见江东父老？但是如果能再努一把力，我还能做些什么呢？

18.勾画脑内神经通路的新方法

Terenius 实验室养着几十只兔子，都是用来制备各种生物活性肽的抗体。制备抗体是一种风险投资。给兔子注射某一种肽类物质，例如脑啡肽，它是否会产生脑啡肽抗体？产生的抗体是否是针对脑啡肽分子的关键结构？抗体的活性是否足够强？这些问题都不可预测。如果我们注射了 10 只兔子，有一只产生了满意的抗体，就十分宝贵，可以用来准确测定组织中脑啡肽样物质的含量。除此以外也就没有什么用途了。我与 Terenius 商量：是否可以用脑啡肽抗体来勾画出脑子里脑啡肽的功能轨迹？假定脑子里使用脑啡肽来传递信息有一百条通路，有数百个节点。如果把微量的脑啡肽抗体注射到某一个节点，就能把针刺镇痛作用阻断，那就显示这一节点在针刺镇痛过程中非常重要。Terenius 教授同意进行这种合作。我回国以后用这种方法，先后有几个研究生（谢国玺、于龙川等）和博士后（王强等）共同做出贡献，勾画出不同频率的电针信息在脑内传递的粗略通路。

回想这一征程，也有不少险阻。其中之一发生在 1980 年，当时微量抗体注射法处于草创初期，我和 Terenius 一致认为应该用盲法操作。他给我邮寄了两种样品，都是家兔血清制备的粉末。一种是用内啡肽抗血清制备的，一种是用正常家兔血清制备的（作为对照）。初期结果很好，将一份样品注入家兔中脑导水管周围灰质（PAG），可以阻断针刺镇痛，另一份样品（估计是对照血清）则无效。“成功啦！”我们弹冠相庆，欢呼雀跃。

但第二批寄来的两种抗体（应该也是一真一假），注入脑内，针刺效果全部消失，屡次实验，结果相同。这时我们开始紧张。当时中国与瑞典之间航空邮件一个来往至少需要两周。瑞典方面要求我们把剩余样品寄回检验——啊，原来是他们的失误：在纯化过程中需要在样品中加入大量氯化钠促使蛋白质沉淀，然后再把氯化钠除去。他们一时疏忽，把带有大量氯化钠的样品直接寄来，等于是将高浓度的氯化钠溶液注入脑内，直接毁坏了注射部位的脑组织！这就可以解释失败的原因了。等用第三批寄来的抗体进行实验时，又恢复了原有效果，实现了我们的设想。这一番周折，使整个实验室度过了难熬的几十个昼夜，这是毕生难忘的。走过这一段难得的负面经历，也是对自己的一次考验。只要自己没有作假，其实也无所畏惧。比起一帆风顺的人，我们还是多了一点抵抗逆境的能力。

抗体微量注射法作为研究脑内神经通路的方法，载入了 1984 年《神经药理学杂志》(Han et al, Neuropharmacoogy, 1984)。它的特点是特异性强，使用方法（脑内微量注射）简单易行，受到实验者欢迎。

19. 传奇结交中国出生的瑞典朋友

在预计 6 个月的进修期结束前，世界卫生组织（WHO）给我的进修费用尚未用完，所以我申请把在瑞典的进修期延长一个月，并且获得了批准。我利用一个月的时间，从乌普萨拉大学转到斯德哥尔摩市的卡洛琳斯卡学院（Karolinska Institute，KI），以期对瑞典的神经科学有更多了解。这时我认识了 KI 的生理学系主任 David Ottoson 教授（图 14）。Ottoson 出生于中国陕西

图 14　瑞典卡洛琳斯卡医学院生理学系主任 David Ottoson 教授

省泾阳县，其父是瑞典赴华传教士。在他 8 岁时，父亲因病去世，几个孩子旋即随母回到瑞典。Ottoson 教授不仅任 KI 生理学系主任，还兼任诺贝尔医学或生理学奖评选委员会委员，并担任过该委员会主任委员，并且对来自中国的学者关照有加。在我这一个月的进修期间，我们每天都交流，为中国学者赴瑞典学习创造了很多机会。他还担任国际脑研究组织（IBRO）秘书长，为促进中国神经科学发展，以及与 IBRO 联系做出努力。

在此期间我还了解到他有一个回到中国陕西寻根的愿望，特别希望能找到当时照料他的保姆，表达感恩之情。我回国后，通过北医领导向卫生部杨纯副部长直接反映此事，通过有关机构再三努力，最后找到 Ottoson 父亲传教的地点，也找到了当年照顾他的保姆。为此 Ottoson 偕夫人专程访华，到陕西泾阳探望。当保姆见到 Ottoson 时，竟然用瑞典语说出"欢迎回家！"，实在太神奇了。双方拥抱，泪流满面！真情的交流是不需要语言的。据说，当年 David Ottoson 回到瑞典时常说陕西话，小学老师告诫他，如果你不忘掉中国话，瑞典文就学不好。所以他主动不去回忆山西话。现在他能说的中国话只有一句："wo bu dong（我不懂）"。

我 1979 年 10 月 11 日出发去瑞典，在瑞典进修 7 个月，于 1980 年 5 月 1 日回国。回国后我积极促进 KI 与北医的交流。1982 年 KI 医学生代表团访华，我为访华手册封面题词"中国 · 瑞典""友谊征服距离"，后面一句也印在访华学生的 T 恤上。该团的组织者，就是 Ottoson 的秘书 Olga Popoff。当时韩松平还在北医上学（1977—1982），全程接待了瑞典学生代表团，一时传为佳话（图 15）。

在 Ottoson 教授的影响下，1987 年我和北大医院儿科专家吴希如教授等向北京市民政部门申请成立"北京市神经科学学会"，1988 年 1 月被正式批准成立，由我担任第一届理事长。当时社会上对于"神经科学"一词还比较陌生。有关部门对我们申请的第一反应是：已经有了"神经科"，为什么还要有"神经科学"？

1994 年我与吴建屏、陈宜张教授等向民政部申请成立"中国神经科学学会"，我担任副理事长，同时担任中国神经科学学会与"国际脑研究学会

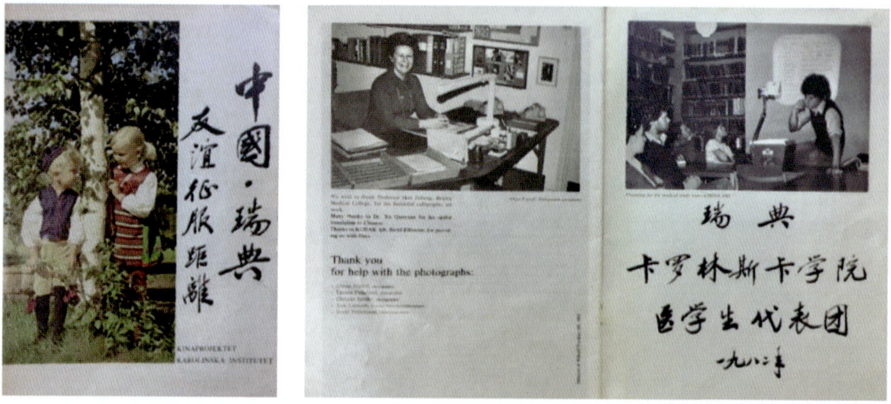

图 15 瑞典卡罗琳斯卡医学院（KI）医学生代表团访华手册的封面、内文和封底

（IBRO）”联系的联络官（liaison）。因此我在瑞典进修期间与 Ottoson 的传奇式交往也对中国神经科学的发展起到了一定的催化作用。

作为 IBRO 秘书长，Ottoson 教授 1985 年推荐我去美国洛克菲勒（Rockfeller）大学神经科学研究所进修，为期 6 个月。我因为在国内有一个十几人的团队需要照顾，怕离开 6 个月影响工作，决定将其分为两段，在 1985 和 1986 分别去 3 个月。在 1985 年的 3 个月（90 天）内，我把实验室完成的科研结果带去，写成 10 篇英文论文，陆续投送 SCI 杂志，全部发表。1986 年我又去了 3 个月，计划写一本英文书，总结介绍针刺镇痛的研究成果，但只完成了 3~4 章，就到了回国的时间，没有达成原先设定的目标。

作为好朋友，Ottoson 家里一直挂着我写的字，作为装饰品。Ottoson 的夫人和女儿也与我们家结为知己（图 16）。2013 年我应邀到加拿大蒙特利尔召开的国际药理学会做大会报告，报告结束步下讲台，很多人围上来表示祝贺，老远跑来一位女孩，我还来不及辨认，她就与我来了一个大拥抱，我一时反应不过来，她趴在我耳朵上说：“我是 Ottoson 教授的女儿 Gabrilla。”啊，原来如此，我才把感情的网络接通，再一次拥抱了这个当年的小姑娘！

顺便说到，我在瑞典进修期间还访问了瑞典南方城市 Malmo 市，在

图 16　Ottoson 教授（左后 1）、秘书 Olga（左后 2）及夫人和女儿 Gabriella（前中）访问中国，与我及夫人朱秀媛、女儿韩一虹合影

Owman 教授实验室做了学术演讲。可能是在 Owman 教授的推荐下，1987 年瑞典隆德皇家科学院聘我为外籍院士。

20. 柳暗花明又一村：八肽胆囊收缩素可能就是我们所寻找的内源性抗阿片物质

从瑞典回国以后，我在各国做学术报告时，常常提到体内“似乎存在一种抗阿片物质”这一心结。1982 年我接受美国圣路易市圣路易大学药理学主任 Tom Westfall 教授的邀请去做报告。演讲中又提及此事。按常规演讲结束后有提问和回答的时间。有一位女士发言，说有一种由 8 个氨基酸残基组成的肽类物质，称为胆囊收缩素（cholecystokinin, CCK-8），其分子量刚好在 1000 左右，可能具有抗吗啡作用。我当时心情非常激动，难道真是应了那句俗语——踏破铁鞋无觅处，得来全不费工夫？从讲台下来，我立即找到了她 (Dr. Marguerite Benfield)，虚心讨教。她表示，她实验室有 CCK-8 肽和 CCK 抗体，如果我需要，可以送给我一点。我这时深深感到这位美国科学家的大气，可以用“无私帮助”来形容。而且也深感国际交流的重要性。实际上当时 Faris PL 等正在进行关于 CCK-8 是否能作为阿片镇痛拮抗剂的实验，正式论文在 1983 年才发表（Faris et al, Science 219:310，1983）。而在国际会议上已经可以隐约听到一些初步信息。

回国以后，我们立即动手做实验。正如当年从世界卫生组织副秘书长李章根先生那里得到 5-HT 的工具药时一样，有关 CCK 的实验进展可谓“神速”：把 CCK-8 注入大鼠脑室，或脊髓蛛网膜下腔，均能对抗针刺镇痛，或吗啡镇痛，并能呈现良好的剂量效应关系；把 CCK-8 的抗体注入脑或脊髓腔，去除了 CCK 的作用，针刺镇痛或吗啡镇痛作用就得到加强。在我们试验过的、与痛和镇痛有关的脑区（例如中脑导水管周围灰质、伏核、杏仁核、束旁核等等），包括脊髓在内，没有一个例外。所以我们做出判断：在中枢神经系统中，CCK 对针刺镇痛或吗啡镇痛起对抗作用。考虑到 CCK 在脑内的含量极高，这一发现应该具有重要意义。例如在给吗啡类药物，或用针刺治疗时，同时给予 CCK 受体的拮抗剂，可能为严重慢性痛患者带来福音。虽然我们在发表论文时用的是一个疑问句：CCK-8 可以被看做内源性抗阿片物质的一种候选者吗？（Is cholecystokinin octapeptide CCK-8 a candidate for endogenous anti-opioid substrate?）论文发表在《Neuropeptide》（1985；5:399-402），实验结果还是非常翔实的，支持这个结论。当然，在实际应用时，我们也考虑到，脑内 CCK 含量高，作用比较广泛，用药物阻断 CCK 的作用，在加强吗啡和电针镇痛的同时，可能带来其他副作用，需要慎重对待。

论及针刺镇痛时，人们都注意到一个事实，即针刺疗法的个体差异性很大。对产生这种个体差异的原因，似乎无人知晓，无能为力。现在我们知道，CCK 功能过于旺盛，是其中的重要原因之一。有趣的是，北医药理教研室拥有一种“听源型惊厥”大鼠，这种大鼠一听到强音就会发生惊厥（俗称抽筋）。我们测定了这种动物脑内 CCK 含量，发现含量很低，这种大鼠对吗啡特别敏感（注射吗啡的镇痛作用特别强），针刺对其产生的镇痛作用也特别强（high responder）。我们又用分子生物学方法构建了一个质粒，内含 CCK

基因片段。将其注入大鼠的脑室，在注射后第 2~4 天，脑内 CCK 的表达显著增加，与此同时听源性惊厥的发生率显著降低，吗啡和电针的镇痛作用也会相应减弱。一周以后，质粒的作用逐渐消失，大鼠又恢复原有状态。

我们还发现了一个十分有趣的现象：给正常大鼠注射 CCK 受体的拮抗剂可以加强电针镇痛作用，而对听源型惊厥大鼠注射 CCK 受体的拮抗剂，则未见任何增强作用。这一现象初看似乎难以理解，但其实是符合实际的，因为后者脑内 CCK 含量本来就很低，再用药物阻断 CCK 受体的作用，也不会产生重要影响了。

针灸医师总是希望患者是对针刺疗法的有效者，可以为其减轻痛苦。那么从理论上讲，我们有办法把针刺镇痛无效者转变为有效者吗？我们从正常大鼠群内挑选针刺无效者（non-responder），向其脑内注射 CCK 的反义 RNA，注射后第 4~6 天，脑内的 CCK 含量明显减少，这时该动物针刺镇痛效果显著增加，多次针刺也不容易发生耐受。但到第 9 天，CCK 反义 RNA 的效果消失了，一切又都恢复原状。通过这个实验，我们对一个患者究竟属于针刺镇痛有效者还是无效者的猜测，从带有神秘性的茫然无知，逐渐向着可以理解的方向转变。虽然还不能说“了如指掌”，但也不完全是“神秘莫测”了。阿片肽和抗阿片肽之间的平衡，至少是值得考虑的一对矛盾！

我们从不同角度来观察 CCK 的抗阿片作用，所得的结果越来越丰富，有些近乎神奇。例如，研究生边景坛在电生理实验中，发现在脑内有些神经元，当给其伤害（疼痛）刺激时，它的放电会增多，称之为痛兴奋细胞。相反，有的神经元，当给其伤害（疼痛）刺激时，它的放电会减少，称之为痛抑制细胞。吗啡或电针可以抑制痛兴奋细胞，使之放电减少；也可以兴奋那些痛抑制细胞，使之放电增多。而在每一种细胞上，CCK 总是与吗啡或电针唱反调，反其道而行之。这些实验结果越来越多，使我感到 CCK 是在体内长期进化中发展起来对阿片镇痛的发挥负反馈机制的关键（Han，Prog Brain Res，105:263，1995）。我们下一步就要设法解释其原理，为什么 CCK 会产生抗阿片作用？

21.CCK抗阿片作用原理的初步分析

（1）CCK 与阿片肽在受体水平的相互作用。用放射受体结合实验证明，在 CCK 存在的条件下，阿片受体激动剂或拮抗剂结合的能力均显著下降。有意思的是，对不同类型的阿片受体产生的影响大不相同：CCK 使 μ 型阿片受体的总数减少（B_{max} 值降低），使 κ 型阿片受体的亲和力降低（K_d 值上升），但不影响 δ 阿片受体的总数和结合力。

（2）用电生理膜片钳方法记录大鼠脊髓背根神经节（感觉）细胞的钙电流。当细胞兴奋时总有大量的钙流入细胞，使细胞内的钙浓度升高，保持细胞传导信息能力。吗啡类物质阻止钙内流，导致感觉神经元兴奋性降低，其结果表现为疼痛减轻。而 CCK（激活了 CCK 受体）使吗啡类物质降低钙电流的作用消失，因而失去了镇痛效果。

（3）生化实验证明，吗啡类物质作用于阿片受体后，要通过细胞膜上的 G 蛋白将信号传入细胞内，而 CCK 可以使阿片受体与 G 蛋白之间的偶联关系断裂（脱偶联），从而降低阿片受体的信号转导能力。

（4）细胞膜上的 G 蛋白又通过第二信使将 CCK 受体和吗啡受体转来的信号传入细胞内。当时知道有两种第二信使：cAMP 和肌醇磷脂（PI）系统。我们有证据表明，前者不参与 CCK 抗阿片作用，后者参与。PI 系统的功能是动员细胞内钙库释放钙，提高细胞内钙浓度，使伤害感受细胞处于活跃状态。吗啡的作用原本是抑制 PI 系统，这个作用被 CCK 所对抗，最终结果是 PI 系统被激活，维持细胞内钙处于高水平，因此，传递伤害信息的神经细胞保持在活跃状态，充分发挥疼痛感受功能，而吗啡的镇痛效果则荡然无存。

我们研究 CCK 抗阿片作用的论文有 40 余篇，主要结果综合发表在 1995 年出版的一本英文著作《1990 年代晚期药理学研究进展》（瑞士 Birkhauser 出版社）中。正是由于我们实验室对 CCK 等抗阿片物质研究所做的贡献，AJ Kastin 邀请我在他主编的《生物活性肽》（Elsevier 出版社）一书中主笔《抗阿片肽》一章。

这里谈一个有趣的问题。我们有一个不成文的习惯，就是得到比较好的结果之后会去报奖。1960—1980 年间，为了解释针刺为什么产生镇痛效果，我们做了大量工作，自认为具有较大的创新性，结果只得了国家自然科学三等奖（1987 年）。1980—1999 年间，为了解释为什么同样的针刺对有的个体没有效果（针刺无效），发现其中 CCK-8 功能过强发挥了重要作用，在此基础上我们又对 CCK 的抗阿片机制做了比较深入的研究，最后被评为自然科学二等奖（1999 年）。回顾当年研究针刺镇痛的原理只得了三等奖，心里似乎有点酸溜溜的。好在获奖只是一个副产品，有与没有、高与低，都是一种额外的奖励，不是我们的目的。我们的目的是解开针刺镇痛的科学奥秘，并且对此正在一步一步接近。

22.CCK受体与阿片受体偶联的分子机制

从哲学上来说，有阿片样物质，就可能存在它的对立面——抗阿片样物质。用这种矛盾论思想去指导科研方向，我们首先要问，CCK 受体和阿片肽受体是存在于同一个神经元上互相对抗？还是存在于不同的神经元上，通过某种神经通路才实现其抗阿片作用？为此我们可以用形态学方法分别显示两种受体是否存在于同一细胞中，也可以用分子生物学方法抽取单个神经细胞的胞浆，检测阿片受体与 CCK 受体两种受体的 mRNA 是否同时存在于同一细胞中。前一种方法已有文献报道，确实是存在于同一细胞的细胞膜上。后一种方法技术难度较大，我们在华裔美籍科学家耶鲁大学 Hermis Ye 教授的帮助下取得了单个神经元的胞浆进行分析，证明两种受体的 mRNA 在同一细胞共存的事实。由此衍生两种设想，一是在受体水平相互作用，即 CCK 受体的激活干扰了阿片受体的构型，使其与阿片分子的结合力降低；这种实验的技术要求较高，当时还不具备；第二种设想是在第二信使水平相互作用，例如吗啡受体的激活，阻碍了从细胞内钙库释放钙的能力，降低了细胞内游离钙水平，使神经元对伤害刺激的反应减弱，而CCK受体的激活加强了钙库释放游离钙的能力，对抗了阿片的药理效应。后一种方法是当时力所能及的。实验结果也确切地表明后一种设想是确实存在的。

科学在进步，我们研究所的技术水平也在提高。万有教授及其科研团队对于从受体分子水平阐明以上这些老问题一直在努力探索。

他们通过转染含受体编码序列的质粒，用细胞系在离体水平进行研究。发现当CCK-B受体与μ型阿片受体共表达时，该细胞μ受体与其特异性激动剂DAMGO的亲和力显著降低。另一方面，用DAMGO激活μ型阿片受体后，下游信号通路（ERK磷酸化）的激活能力也显著降低。这就证实了在同一细胞内，CCK-B受体被激活后确实降低了μ阿片受体的功能。

免疫荧光双标实验显示，两种受体确实是共定位于细胞膜。进一步的免疫共沉淀实验证实了CCKB受体和μ型阿片受体可以形成异源聚合体。又通过荧光共振能量转移（fluorescence resonance energy transfer, FRET）的方法证明这两个蛋白质是通过直接的接触发生了相互作用，证实了CCKB受体和μ阿片受体可以通过直接的物理接触和绑定形成异源聚合体（Yang et al, Exp Mol Med 21:50, 2018）。

为了观察两受体的聚合是否抑制了μ型阿片受体的功能，他们利用干扰肽的方法干扰两受体的聚合。但首先要找到两种受体相互作用的片段（受体中的哪些氨基酸残基介导两受体的结合），以便针对结合点来设计干扰肽的序列。依赖于生物信息技术，他们利用CCKB受体和μ型阿片受体的一级结构序列，对两受体相互作用的界面进行了计算机模拟预测，发现μ阿片受体在第3和第4跨膜区虽在预测结果中未参与到受体间的绑定，但其结构也位于两受体相互作用的界面之中，会不会是跨膜区介导了两受体的相互作用呢？他们构建了μ阿片受体第3和第4跨膜区分别被第6跨膜区替换的突变体。结果表明，当μ阿片受体第3跨膜区被置换掉之后，与CCKB受体的结合力就大大降低。最后，他们制作出一种干扰肽，可以成功地干扰CCKB受体与μ型阿片受体的聚合，然后用在体实验方法加以检验。正常大鼠从蛛网膜下腔给予 CCK-8，可以削弱吗啡的镇痛效果。如果提前 4 h 给大鼠预先注射上述干扰肽，打断了 CCKB 受体与 μ 型阿片受体的相互作用，这时 CCK-8 的抗吗啡镇痛的作用就完全消失了。至此，CCK-8 抗阿片作用的机制终于从分子层面的得到了一个解释。从 1985 年 Han JS 等提出 CCK-8 可能是一种内源性抗阿片物质（Neuropeptide，1985），到 2018 年 Wan Y 等阐明 CCK 抗阿片使用的分子机制，前后历经 23 年，这也可算是神经科学史上对内源性阿片肽和抗阿片肽认识方面的一段“不忘初心”的历史了。

23.鱼与熊掌的选择

研究进展到这里，我们设想，如果把高频和低频电针分别比喻为鱼和熊掌，难道真的不可兼得吗？如果有一种设备，能够交替地使用低频和高频（称为“疏密”波），那就应该最大限度地释放脑啡肽和强啡肽，得到最大的镇痛效果。为了验证后一推论，我们进行了系统研究。

首先要解决一个方法上的障碍。在电脉冲的波宽固定（例如 0.3 ms）的条件下，在 2 Hz 频率下设定一个合适的强度（例如 10 mA），那么当频率增高到 100 Hz 时会令人感到强度太大，不可忍受，必须将强度下调到一定程度（例如 5 mA），才可以忍受。因此如果我们让电刺激频率在 2 Hz 和 100 Hz 之间来回转换，患者必然会有刺激强度一阵强（100 Hz）一阵弱（2 Hz）的不适感。为了解决这个问题，我们想出一个解决方案，即随着频率的增加，使波宽逐渐缩短。2 Hz 时波宽设为 0.6 ms，15 Hz 时缩短到 0.4 ms，100 Hz 时波宽进一步缩短为 0.2 Hz。这样，无论频率如何改变，个体的主观感觉都能适应。这一设计已经得到国际有关专家的肯定。

其次一个问题是低频刺激与高频刺激互相交替时，每一种频率各持续多长时间最为合适（发挥最大镇痛效果）？这个问题只能通过实验来回答。我们在大鼠身上用疏密波电针观察其镇痛效果，把每一个周期（包括一疏一密）

的持续时间定为 2、4、5、6、8、10、11 s。并且分别记录电刺激强度为 1、2、3 mA 时的痛阈升高百分数。实验结果的规律性非常明显。不论是 2/15 Hz 交替的疏密波，或是 2/100 Hz 交替的疏密波，都是每一周期持续时间在 5~6 s 之间（即疏波和密波各为 2.5~3.0 s）镇痛效果最好。在此基础上，我们在大鼠身上试验了 2、15、100、2/15、2/100 Hz 5 种情况下镇痛效果的强弱。发现：①疏密波的镇痛效果显著高于单一频率的效果，②两种疏密波之间差别没有显著性。论文发表于《美国针灸杂志》(Chen et al. American Acupuncture Journal 1994, 22: 47-53)。关于疏密波具有较强镇痛效果的作用原理，我们推测：①每一种频率的电针持续时间延长都会发生耐受，由于高频与低频不断交替，每一种频率持续的时间缩短了一半，所以不容易发生耐受。②另外还发现，当脑啡肽与强啡肽同时作用时，会表现出 1+1>2 的“协同”效应，使针刺镇痛得到加强。

其后我们又与 Terenius 合作，观察了 2/15 Hz 电针刺激半小时对人体脊髓液中甲七肽和强啡肽 A 含量的影响。10 位受试者的脑脊液中甲七肽含量平均升高 269%，强啡肽 A 含量平均升高 60%，两者均有显著的统计学意义。论文发表于北京医科大学学报（ 1992, 24: 807 ）。对比人体试验和大鼠实验测定电针对脑脊液中阿片肽含量影响的结果，可以得出一个明显的规律：脑啡肽含量个体差异大，电针后升高幅度大，可以达到 3~9 倍；强啡肽含量个体差异小，电针后升高幅度小，仅升高 49%~60%，但这种差异已经具有统计学显著性。这一规律对今后的研究提供了有价值的参考。

当比较 2/15 Hz 交替的疏密波与 2/100 Hz 交替的疏密波的优缺点时，不仅要考虑它们对阿片肽的影响，还要考虑到对其他神经递质的影响。例如，低频电针动员单胺类神经递质的能力就显著高于高频电针。对于具体患者、具体病症，究竟哪一种波形疗效更优，应该通过仔细的临床实践，才能加以确定。

24. 针刺穴位或给予电针时神经纤维能发放多少传入冲动?

在大型外科手术中，针刺一般不可能完全取代药物麻醉，对于锯开骨骼这样大的伤害引起的疼痛，针刺难以完全抵挡，这是显而易见的事实。但针刺肯定可以起到一个辅助作用，所以我提倡用“针刺辅助麻醉 (acupuncture assisted anesthesia, AAA)” 这个词，而不用“针刺麻醉 (acupuncture anesthesia，AA)”。这不是胆小，或缺乏信心，而是实事求是。但我明白，作为针刺麻醉研究者，我一定要尽力设法提高针麻效果，这无非从两方面入手：一是扎哪儿（哪个穴位能发挥最强大的止痛作用）？另一个问题是如何扎（扎针的手法）？关于穴位特异性，我们在人体皮肤痛阈测定实验中已经比较了十多个著名穴位，其镇痛曲线大同小异，难分伯仲。这使人感到，对于伤害刺激引起疼痛这样一个普遍性的问题，身体的应答也是带有普遍性（通用性）的：一是快速动用 5-HT、脑啡肽这类具有普遍意义的抗痛物质来降低疼痛的程度，二是通过闸门控制这一原理减轻受损部位神经系统对痛觉的敏感性。其作用只是“减轻”疼痛，而不是完全“消灭”疼痛。否则，受伤后得不到及时警告，可能酿成更严重的后果。

虽然如此，作为一个专职研究人员，我们还是应该设法让针刺镇痛本身能发挥到极致。关于特定病种，通过精选特定穴位达到最佳效果，已有实验室（例如成都中医药大学梁繁荣团队）专注于此，加以钻研。我们可以集中考虑第二个方案——怎么扎？这里牵涉到一个针刺手法问题。运针可以有捣法、颤法、搓法、飞法、弹法、括法、摆法、摇法、盘法、敲法、捻转补泻法、迎随补泻法等，每一种都需要名师真传，每一个徒弟都有各自体验，科学研究从何做起？选用什么指标才能测出闭塞的经络已经通畅？难点多多。

如果换一个思路：既然以前的工作已经证明，把局部麻醉药注入穴位深部麻痹了神经后，扎针就丧失了镇痛效果，这说明神经必然是经络不可或缺的组成部分，那么何不应用电针来代替手针刺激神经？这样不就可以运用自如、海阔天空了吗？我们想记录针刺或电针过程中传入神经上单纤维的传入冲动数，得到一个粗略的数量概念。

《生理学》教科书告诉我们，用电脉冲刺激神经，必须掌握电压、电流（电压驱动下最终归结为电流，以毫安计算），以及脉冲电流持续时间（波宽，以毫秒计算）的单位时间内出现的次数（频率，以赫兹计算），这三个条件的不同组合，可以定义出一串电刺激的特征。被治疗的患者可以感觉到脉冲电刺激作用于针尖下的神经和肌肉、肌腱产生的颤动感。必须指出：在引起患者的针下颤抖感时，电脉冲的频率、波宽和强度三个条件是互相影响的，但从神经纤维的工作方式来看，只要能发出一个电脉冲，即引起动作电位（action potential，AP），每一个动作电位的形式都是一样的。就如同扣动手枪的扳机，只要扣动一次，发出一颗子弹，每一颗子弹的飞行轨迹都是相似的。因此，每秒钟发出几个动作电位（频率）就成为信息最重要的参数。在电脉冲间距相同的条件下，我们用每秒钟发生几个脉冲来表示。例如每秒 10 个脉冲，称为 10 Hz（赫兹）。但如果两个脉冲之间的间隔距离是不相等的，那么更准确地表述，应该是用每两个动作电位之间的时间间距来表示，这是传递信息最重要的参数。

电脉冲的波宽和频率是一组相关的数字。通常是把波宽固定在 0.1~0.2 ms。神经纤维粗细不同，粗纤维（有髓鞘包裹的神经纤维）每秒钟可以传导 100~1000 个动作电位，描述为 100~1000 赫兹（Hz），最细的纤维（没有髓鞘包裹的神经纤维）每秒钟只能传导 1~4 个动作电位（描述为 1~4 Hz）。从特定穴位发出的特定频率动作电位，沿着特定的神经通路，传向不同脑区，使局部的神经细胞功能改变，或使之激活转入兴奋状态，或使之失活转入抑制状态。打一个比喻，针灸针就如同发号枪，动作电位好似子弹，只要神经通路没有被麻醉或人为切断，通过捻动针灸针就可以指挥脑中特定中枢的活动状态，使之释放出特定化学物质，影响神经功能，发挥治疗作用。在以上假想下，我们开始了自己的科学实践活动。

以上所说 1~1000 Hz，是一个一般性的说法，缺乏实际的根据。用手捻针，究竟能产生多大频率的传入冲动？用电针来刺激穴位下的神经纤维，电针的频率究竟定在多高才是合适（保证传入神经纤维能够 1∶1 地忠实反应）？都是推测，并无实际凭据。我和北京航空航天大学（北航）刘亦鸣教授合作设计电针仪时，根据当时所能得到的资料和各种考虑，把电针仪的最高频率暂定为 100Hz（而不是像日本电针仪器高达 500Hz）。但这些问题留在我脑中始终没有解决。

2001 年西安医科大学邢国刚获得博士学位后到我们实验室申请做我的博士后，我谈到这个问题，给大鼠穴位手捻针或电针时，记录单纤维传入神经冲动数，他认为可行，就入列博士后研究项目。其后由于各种原因，邢国刚在博士后期间没有实现此计划。2014 年张嵘副教授招了一个硕士生霍然，我建议由她来解决我脑中几十年来的悬念，由邢国刚教授对她进行单纤维记录技术的指导，大家都同意了。由于各种原因，霍然对单纤维记录技术直到 2017 年才真正掌握，只好将硕士生年限延长一年，争取做完原定计划。在霍然本人及老师们帮助下，不到半年，结果如泉水般涌现：① Aδ 传入纤维可以传递高达 100Hz 的电刺激，Aβ 纤维可以传导高达 250 Hz 的电刺激。②手捻针每秒捻转 1 次，平均放电每秒 8 次，当捻针速度提高到每秒 2 次时，每秒平均放电频率增加到 15 次。③如用上海中医药大学杨华元教授研究团队研发的机械转动捻针仪器代替手捻针，以每秒转动 1 次、2 次、3 次的刺激为例，可以引起传入冲动（中位数）分别达到 8、16、20 次，最高时可以达到 70 Hz，偶然达到 100 Hz。一般（85% 以上的情况）来说，是将针由初始状态捻紧（不论是人工捻针，或机械捻转）时放电多，回复到原始状态过程中放电减少，或没有放电。因此放电呈现成簇状（burst），每秒捻转 1 次或 2 次时，成簇明显，每秒 3 次时，成簇不明显，趋于融合。捻转 90°、180°、360° 三种状态下，差别不明显。

针刺研究中的这些数字是迄今为止最系统、最全面的数据。它可以说明几个基本问题（图 17）：①在常规手捻针情况下，有髓鞘传入纤维的传入冲动在每秒 8~15 次（4~20 次），如果提高捻转速度和加大提插幅度，有的个体传入冲动可能会达到每秒 100 次左右。②从实际情况来看，电针仪（包括

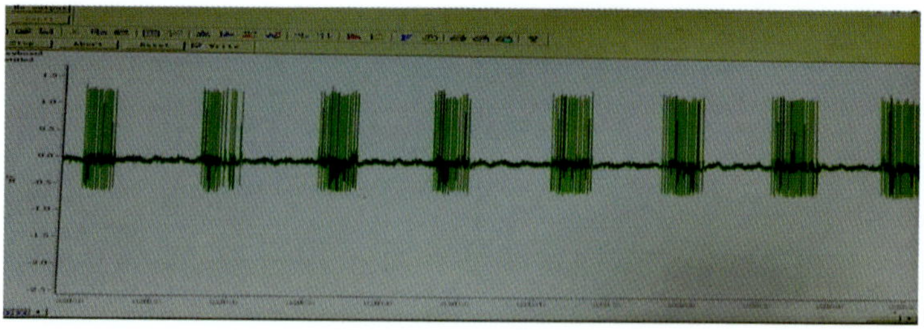

图 17　针刺大鼠足三里记录传入神经单纤维放电（每秒捻转一次，发出一串电脉冲，频率为每秒 8~15 次）

经皮穴位电刺激仪）的最高刺激频率定在 100 Hz 是适宜的。但是如果时间过长，既使用 100 Hz 的刺激频率，也难以忠实保持 1∶1 的反应率。③如果用 2 Hz 和 100 Hz 交替的疏密波，则神经纤维可以长时间保持 1∶1 的忠实反应率。手捻针要精确控制传入冲动的频率和范围是难以达到的。而电针仪无论对刺激频率的精确度及其变动范围都是可以精确掌握的。④以上都是以有髓鞘神经纤维的动作电位记录为准，无髓鞘传入纤维的放电频率肯定会低于此数。⑤将针灸针与电刺激器的输出电极连接，有髓鞘神经纤维有可能在 30 min 内传导高达 250 Hz 的脉冲电刺激。刺激频率再增高，刺激时程再延长，就不能以 1∶1 忠实反应了，可能出现脱落现象。以上是用大鼠实验得出的结果，作为参考值应用于人体应该是比较合理的。有了这些数字做基础，针灸医师在选用穴位电刺激参数时应该是胸有成竹了。

25. 刺激同一穴位如何才能最大限度引起内源性吗啡样物质的释放？

前文中我已经初步谈到脑内存在内源性的吗啡样物质，在针刺镇痛原理中起着重要作用。当时就是吗啡受体拮抗剂纳洛酮来验证。美国加州大学利勃斯康镇（Liebeskind）教授的一名研究生阿基尔（H. Akil）(Akil）首先发现，电刺激大鼠的脚底引起的应激性镇痛可以被纳洛酮所阻断。另一位学者梅依尔（David Mayer）想到了中国的针刺镇痛是否能被纳洛酮阻断。他在人身上观察电刺激牙髓引起的疼痛，可以被针刺合谷所抑制，而这种针刺镇痛作用可以被静脉注射纳洛酮（0.8 mg）所翻转。这一结果于 1975 年一次国际疼痛学会上做了口头报告，正式论文在 1977 年才发表。加拿大朴莫伦兹（Pomeranz）等（1976 年）、我们实验室（1977 年）、美国麦克雷曼（McLennan）等（1977 年）、上海江振裕等（1978 年）和瑞典休隆（Sjolund）等（1979 年）先后发表论文，从不同角度证实这一现象。但这些初期结果总令人有一种飘忽不定的感觉。例如有的报告称纳洛酮可以完全阻断针刺镇痛，有的称部分阻断，有的认为手捻针的作用能被阻断，100Hz 经皮电刺激引起的镇痛就不能被阻断。

我们经过认真思考，认为上述差别产生的原因可能主要是实验对象不一（人体、小鼠、大鼠、家兔、猕猴），针刺方法不一（手捻针、不同条件的电针），纳洛酮的剂量不一致（从人体一次 0.8mg，到小鼠 1mg/kg）。我们下决心对这个重要问题进行系统研究，使实验条件相对固定：大鼠，电针，采用 3 种电针频率（2 Hz、15 Hz、100 Hz），7 种纳洛酮剂量（0.2 mg/kg、0.5 mg/kg、1 mg/kg、2 mg/kg 、5mg/kg 、10mg/kg 、20mg/kg ）。这里要说明：2 Hz 作为低频的代表，100 Hz 作为高频的代表是没有问题的，2 和 100 中间，按照数学系列似乎应该用 50 Hz 做代表，为什么选用 15 Hz？这是因为生物体对物理刺激的反应，大都是按照对数方式来反应的（例如某一个数字的一次方、二次方等），这样，2 和 100 之间就不是 50，而是将近 15 了。这一整套实验做下来，使“纳洛酮是否能阻断电针镇痛”这一问题得到基本阐明。在大鼠身上，只要使用 0.5 mg/kg 的纳洛酮就能使低频（2 Hz）电针的镇痛作用降低 50%，而要使高频（100 Hz）电针的镇痛作用降低 50%，纳洛酮的计量需要增加到 20 mg/kg，两者相差 40 倍之多。阻断 15 Hz 电针镇痛所需纳洛酮剂量介于两者之间，为 1 mg/kg。这一结果令人推测，虽然不同频率电针的作用都是通过吗啡受体（广义上称为阿片受体）来实现的，但阿片受体存在着不同的亚型。根据当时所得的蛛丝马迹我们初步提出一个假设，再用其他证据加以证实。

我们的假设是：① 2 Hz 低频电针引起内啡肽释放，主要是通过 μ 型阿片受体发挥作用的，该受体对纳洛酮非常敏感，所以 0.5 mg/kg 的小剂量就能加以阻断；② 15Hz 电针引起脑啡肽释放，主要是通过 δ 型阿片受体发挥作用的，该受体对纳洛酮敏感性较低，所以需要加倍剂量的纳洛酮才能加以阻断；③ 100 Hz 高频电针主要引起强啡肽释放，是通过 κ 型阿片受体发挥镇痛作用的，该受体对纳洛酮敏感性极低，需要把剂量再增加 10 倍才能阻断。

有了假说，我们就可以用不同方法加以试验，把这些方法归为几类。鉴于纳洛酮属于通用型阿片受体阻断剂，特异性不强。充分利用上世纪末期神经药理学的迅速发展，我们又具有美国国立卫生研究院给予的美元基金这一特殊条件，可以直接向美国公司（主要是制造各种生物试剂和生物活性肽的 Peninsula 公司）采购到特异性很强的针对 μ 型、δ 型和 κ 型阿片受体的拮抗剂，将其注入大鼠的侧脑室或脊髓蛛网膜下腔，观察是否能分别阻断特定频率电针引起的镇痛作用。大量实验数据证明，2 Hz 低频电针可以激发脑和脊髓释放出镇痛物质，通过 μ 型阿片受体发挥作用；15 Hz 电针似乎通过 δ 型阿片受体起作用；而 100 Hz 高频电针激发出来的镇痛物质，是通过 κ 型阿片受体发挥作用的。这些工作最初主要是由费宏、孙少丽等研究生完成的。应该指出，使用特异性阿片受体拮抗剂完成的一系列成果，为电针镇痛原理研究铸就了一个模式，在此基础上可以再用其他方法加以肯定或否定。

陈晓红等采用了另一种称为“交叉耐受”的方法来研究。她使用的工具药不是阿片受体拮抗剂，而是阿片受体激动剂。先给大鼠长达几小时的 2 Hz 低频电针刺激，看到镇痛效果慢慢下降，直到消失，称为电针“耐受”。如果 2 Hz 电针是通过释放脑啡肽或内啡肽，作用于 μ 型阿片受体发挥镇痛作用，并且由于作用时间太长而发生耐受，那么这时给大鼠注射特异性很强的 μ 型阿片受体激动剂就应该失效（不能发挥镇痛作用），而注射别的类型阿片受体激动剂（如 δ 激动剂，或 κ 激动剂）则依然有效。同样道理，发现长时间用 100Hz 高频电针引起耐受时，给大鼠注射 κ 型阿片受体激动剂就不再起作用，而注射其他阿片受体激动剂依然有镇痛效果。实验结果完全验证了以上设想。

研究生谢国玺采用了另一种办法。前文讲过，给家兔多次注射脑啡肽，家兔体内会产生一种对抗脑啡肽的抗体。瑞典乌普萨拉大学 Terenius 教授实验室养着许多家兔，分别产生各种抗体。我们与他合作，由他把含有抗体的血清用冷冻干燥方法抽干成为粉末，编号寄来。如果把脑啡肽抗体注入大鼠脊髓蛛网膜下腔，抗体会逐步渗透到脊髓组织内。当神经末梢分泌出脑啡肽时，抗体会辨认出它，并与之紧密结合。如同一个橄榄球队的队员，遇见前方飞来一枚橄榄球，会将其紧紧抱住，不让别人抢走。2 Hz 电针促使神经末梢释放出脑啡肽，原本是要通过突触间隙，作用到下一个神经细胞的受体上来传递信息。现在被抗体牢牢抱住，由于占位作用，脑啡肽不能与阿片受体相结合，从而取消了 2 Hz 电针应有的镇痛作用。但 100 Hz 电针引起强啡肽从神经末梢释放出来，通过 κ 型阿片受体发挥镇痛作用不受任何影响，反之亦然。这种设计，应该比使用纳洛酮（一股脑儿阻断所有阿片受体）更为精确。

明确了方法学上的作用原理，现在可以设计实验加以检验。把 100 只大鼠分成 8 组，每组 12~13 只，分别给予 2 Hz、4 Hz、8 Hz、16 Hz、32 Hz、64 Hz、128 Hz 的电刺激，另设一组从蛛网膜下腔注射正常家兔血清（不含阿片肽抗体）作为对照，以对照组电针后痛阈升高幅度作为标准，观察其他组注射不同种类抗体后针刺镇痛效果是否发生相应的变化。具体说，就是看哪种抗体能够阻断哪种频率电针的作用。

从图 18 可以看出，注射脑啡肽抗体以后，低频段电针镇痛受到抑制，高频段影响较小。相反，注射强啡肽抗血清以后，高频段的镇痛效果受到抑制，低频段不受影响。这种变化是有规律地渐进的，可以用一条回归线把各个点连接起来，两条线在 15~30 Hz 附近相交叉，表示在中间频段既释放脑啡肽，也释放强啡肽。这主要是研究生谢国玺做的实验。我曾在 20 余国召开的学术会议上先后演讲 209 次，几乎每次都会有人问到为什么定下 2/15/100 Hz 作为电针通用的频率。我就会回顾这两条曲线。就阿片肽传递针刺镇痛的规律而论，你可以选任何一种频率，从而会得到不同分量的阿片肽，其通用规律

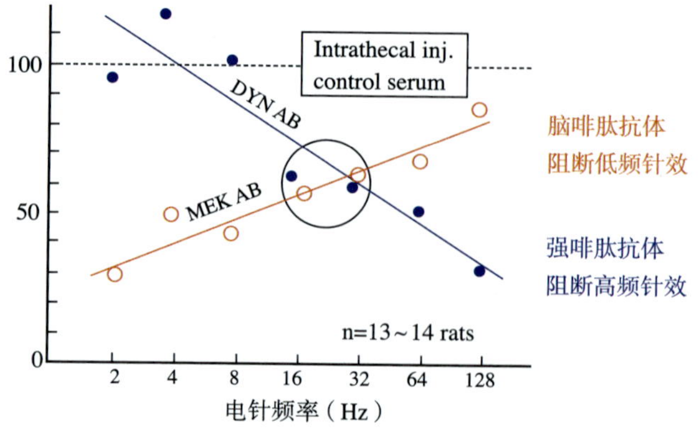

图 18 向大鼠脊髓蛛网膜下腔注射脑啡肽抗体可以阻断低频电针的镇痛效果，注射强啡肽抗体可以阻断高频电针的镇痛效果。纵坐标为大鼠痛阈升高相对值，以对照组（蛛网膜下腔注射正常兔血清）电针后痛阈升高水平作为 100%

是，如果想得到更多的脑啡肽，就选用低频端；如果想得到更多的强啡肽，则选用高频端。如果选用中间频率 15~30 Hz，你会同时得到两者。

类似的实验也在脑部进行。何承敏等将 β 内啡肽的抗血清注入大鼠脑的中脑导水管周围灰质，这是中枢神经系统中调节疼痛的重要枢纽地带。注射后 2 Hz 电针的镇痛作用降低了 88%，而对 100 Hz 电针镇痛没有影响，表明 β 内啡肽在引起低频电针镇痛中发挥着重要作用。这些 β 内啡肽来自何处？来自下丘脑的弓状核。王晓京等用化学方法损毁了大鼠的弓状核，使脑内 β 内啡肽的含量降低了 46%，这时 2 Hz 和 15 Hz 电针的镇痛效果分别降低了 78% 和 52%，而 100 Hz 电针镇痛不受影响。这些实验结果，强烈支持谢国玺的观察，可以用一个示意图（图 19）加以表述。

此前的《神经科学》教科书中有一个比较固定的看法，认为低频电刺激有利于中枢经典神经递质的释放，而高频电刺激则有利于神经肽的释放霍克菲尔特（Hokfelt, 1991）。Hokfelt 是瑞典卡罗林斯卡学院的著名神经科学家，从我在瑞典进修时就与他有密切的私人交往。在他了解了我们得到的系列研究成果后，表示同意我们的看法，即不能笼统地以低频或高频刺激来界定外周电刺激会激活经典神经递质或神经肽，应该按照具体递质分别研究，加以

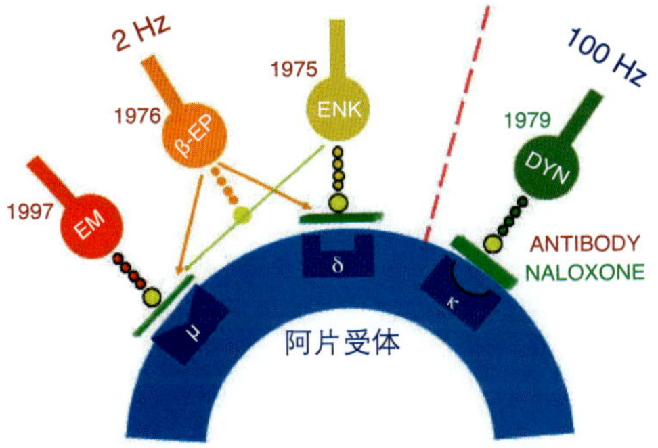

图 19 不同频率电针引起不同阿片肽释放

EM：内吗啡肽；β-EP：β 内啡肽；ENK：脑啡肽；DYN：强啡肽。ANTIBODY：抗体；NALOXONE：纳洛酮

确定。特别是 2003 年我在《Trends in Neuroscience》发表论文后，他明确表示会放弃以往的观点。

26.在动物身上得出的针刺镇痛结果是否适用于人体？

以上实验结果都是从功能上来观察，针刺镇痛作用是否能被神经肽的激动剂所模拟，或被特定神经肽的抗体，或用特定受体的拮抗剂所阻断来加以推测。如能在针刺期间，从脑室液（代表脑）或脑脊液（代表脊髓水平），或蛛网膜下腔的灌流液中得到的样品，实际测定某种神经肽含量的变化，应该最有说服力。

费宏、谢国玺等用放射免疫法测定脑啡肽与强啡肽在大鼠脊髓灌流液（每分钟流量 0.1 ml）含量的变化。在灌流实验前先经过一轮电针实验，凡痛阈升高 50% 以上者，称为电针有效者，否则称为电针无效者。结果表明：①不给予电针的对照组，两次灌流液中脑啡肽（甲硫氨酸脑啡肽）和强啡肽（强啡肽 A）的含量没有明显改变。②电针有效鼠在两次针刺期间灌流液中脑啡肽含量平均增长 9.5 倍，具有显著统计学意义，而强啡肽含量不变。③在 100Hz 电针期间，强啡肽的含量增加 2 倍，有非常显著的统计学意义，而脑啡肽含量不变。④ 15 Hz 电针使脑啡肽和强啡肽含量均有增加。⑤电针无效的大鼠，灌流液中脑啡肽和强啡肽的含量没有明显改变。

但无论如何，这些结果是从家兔或大鼠实验所获得。人体情况究竟是否一致？有待证明。后面这项实验有一点难度，主要是要到医院（当时联系好到北医第一医院和宣武医院）神经科去动员患者捐献脑脊液。由我和研究生陈晓红对患者说明缘由：我们要做针刺麻醉原理研究，试图解释为什么针刺会引起痛觉迟钝（镇痛效果）。动物实验已经证明，针刺通过脑和脊髓分泌脑啡肽、脑啡肽、强啡肽等化学物质而实现，但在人身上是否有同样效果，不得而知。所以患者要抽两次脑脊液。第一次抽 6 ml，3 ml 为患者本身做诊断用，3 ml 为科研用，测定阿片肽的基础水平。给予患者电针 30 min 后抽第二管 3 ml，是专为科研用，观察电针是否会增加阿片肽的释放（水平上升），如果含量有变化，再测定是哪一种阿片肽含量发生了变化。这个实验如果得到假想的结果，就可以用从人体（而不是动物）身上获得的结果向国际上说明，中国古老的针刺疗法是有科学根据的。对于患者来说，原来就需要抽脑脊液做检查为自身疾病做诊断，现在只是多贡献了几毫升。对于患者的选择标准：如果怀疑患者存在炎症，我们不予采用，而是专选那些没有炎症的患者作为研究对象。经过解释，大部分患者同意参加试验，为对针刺研究做贡献，签下知情同意书。我们计划将患者分为 4 组，每组 10 人。为了免除患者可能对针刺有恐惧感或不适感，我们用一个片状电极贴在皮肤上，来代替针刺。一对贴在上肢的合谷穴和手掌一侧与合谷对应的劳宫穴，形成一对通路。另一对电极分别贴在足三里和承山穴（小腿肚的中点），电脉冲波宽为 0.3 ms，频率为 2 Hz 或 100 Hz，刺激强度是逐渐增加到患者能接受（而没有不适感）的程度。持续时间为 30 min。为了方便起见，我们仍然用“电针”的称号。取得的脑脊液采用双盲的方式加以编号，然后将脑脊液冷冻干燥成为粉末，以低温方式空运寄到瑞典，由特瑞尼斯（Terenius）实验室用放射免疫法分别测定脑啡肽基因产物（具体说是用“甲七肽”作为代表）和强啡肽基因产物（具体说是“强啡肽 A”作为代表）。

宝贵的冻干脑脊液样品寄出后，我内心十分焦虑，运输中是否会发生意外？实验结果会是如何？因为是双盲方式，谁也不知结果如何。几周后瑞典发来编号和结果，我们发给他编号和分组信息，双方同时一一输入，解开了编号的意义，发现所得到的结果非常鼓舞人心：①对照组电针前后脑脊液中脑啡肽和强啡肽含量没有显著差异；② 2 Hz 电针组脑啡肽含量增加了 367%，有显著的统计学意义（P 值小于 0.05）；③ 100 Hz 电针组强啡肽含量增加了 49%，有非常显著的统计学意义（P 值小于 0.01）。那时由于越洋电话很贵，都是航空信来往，所以要等至少一周才能得到消息。因这种焦虑而引起的脑细胞损失可能为数不少，但是由此得来的愉快程度，也是难以超越的。

该文发表于 1991 年《Pain》杂志上（Han et al, Pain 1991, 47: 295-298），至今引用次数已达到 285 次。

行文至此需要说明，我们所说的脑啡肽和强啡肽，实际是两类而不是两种物质。脑啡肽是由脑啡肽族基因表达的系列产物，由甲硫脑啡肽、亮氨酸脑啡肽、脑七肽等组成，它们均可激活 μ 型和 δ 型阿片受体；所谓 β 内啡肽是由内啡肽族基因表达的产物，由 α 内啡肽、β 内啡肽等组成，均可激活 μ 型照片受体。所谓强啡肽是由强啡肽族基因表达的系列产物，由强啡肽 A、强啡肽 B、巨强啡肽等组成，它们均可激活 κ 型阿片受体。简化的表达方式不应该降低学术标准，只是为了不设置过多的陌生名词，以便于理解。

27. 不同频率的电针信号在脑内走行的通路

中枢神经系统中的阿片肽大致分为四类，每一类中又含有几种大同小异的成分，为了不占用过多篇幅，我们只列出最主要的一种作为其代表：①含有 β 内啡肽（31 个氨基酸残基组成）的神经元细胞体主要存在于下丘脑的弓状核，由此发出的轴突分布到脑的许多核团，包括中脑的导水管周围灰质

（PAG）。PAG 是脑内控制痛觉的重要枢纽，由此可以进一步激活 5-HT 系统和脑啡肽系统等，发挥镇痛效果。②含有脑啡肽（5 个氨基酸残基组成）的神经元胞体广泛分布于脑和脊髓，发出轴突支配脑内许多核团和脊髓背角，通过 μ 受体和 δ 受体抑制伤害信号的传递。③内吗啡肽（4 个氨基酸残基组成）是最小的阿片肽，分布于脊髓，专一性地通过 μ 受体发挥镇痛作用。④含有强啡肽的神经元（17 个氨基酸残基组成）主要存在于脊髓，通过 κ 受体发挥镇痛作用；少量存在于脑，与痛觉调控的关系尚不明确。

以往用神经药理学和神经化学方法证明，2 Hz 电针可激活内啡肽和脑啡肽（包括内吗啡肽）系统，而 100 Hz 电针则激活脊髓内强啡肽系统产生镇痛作用。这是一个简要的描述，但对电针信号如何激活脑内神经通路并未详细了解。

王强和毛利民在大鼠身上对不同频率电针的传导通路进行了系统研究。他们用手术切割大脑，用特种化学物质损毁脑组织，用电刺激激活脑核团等方法，研究电针刺激的传导通路。发现①切除大鼠的大脑皮层不影响针刺镇痛。②下丘脑的弓状核是实现 2 Hz 电针镇痛的关键脑区。2 Hz 电针的信号首先到达弓状核，激活了存在于弓状核中的 β 内啡肽神经元，通过轴突向许多脑区释放 β 内啡肽，产生明确的镇痛效果；只要选择性地毁坏了弓状核，2 Hz 电针就不再起作用，但 100 Hz 电针依然有效。这一事实凸显了下丘脑弓状核在低频电针镇痛中的重要意义。③中脑 PAG 的腹侧部是实现电针镇痛的必要环节。电刺激 PAG 可以在脊髓水平释放脑啡肽、强啡肽，还可能包括内啡肽，产生镇痛效果；毁坏了 PAG，不论低频或高频电针均失去镇痛效果。④ 100 Hz 电刺激从脊髓上传到脑干的臂旁核，再到达 PAG，选择性地激活脊髓中的强啡肽系统，产生镇痛作用。通过这一系列研究，我们对阿片肽家族在针刺镇痛中的作用做出了清晰的描绘（图 20）。

在此基础上，我们又提出一个问题：针刺的作用并不是瞬间消失。在临床上，一次针刺的疗效有时可长达数日之久。这是为什么？

一次针刺对阿片肽能神经元的影响有可能是多方面的。首先是引起原来存在于神经元内的阿片肽释放出来，这可以通过 30 min 电针刺激后脑脊

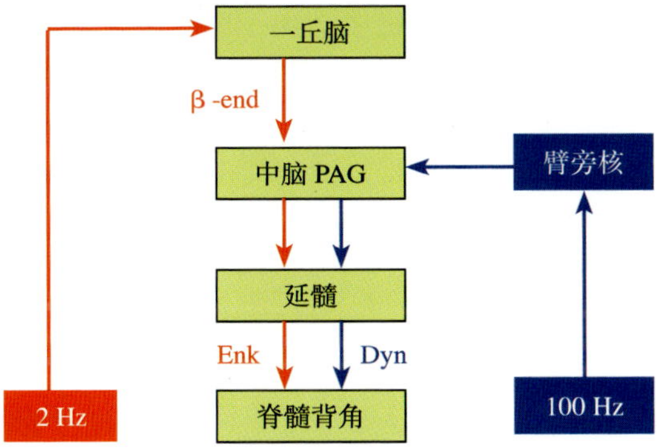

图 20 不同频率电针刺激传入中枢神经系统后，通过不同的传导通路实现镇痛效果

液中脑啡肽成倍升高（可以高达 3~9 倍）反映出来。与此同时，电针刺激还可以激活神经元内生成脑啡肽的机制，使脑啡肽基因表达加速，这通过电针刺激后脑啡肽神经元内一些信使 RNA（mRNA）的含量急剧升高反映出来。据目前的知识可以确定为下列步骤：①首先是起通风报信作用的 c-fos mRNA 发生变化。如果将安静状态下 c-fos mRNA 的表达量定为 100，那么经电针刺激后就升到 350，电针结束后 2 h 继续上升到 500 以上，8 h 回复常态。②在 c-fos 通报的激发下，脑啡肽基因的 mRNA（电针停止后 4 h）含量开始升高，电针后 48 h 到达顶点（由 100 升至 700），72 h 明显回降。这些变化代表细胞内脑啡肽的生物合成（储备）增加，随时可以加速释放，发挥作用。③脑内的神经元之间有着无数网络样的连接，它们在停止电针刺激后是否继续发生联系？关于后一点，我们进行了系列研究。

28．“中脑–边缘镇痛环路”的研究：兴则俱兴，灭则俱灭

早在 20 世纪中叶上海医学院药理学系主任张昌绍教授及其研究生邹冈就发现，把微量吗啡注入脑干就能引起显著的镇痛效应，这一部位实际上指的就是中脑导水管周围灰质（PAG）。这一重要发现引发了一种假说：脑的

某些部位可能存在能辨识吗啡的物质结构，也就是如今所说的“吗啡受体”，或者更广义地称之为“阿片受体”。其后的实验证明，阿片受体不是只存在于PAG，也存在于其他脑区，包括伏核、僵核、杏仁核等。我们用脑内微量注射的方法来探索两个核团之间的关系。注射的物质：①可以是吗啡受体的激动剂（可以激活受体）或拮抗剂（可以阻断受体），②可以是一种阿片肽的抗体（阻止特定阿片肽与受体结合，使该种阿片肽失效），③可以是阿片肽降解酶的抑制剂。例如，脑啡肽从神经末梢释放出来，不久就被脑啡肽降解酶分解而失效，如能阻止该降解酶的活性，即可延长脑啡肽的作用时间。

在初步实验中我们发现了一些有趣的现象：①将吗啡受体激动剂注射到上述任何一个核团都表现出镇痛作用。但如果将吗啡受体拮抗剂（如纳洛酮）注射到一个核团，只能部分阻断全身注射吗啡的镇痛作用。这是可以理解的，因为全身注射吗啡可以启动许多镇痛有关的通路，仅仅阻断一条通路不能将吗啡的作用完全阻断。②假设有4个核团都有吗啡受体，假设这4个核团都能独立起作用，那么阻断其中一个，全身注射吗啡的镇痛效应应该只损失1/4。实际上，只要在脑的一个部位，例如“杏仁核”或“僵核”内注射纳洛酮，全身注射吗啡引起的镇痛作用就可大部分消失。与此同时，电针引起的镇痛效果也可大部分消失（可以降低70%~90%）。考虑到大鼠脑内的僵核直径只有几个毫米，这是一个很难令人相信的现象！一个合理的假说是，这些核团之间可能存在着某种功能上的联系，例如它们组成一个环路。当某一核团中阿片通路受阻，使整个系统的功能都不能发挥作用。这一设想催生了“中脑 - 边缘镇痛系统”的发现。

我们的主要发现如下：①中脑的PAG与中缝大核的关系，如上所述，PAG在针刺镇痛中处于关键地位。它接受下丘脑弓状核发出的β内啡肽纤维，本身含有大量的脑啡肽神经元，这些神经元并不是直接到达脊髓，而是激活了位于中脑的中缝大核内的5-HT神经元，后者发出5-HT能纤维，到达脊髓背角，抑制痛信号的传递。实际上可以把PAG与中缝大核视为一个功能上的联合体。②下丘脑弓状核发出的β内啡肽神经纤维也可以到达其他核团，例如伏核和僵核。僵核的作用非常独特。直接兴奋僵核是不利于针刺镇痛的。实际上它可以通过其他核团（蓝斑）来抑制中缝核（5-HT 神经元）的活动。吗啡或阿片肽很可能是通过抑制了僵核的活动，而实现其镇痛作用的，这就是通常所说的“负负得正”。③伏核内的脑啡肽在针刺镇痛中起着重要作用。金文泉等受到美国学者艾伦普拉斯（Ehrenpreis）的启发，用脑啡肽降解酶的抑制剂 Thiorphan 或 Bestatin 来抑制该脑区脑啡肽的讲解速度，延长其作用时间。他发现将其微量注射到家兔的伏核内，电针镇痛作用得到显著增强。他还进一步用微量注射脑啡肽抗体的方法消除该脑区脑啡肽的作用，针刺镇痛效果就大受损失。实际上脑啡肽有两种，甲硫氨酸脑啡肽和亮氨酸脑啡肽。在伏核部位真正起作用的是甲硫脑啡肽，而不是亮氨酸脑啡肽，这是抗体微量注射法胜于其他方法的精准之处。④隔区和尾状核的头端在电针镇痛中所起的作用，与伏核非常相似。以上这些现象使我们思考，上述一连串脑核团可通过神经纤维连成一个环状通路，因此阻断任何一点即可使整个回路失去作用。

值得提出的是，费虚（Fisher）和考赛（Cousey）（1962）在研究中枢对于渴感和饮水的调节机制时，发现脑内有一个以乙酰胆碱为递质的神经通路。在通路的任何一点上放置胆碱受体阻断剂，均可使饮水量减少。这项研究对我们有很大启发。我们根据自己对针刺镇痛的研究结果，提出下列设想：①如果 A、B、C、D 四个核团连成一个单向环路，均以阿片肽作为神经递质，则在 A 点注射吗啡或阿片肽引起的镇痛作用，应该能被 B 点注射纳洛酮或阿片肽抗体所阻断，以下各点以此类推。②如在 A 点注射吗啡，在 B、C、D 任何一点进行微量灌流，应能发现阿片肽的释放增多。按此设计进行的一系列实验，印证了上述设想：①将微量吗啡（10 μg）注入一个核团，可以使多个核团内脑啡肽的释放加速，②向上述任意一个核团中注射纳洛酮，可使静脉注射吗啡引起的镇痛作用大幅度减弱。真可谓“兴则俱兴，灭则俱灭”。这一系列工作（发现“中脑边缘镇痛系统”）主要是由于龙川和马青平等在 1987—1992 期间完成的。这一神经回路的存在也得到第四军医大学李云庆等（1993）用形态学方法所做的研究所证明。

29.闯入戒毒禁区

1990年的一天，我看见人民日报一条消息，我国吸毒现象在新中国成立前猖獗泛滥，到1949年新中国成立以来几近绝迹。但在20世纪80年代死灰复燃，至1990年吸毒人数达到7万人，并呈现急速增长状态。此时，我脑内立即闪现出鸦片战争的恐怖景象。难道旧戏又要重演？

吸毒是一个恐怖的禁区。作为中国科学工作者，我敢闯进这个禁区吗？我能做点什么来遏制这一“妖魔的”发展势头？我转而又想到，如果针刺能使脑内生成与吗啡类似的物质（脑啡肽、内啡肽等），何不利用这些物质来替代外来的吗啡或海洛因，解除吸毒者的痛苦，救人于水深火热之中？

从实际应用来说，针刺治疗海洛因成瘾是有一定困难的。因为海洛因吸食者只要停药几个小时，戒断症状就会发作。即使立刻去医院求治，时间上也来不及。幸亏我们当时已经有了改进型的电针仪，即无针的穴位电刺激仪（韩氏经皮穴位电刺激仪，俗称为韩氏仪），理论上，如果给吸毒者配备一个便携式刺激器，只要自己把随身携带仪器的皮肤电极贴在穴位上，就可立即进行治疗，通过自身分泌的吗啡样物质，有望消除或减轻戒断症状。想到这里，我恨不得马上进行试验。

于是，我们首先在动物身上检验上述设想。给大鼠每天注射3次吗啡，连续5天，注射剂量从5mg/kg，逐渐增加到10、20、40、50 mg/kg（试图制备吗啡依赖/成瘾的动物模型）。接着，为了验证电针是否确有治疗作用，我们采取了一个诱发戒断症状的方法：即给一半吗啡成瘾模型大鼠注射纳洛酮（0.5 mg/kg），另一半大鼠注射生理盐水作为对照。纳洛酮的作用是阻断吗啡受体。在长时间逐渐增量的吗啡作用下，脑细胞对吗啡的依赖度越来越严重。一旦用纳洛酮把吗啡受体瞬间完全阻断，等于是体内高水平的吗啡瞬间消失，降为零点，这时脑细胞代谢发生极度紊乱，大鼠表现为湿狗样抖动、直立、咬牙等一系列具有特征的行为反应，这可以加以定量记录。

每 15 min 作为一个阶段进行分析，连续 3 个阶段共 45 min。症状以第一个 15 min 戒断反应最为强烈，然后逐渐减弱。

为了检验电针是否能减轻戒断症状，我们在大鼠相当于足三里和三阴交的部位给予低频（2 Hz）或高频（100 Hz）电针刺激 30 min。观察其对戒断症状的影响。我们有趣地发现：高频（100 Hz）电针可以显著地减少戒断症状，2Hz 电针也有一定效果，但作用微弱。这说明：电针确实可以减轻戒断症状。这一结果经过屡次实验，非常明确。进一步实验证明，高频电针可以促进脊髓中强啡肽的释放，作用于 κ 型阿片受体，来降低戒断症状。在动物实验结果的鼓舞下，我们开始尝试将其应用于人体。

1992 年吴鎏桢从成都中医学院获得博士学位，来申请做我的博士后。我问他是否对针刺治疗吸毒者戒断症状有兴趣。他表示非常有兴趣，也有信心，因为他曾经遇见过这种患者，针刺有一定效果，可谓一拍即合。他来自西安，认为可以与西安戒毒所进行合作。临行时我对他提出要求：有无疗效，疗效好坏，不能根据主观评价，一定要有客观指标！经过一个月试验，他观察到两个现象。一是吸毒者停药后的心率（用心电图机测定）显著高于正常人，平均每分钟 100 次以上。给予吸毒者韩氏仪（2Hz 和 100 Hz 交替的疏密波）持续 30 min 的刺激。他发现治疗 10 min 心率就开始降低，20 min 效果显著（心率平均达到 90 次 / 分），其后维持低位。50 min 时开始回升。换言之，韩氏仪的效果是“立竿见影”的（图 21）。患者当然并不了解治疗后心率的改变，只知道治疗后心情由烦躁转为舒坦，他们在戒毒所内奔走相告，队友们纷纷排着队要求治疗。对于一个首次应用的治疗方法，能得到这样明确的效果，对我们有极大的鼓舞作用，我们的愉悦心情“绝对不亚于吸毒人员”！这是吴鎏帧对韩氏仪治疗戒断症状的首个创造性贡献！他观察到的第二个客观指标是经过 10 天治疗，治疗组比不治疗的对照组平均体重增加了 5 kg（每天长一斤）。究其原因，是因为治疗组恶心呕吐现象显著减轻，食欲显著增加。治疗组队员在主观上表达的满意和感激之情，加上客观上几个过硬指标，喜讯传来，使整个实验室群情鼓舞，欢欣雀跃：韩氏仪戒毒成功了！

我们狂欢后冷静下来思考，上述结果还是有不足之处的。治疗组每天得

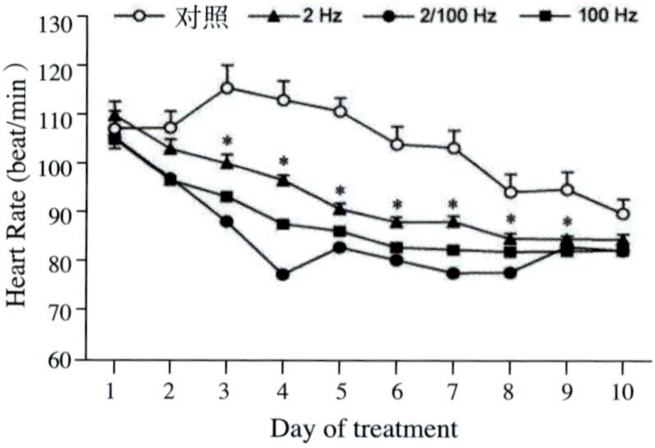

图 21 韩氏仪用于治疗海洛因成瘾者的戒断症状：每天治疗一次，10 天内成瘾者心率的改变
*与对照组相片差异显著，$P<0.01$

到带有神秘性质的穴位刺激治疗，而对照组没有给予任何关怀，对比之余，不能排除这种可能，即韩氏仪组的疗效可能来自于治疗和关怀产生的心理作用。为排除上述推测，我们设计了一个只有安慰剂效应的对照组，即在穴位上贴上电极，但将仪器的输出电流切断。再看效果。

鉴于当时南方地区吸毒问题更为严重，马达医师带了外观相似的两种仪器，联系到广东一个县城戒毒所进行观察。经过 10 天观察，治疗组的疗效非常显著，综合戒断症状比对照组降低了 60%。这说明韩氏仪的疗效不能单纯用心理作用来解释，而是有其科学道理的。

把吴鎏帧在西安、海南和北京得到的结果，与马达在上海和广东得到的结果相比较，发现西安观察到的与脱毒有关的几乎所有指标，广东都重复出来了。唯一的差别是：在西安戒毒所的吸毒者经过韩氏仪治疗后体重有显著增高，与对照组相比差别非常显著；而在广东戒毒所，治疗组与对照组相比体重没有明显增加。这是什么原因所致？经过再三复核，终于找出了一个原因：西安戒毒所的伙食是米饭充分供应，摄食量自定。治疗组胃肠功能恢复，食欲强，食量大，体重就增加。不治疗组恶心、呕吐、拉稀仍然存在，食欲差，饮食少，十天内体重未变。与以上不同，广东某戒毒所是在以往经验的基础上，为每人准备一盒份饭，对照组刚好饱足，治疗组（食欲增加）则略嫌不够，结果是每人都把盒饭吃完。但由于两组食物供应量完全相同，因此治疗组体重无缘增加。这才解开了上述疑团。这些研究结果已经载入美国《物质滥用教科书》(Substance Abuse，A Comprehensive Textbook, WK/LWW Press) 第 4 版（2005）和第 5 版（2011）。

30. 戒毒难　防复吸更难

戒毒初期（脱毒期）产生的极度难受（戒断症状）是成功戒毒的第一道拦路虎。吸毒者大多在家属劝说下试过自我戒毒，但往往经受不住停止吸毒后发生的剧烈戒断症状的煎熬，止步于这道关口难以跨越。西安戒毒所的成功经验得到广东戒毒所的支持，表明韩氏仪在紧要关头可以助一臂之力。虽不能使戒断症状完全消失，但变得可以忍受。何况在强制戒毒所 3~6 个月期间，吸毒者根本不可能得到毒品，也缺乏吸毒的环境，因此矛盾并不突出。真正的考验出现在强制隔离期满，吸毒者面对回家后出现的心理孤独，抵挡不住“粉友”的诱惑和贩毒者布下的陷阱，少则在当天，多则几天，或最多几个月内陷入复吸泥潭。这对韩氏仪是否确能防止复吸，是一个深度的考验。

我们经过调查，发现强烈的追求毒品的欲望（科学上称为“渴求欲”，俗语称为“心瘾”）是导致复吸的主要原因。张本国医师到广东湛江一个戒毒所进行试验，用一个 10 cm 长的尺子，称为“视觉模拟尺”（visual analog scale，VAS）来测量心瘾的强度。受试者可以移动尺子上的一个游标，移动范围是从最左端（0）到最右端（100）。如果吸毒者认为自己一点心瘾都没有，可以把游标放在最左端；如果他认为自己的心瘾达到最厉害的程度（无以复加），就放在极右端。每人每天在同样时间观察一次，观察期是 30 天，分为三阶段：①预备期，②治疗期，③恢复期，每段 10 天。

120 名原先吸食海洛因者平均分为 4 组，每组 30 人。经测量，4 个组的渴求欲起始点平均都在 40 分左右。在第一阶段预备期内，每人每天只是接受一次渴求欲测定，不加任何治疗。研究者发现每个组渴求欲均有轻度的下降趋势。这是因为在戒毒所内没有毒友的交往，没有获取毒品的任何渠道，10 天内渴求欲总平均值从 40 下降到 30 左右。到了第二阶段“治疗期”，4 个组接受不同的处理：①对照组在一只手的合谷（手背）、劳宫（手心）分别贴上 4 cm 见方的带有黏性的导电电极，但是不予通电刺激。如此处理可能达到一定的心理效应，但没有生理学上的治疗效果；②高频电刺激组每天在手心手背的电极上给予 100 次 / 分的脉冲电刺激，持续 30 min；③低频电刺激组给予 2 秒 / 次的脉冲电刺激，持续 30 min；④疏密波电刺激组比较特殊，电刺激的频率不断变化，先给予高频刺激持续 3 s，然后转为低频刺激 3 s，如此反复进行，到 30 分钟时自动停止。在这一阶段的 10 天中，各组渴求欲的变化呈现不同趋势：对照组下降最少，100 Hz 组降低较多，2 Hz 组和疏密波组下降最快。这种趋势延续到第三阶段（恢复期）。详见图 22。

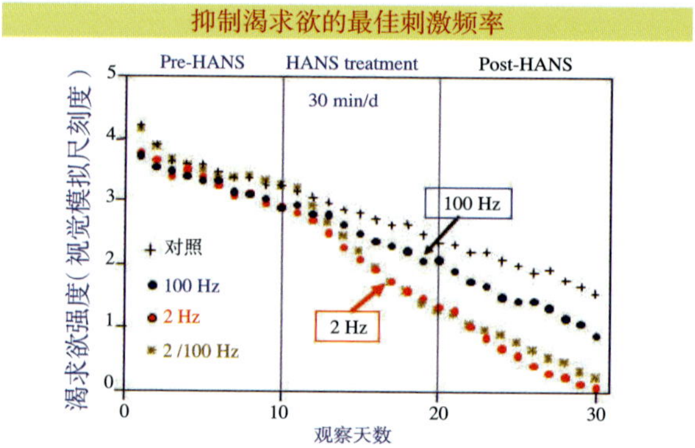

图 22 海洛因成瘾者用韩氏仪治疗 10 天引起渴求欲变化的过程。渴求欲用视觉模拟尺加以测量，总共观察 30 天。只有中间的 10 天用韩氏仪（HANS）加以治疗，每天 30 min，每组人数 29~30 人

总结以上结果，①即使不加以治疗，在戒毒所环境内对毒品的心瘾也有逐渐下降趋势；②在穴位上加以 100 Hz 电刺激，可以加速心瘾下降，但力度不大；③在穴位上加以 2Hz 电刺激治疗则可使心瘾快速下降。④用低频和高频交替进行的疏密波治疗，其效果与疏波相同。

这一结果与动物实验结果完全一致：就急性期降低戒断症状而言，高频刺激最有效；就慢性期降低渴求欲而论，低频刺激最有效。如果要兼顾两者，则用低频和高频交替的疏密波（每 3 秒钟自动交换一次）最为理想。做

一个通俗的比喻，如果把脑啡肽降低渴求欲比作鱼，把强啡肽降低戒断症状比作熊掌，则应用低频刺激和高频刺激自动交替的疏密波，可以达到“鱼和熊掌两者兼得”的效果。这样的结果，实在是超出了我们的预想！我们现在认识到，对于吗啡类物质成瘾的患者，虽然在急性的脱毒期，和慢性的预防复吸期，其机制有所不同，但是都可以统一采用低频和高频交替的疏密波加以治疗，这些结果也载入了美国权威教科书《物质成瘾》（第 5 版）466~476 页（2011 年）。

经过动物实验和在强制戒毒所对曾经的吸毒者身上的实际观察，我们决定将其应用于从戒毒所完成隔离戒毒后回归社会的人员，每人出院时免费带回一个便携式韩氏戒毒仪，叮嘱其每天治疗一次（用疏密波刺激 30 min），观察能否防止其复吸。这一工作分别在北京和上海两地进行。北京是委托民警照顾，按时收集尿液备查（尿液如出现毒品反应，表示复吸）；在上海地区是雇用志愿者按期到家访问，督促其按时应用仪器，按时收集尿液备查。

进行吸毒防治工作长达 20 余年的经验告诉我们，以目前的技术水平和社会条件，要完全达到“一次治疗永不复吸”的目标，谈何容易。能尽量延后复吸，增加回归正常社会的机会，才是一个比较现实的目标。结果表明，北京、上海两地都见到了一定效果。以原吸毒者 1 人戒毒所回归社会之日开始，12 个月后继续保持尿检阴性（没有检出吗啡类物质）作为成功的指标，北京的成功率达 33.2%，上海的成功率达 26.8%，这已经是创纪录的成绩了。对照组（虽然带着一个外表相同的仪器，但是它发出的电刺激非常微弱）的情况是在出所后最短 3 天，最晚 9 个月内，尿中全部检出吗啡类物质，表明原吸毒者已经复吸。结论是从戒毒所回归社会，如果原吸毒者能随身携带一个韩氏戒毒仪，每天治疗一次（30 min）；遇到“风吹草动”（看见以往的毒友，谈及吸毒的经历等）就立即改换话题，找个僻静场所，拿出韩氏仪，在穴位上刺激半小时，有助于防止复吸。但究竟是否能结成正果（达到永不复吸），除了个人努力，还要看一系列社会支持而定。

1998 年中国科学院发出号召，要求每一个院士写一本科普书。我响应号召把自己从事戒毒有关的经历写成一本科普书（图 23），书名为《毒难戒毒能戒》，副标题为“让我们用爱心为他们构筑一片天堂”。主编韩济生，副主编马达，在高等教育出版社于2004年6月出版，20万字。该书荣幸地得到时任全国人大常委会副委员长韩启德、国家禁毒委副主任罗锋、司法部副部长范方平作序。韩启德副委员长在序言中总结本书有三个特点：一是提倡“绿色戒毒”，不是依靠另一种毒品来替代现有毒品，而是应用祖国医学中“扶正固本”的原理和神经科学的最新研究成果，动员体内的积极因素来克服对毒品的依赖；二是强调药物成瘾是一种严重的脑疾病，呼吁按照医生对待患者的态度对成瘾者加以关心和治疗；三是争取把目标锁定在永不复吸，而不是暂时脱毒。对这种努力和愿望加以肯定和支持。

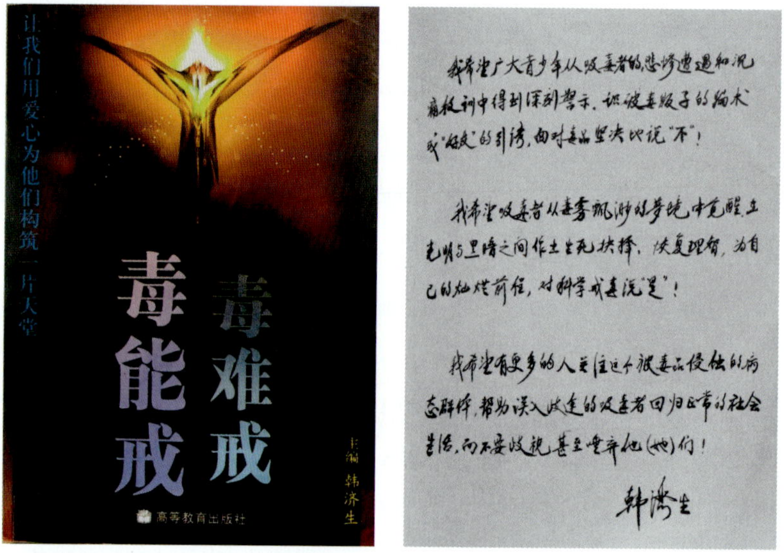

我希望广大青少年从吸毒者的悲惨遭遇和沉痛教训中得到深刻警示，识破毒贩子的骗术或“好友”的引诱，面对毒品坚决地说“不”！

我希望吸毒者从毒雾飘渺的梦境中觉醒，在光明与黑暗之间作出生死抉择，恢复理智，为自己的灿烂前程，对科学戒毒说“是”！

我希望有更多的人关注这个被毒品侵蚀的病态群体，帮助误入歧途的吸毒者回归正常的社会生活，而不要歧视甚至唾弃他（她）们！

韩济生

图23 《毒难戒 毒能戒》一书的封面和内文

十余年的戒毒科研工作使我对吸毒这个社会问题、对吸毒者这个受难的群体有了比较深刻的体会，爱恨交加是我此刻心情的总结。希望通过这本书能让更多的朋友了解这个特殊的群体，增加整个社会对解决这一社会难题的信心，有更多的人参与到这一事业中来。戒毒工作是一条充满荆棘的漫长之路。只有耐得住寂寞并能不断被信仰鼓舞的人才能坚持走下去。路的尽头不是终点，而是希望的召唤！

31. 从戒毒临床转回基础：关于防复吸的动物实验

要深入阐明防复吸的原理，必须在动物实验中进行研究。在我所从事的与针刺有关的科研工作中，电针戒毒的动物实验研究是结果最为明确者之一。

我们制备了类似人类吸毒后产生身体依赖的动物模型，在长时间大剂量注射吗啡，或体内埋置吗啡片剂引起吗啡依赖的大鼠身上发现，一旦停止药物供应，大鼠立即出现挑、闹、颤、便（拉尿）等戒断症状。用高频电针可以有效地减轻其戒断症状，这是因为高频电针可以加速脑和脊髓中强啡肽的生成和分泌，通过 κ 受体，发挥治疗作用。低频（2 Hz）电针也有一定效果，但不如高频（100Hz）电针的作用显著。

我们还制备了类似人类吸毒后产生“精神依赖”（成瘾）的动物模型——大鼠“位置偏爱”模型，表现为大鼠偏爱停留在注射吗啡的环境内，而不喜欢停留在注射生理盐水的环境内。我们也可以训练大鼠自己按压一个杠杆来求得注射吗啡，根据其按压杠杆的次数来显示其“心瘾”的严重程度，称为“自我给药”模型。在这种形成精神依赖的动物模型上，低频（2 Hz）电针的治疗效果显著大于高频（100 Hz）电针。因为低频电针可以通过加速脑啡肽和内啡肽的分泌，作用于 μ 型吗啡受体，最有效地降低精神依赖。而高频电针效果较差。

在电针疼痛研究中我们看到，电针时间持续太长，镇痛效果会逐渐减弱，产生“耐受”。但是对吗啡依赖的大鼠给予电针治疗，可以多次进行电针刺激而不容易发生耐受现象。每一轮电针持续 30 min，可以连续进行 3~4 轮，继续有效。以上结果是在我和崔彩莲、吴鎏桢指导下，许多进修生和研究生共同努力取得的成果。在此基础上，崔彩莲等对电针戒毒的分子机制做了进一步研究，取得了一系列成果。

如上所述，在慢性吗啡依赖大鼠模型上证明，100 Hz 电针抑制戒断症状的效应优于 2 Hz 电针，是因为 100 Hz 电针促进了中枢释放内源性 κ 阿片受体激动剂（如强啡肽），激活 κ 受体，缓解了吗啡戒断症状的发生。

脑的范围很广，吗啡类药物究竟主要侵犯了哪些脑区？脑子大体分为大脑、间脑、中脑、延脑、小脑等区域。研究表明：长期注射吗啡可导致中脑腹侧被盖区（VTA）的多巴胺能神经元发生形态学（显微镜）上可以看出的改变，导致损伤，表现为神经元的胞体缩小，细胞核发生固缩，细胞的突起（轴突、树突等）缩短或消失等。我们给予大鼠多次 100 Hz 电针治疗，可促使 VTA 区一种神经营养因子——脑源性神经营养因子的含量水平升高，促使 VTA 区多巴胺能神经元形态学损伤得以恢复。另外，采用单个神经元放电记录技术，可以检测出 VTA 区多巴胺能神经元在没有大量外来刺激的条件下，神经元本身具有自发放电的能力。其每分钟放电数目称为基础放电率，一般为每秒 3~4 次。当吗啡戒断后 24 h，多巴胺能神经元的基础放电活动显著降低。给正常动物注射小剂量（1 mg/kg）吗啡就能诱发其放电增加，此时必须注射更大剂量吗啡才能引起它的反应。研究结果表明，当多次给予 100 Hz 电针治疗后，VTA 区多巴胺能神经元对吗啡诱发放电的反应逐渐趋于正常。这是一个客观的证据，表明被大剂量吗啡损害的多巴胺细胞在多次电针治疗下功能得到恢复。

众所周知，药物成瘾是一种慢性复发性脑病，即使在脱毒期后的很长时间内，吸毒者还是会发生复吸。因此治疗药物成瘾的最终目标不仅是脱毒（减轻或消除戒断症状），而且要减轻患者对毒品的心理渴求（精神依赖，俗称心瘾），达到不复吸的目的。

心瘾是人的复杂心理活动，是否能在动物身上复制出类似心瘾的模型呢？这是有可能的。常用的方法是给动物多次注射吗啡，诱导出一个“条件位置偏爱（CPP）”的模型。具体做法是将大鼠置于由 2 箱或 3 箱组成的 CPP 装置内，动物在其中一箱接受吗啡注射（非条件刺激），在另一箱内接受生理盐水（没有药物作用）。经过多次训练后，打开两箱之间的隔断，大鼠可以在两箱之间自由活动或停留。实验结果表明，大鼠多数选择停留在注射吗啡的一侧，时间明显长于注射生理盐水的一侧。我们可以把动物停留在伴药一侧（例如 2 min）和伴生理盐水一侧（例如 1 min）的时间之比（2.0），作为“心理渴求”程度的指标。数字越大，表明动物对成瘾药物的渴求程度越高。我们给这种动物强度逐渐递增的电针刺激，总共 30 min，分别观察不同频率（2 Hz、100 Hz 或 2 /100 Hz）的电针刺激对大鼠吗啡 CPP 评分的影响，发现只有 2 Hz 或 2 /100 Hz 的电针刺激可以显著降低 CPP 的数值，单纯 100 Hz 电针则无效。2Hz 电针的效应可以被小剂量的阿片受体拮抗剂纳洛酮完全取消，说明电针抑制大鼠对阿片“渴求”的效应主要是由 μ 受体和 δ 受体所介导，提示主要是内啡肽和脑啡肽发挥了作用。

另一个值得关注的问题是，针刺镇痛效应通常在刺激停止后 60 min 消失，而电针抑制 CPP 的效应至少可持续到电针刺激后 12 h，说明其作用比针刺镇痛效应更为持久。

不少海洛因吸毒的患者成功戒毒以后，常常由于遇到小挫折或浅尝一口毒品而陷入复吸。这种情况是否可以在动物身上复制出来加以研究？我们给大鼠足底一次或多次电刺激来模仿一次“应激”（俗称难受），或给予大鼠一次小剂量药物（吗啡或安非他明），看是否能诱发其药物渴求而引起复吸。结果表明，大鼠吗啡 CPP 消退后，给予足底电击或小剂量吗啡或安非他明，即可导致 CPP 评分再次升高，这种现象被称为 CPP 重建。预先给予大鼠 2 Hz 或 2 /100 Hz 电针可以预防吗啡 CPP 的重建。进一步研究表明，如果将 VTA 和伏核的壳部损毁，小剂量药物就不会引起 CPP 重建；如果将杏仁中央核损毁，足部电击也就不至于引起 CPP 重建。说明应急或浅尝毒品的人是通过什么脑区来引起复吸的。进一步的研究发现，单次电针还不足以抑制吗啡诱导的 CPP 效应，需要多次电针才能起效（5 次 > 3 次 > 1 次）。至于电针的频率，2 Hz 优于 100 Hz。2010 年，梁璟等采用神经核团脑脊液微灌流和放射免疫技术发现，2 Hz 电针不仅能够促进伏核内脑啡肽和内啡肽的释放，还可以引起脑内多巴胺的释放。脑啡肽、内啡肽、多巴胺都是引起人们欣快感的物质基础（Cui et al, Intn Rev Neurobiol, 2013）。

以上我们介绍了针刺治疗药物成瘾研究的临床工作和基础研究的概貌。相比于理论研究，戒毒的临床研究难度要大得多。这方面，吴鎏帧（博士后训练结束后被聘任为研究员）、马达医师、张本国医师和相关研究生在多个临床基地的大力配合下进行了艰苦卓绝的努力，才取得一系列科研成果。困难的原因是，我们的工作对象在心理上已发生了严重扭曲。在大量毒品的摧残下，他们的脑结构和脑功能已经发生了严重损伤。他们不属于正常人，而是属于精神病患者。吸毒带来的超级欣快感已经征服了吸毒者的心灵，为此他 / 她们甘愿付出任何代价，包括个人的诚信、信誉等等，因而难以进行正常交流和给予基本的信任。研究者长期处于这种环境中，有时也会感到精神恍惚。而当患者彻底治愈后，回想当年所作所为，自己也觉得匪夷所思。

因此我常想，科研的投入与产出，与商业投资的投入与产出相比，是不可同日而语的。前者以社会效益为标准，后者主要以利润高低为标准。从事戒毒临床研究，有三个“不受欢迎”。①吸毒者不一定欢迎，因为你剥夺了其享受飘飘欲仙感受的机会；②家长不一定欢迎，因为你把一个“绝望”的孩子又推回给家庭；③社会不一定支持，因为投入多，产出少。有一种看法认为：所有这一切悖论都是由于现代科学还不能提供一个快速、百发百中、有效无害的戒毒方法，所以没有得到患者、家长和社会的认可。因此我们仍需努力。我和我的同事不应该因为投入多、收获少而后悔，我们以“扶正固本”为目标的研究，应该会有光明前途。

32. 与针刺戒毒有关的几个技术问题

从针刺戒毒有关的研究中，延伸出几个经常问到的与针刺有关的技术问题，拟提出讨论。

（1）耳针和体针与脱毒的关系。香港的神经外科医师温详来在 1972 年 11 月给一个阿片成瘾患者进行颅脑手术（胼胝体切开术）治疗。为此他应用了针刺麻醉方法。在右手合谷（IL-4）、后溪（SI-3）、三焦经四渎穴（TB-9），以及右耳（脑干、神门）分别扎针，接通电针仪，刺激半小时进行“诱导麻醉”，准备进行颅脑手术。没有想到，电针刺激 30 min 后尚未进行手术，患者自己感觉“毒瘾消失了”，认为不用开刀了，所以将手术取消。到了傍晚毒瘾又发作，再用电针治疗依然有效。于是温医师就针刺对海洛因毒瘾有治疗作用的偶然发现进行了认真研究，发表了举世震惊的论文《针刺可以脱毒》。美国纽约的林肯戒毒中心闻信后引进了这一技术，并加以改变，1985年确定了一个程序。他们发现不用手和臂部的穴位，只用耳针就可以脱毒，命名为美国脱毒协会（NADA）脱毒程序。任何人（不必有医学背景）只要经过该协会 70 h 课程训练，就可以成为“针刺脱毒专家”（acupuncture detoxification specialist, ATS）。但这一“专家”身份有别于“针灸师”（需要经过几百小时的训练才能得到针灸师执照），因其只能进行 5 个穴位的耳针，而不能在身体穴位上扎针。这样一来，似乎使人感觉只有用耳针才能戒毒，这显然是有所偏颇的。

（2）留针与运针的差别。按照 NADA 程序，耳针只是进针后留针，而不加捻转或电刺激。但 1973 年江苏新医学院耳针研究组发表论文认为，就镇痛而言，进针以后必须加以捻转才能明显加强镇痛效果，仅仅留针是不产生镇痛效果的。为此留下了一个问号。2017 年，硕士生霍然在大鼠身上观察到，如果在大鼠足部刺入针灸针，而不捻针，并不会在传入神经纤维上记录到神经冲动。但他没有进行耳针试验。

（3）电针参数的重要性。早期电针一般是用 10 Hz 左右。但是我们经过详细研究，发现选用哪种电针频率大有讲究。对海洛因成瘾者，若要消除其打哈欠、腹痛、浑身身难受等戒断症状（引起所谓脱毒效果）最好用 100Hz 电针刺激；若要解除海洛因成瘾者的心瘾（心理上对海洛因的极度渴求，不惜一切代价要获得毒品的愿望），最好用 2 Hz 电针刺激。为避免误用，最好的方法是应用 2 Hz 和 100 Hz 交替的疏密波。这些科学成果是留针和手捻针所不可比拟的。就吸毒者的心理状态而论，他们似乎没有“过去”，没有“未来”，只有“当前”。他们的强烈要求是，“现在就要解除我的心瘾！如果不用海洛因，不用美沙酮（一种长效的吗啡类药物，口服），有什么办法来解除我当前经受的强烈心瘾？”当我们用韩氏仪 2 Hz 和 100 Hz 交替的波形进行穴位电刺激，30 min 内解除了他的戒断症状和心瘾，他就会对这种治疗产生信心，心悦诚服地配合治疗。

（4）韩氏仪多次应用是否也会成瘾？我们做过动物实验。制备一个鼠笼，中间隔断分为 A、B 两室。将一组大鼠放置于固定装置内电针刺激 30 min 后放入 A 室，将另一组大鼠在固定装置内停留 30 min 不予电针，即放入 B 室（A 室和 B 室的室壁花纹有所不同）。经过多次训练后，打开隔断，任其自由选择，大鼠会选择停留在 A 室，说明其对电针后的感觉产生"好感"。这一事实令人怀疑：对韩氏仪本身，是否也会成瘾？迄今为止，我们还没有发现对韩氏仪产生依赖或成瘾（不给韩氏仪治疗就会产生强烈的渴求欲）的案例。这提示韩氏仪引起的脑啡肽的分泌是缓慢发生的，其浓度较低，与静脉注射大剂量海洛因所引起的冲击式"高潮（high）"不是一个等级。

（5）韩氏仪多次应用是否会影响记忆力？韩氏仪多次应用会使痛觉敏感性降低，那么它是否会引起记忆力减退？为此我们进行了动物实验。将大鼠放入圆形大池，池中有一处暗礁可以登上。大鼠经过多次试探才找到这一暗礁。下次花多长时间才能找到这个暗礁，是测定其记忆力强弱的一个指标。在 5 天内每天应用一次韩氏仪刺激，发现大鼠的记忆力不仅没有减退，反而有所加强（与对照组比较，可以更快地找到暗礁）。这至少提示，上述顾虑是不存在的。

（6）吸毒者经过韩氏仪治疗后是否有其他生理变化？除了以上观察以外，患者还提出了两项意外的评价，这是他们喜欢应用韩氏仪的理由。一是由于多次自行注射毒品，他们手臂上充满了静脉注射留下的瘢痕，为此大热天他们也一定穿着长袖衬衫。但是经过两周韩氏仪治疗，疤痕意外地消失了（论文发表于北医学报 1999 年，31:239）。二是由于长期注射海洛因，他们先是性欲亢进，其后性欲逐渐减退和消失。经过韩氏仪治疗后，性欲重新出现，这使他们心理上得到鼓舞，萌生了对未来的希望。这些现象十分明确，但原理有待研究。

33. 首次台湾宝岛之行

1989 年 5 月底，我接到台湾大学药理系李镇源教授打来的电话。说是他目前身在北京，想来看看我。其实我对李镇源的了解仅限于他是一位蛇毒研究专家，曾有几次“一面之交”。1984 年我们均受邀于英国药理学会，参加在伦敦举办的第九届国际药理学大会，在同一个科学讨论会上做报告。我讲针刺镇痛原理，他讲眼镜蛇毒研究，因为都是中国人，在茶歇时相遇，特别有亲切感。当时他就聊起，希望有机会能邀请我访问台湾。1987 年在澳大利亚悉尼第十届国际药理学会上我们再次相遇，重提此事，我当然表示感谢，但心想，那只不过是一种客套而已，没有现实意义。

1989 年 5 月底我接到电话，李镇源教授说他和夫人到广西桂林来参加国际毒理学会议，顺便到北京来看看我。当他们夫妇已经身在北京，要来看我时，我觉得他们很认真，就邀请他们来家叙谈。席间李教授提出具体的建议以及邀请的方式和时间。过不久，我果然收到台湾中国医药研究所所长陈介甫发来的正式邀请信，他建议我于 1990 年 4 月以第一例“大陆杰出人士”身份，与夫人共同访台，到台北举行的“生物医学年会”上作大会报告（图 24），由台方负责全部经费。这才使拟议中的访台建议进入实质阶段。

图 24　首次访台接受记者采访

我们把邀请信通过北医领导上报到卫生部，但做好了长期等待的准备。没有想到，当天就得到卫生部和国务院的批准。并强调指出：这是我方正式批准以“大陆杰出人士”访问台湾第一例，希望能取得圆满成功。至此我和秀媛才觉得：看来梦想即将成真了！

1990 年 4 月 24 日我们由北京飞抵香港，转机飞赴台北桃园机场。李镇源院士和陈介甫所长在机场迎接，一切均按照贵宾礼遇安排。下午 3 时举行记者招待会，12 家报纸和台湾中央通讯社的记者坐满一堂，说实话我们内心还是有点顾虑的：业务问题不怕提问，怕就怕有些政治性问题难以回答。我们的两位“地主”说：“请放心，不会出现令人为难的问题。”李镇源教授首先介绍了我的工作（用现代科学技术阐明针灸疗法治疗疼痛的原理）和朱秀媛的工作（麝香的药理作用及其原理），随即开始提问。长达一个多小时的记者招待会，全部是围绕着针灸（韩）和麝香（朱）进行的，气氛十分友好而热烈。次日报纸大标题：“医药夫妻档健谈风趣，谦虚幽默”；“海峡两岸首度合作，开发医药传统宝藏”，篇篇都是友好报道。

九天访问期间，我们应邀到访台大医学院、阳明医学院、荣总医院、台湾中央研究院生物医学研究所、私立长庚医院、私立台湾中国医药学院等进行演讲。我们对听众提出的问题一一做了详细回答，直到满意为止。

台湾中央研究院吴成文院士两年前从美国回台，主持生物医学研究所工作，听了我的演讲后他说：“我对针灸疗法一直是抱怀疑态度的。今天听了韩教授演讲，是真正信服了，我想大家都有同感”。荣总医院姜必宁副院长曾是我杭州高中的同班同学，他说：“韩济生教授的演讲从一开始就使我感到内容是科学的。短短一个小时就使我信服——针灸疗法是有科学根据的。”中国中医药学院顾问张成国医师一连问了 4 个问题，他说“多年积累的问题今天都得到了圆满解决。”我从听众的问题中可以体会到，他们已经掌握了演讲的基本内容。台湾中医药学院哈鸿潜教授主持我的演讲会，在做了极其热情的介绍后，他提出一个请求：“我从一位美国教授那里获得一本韩教授的论文集《针刺镇痛的神经化学原理》，我实在太喜欢了，但又买不到，所以私自做了全部影印，当然这是非法的。现在韩教授来了，我希望他给我签个字，使之合法化。”我很高兴地为他签字，全场情绪达到高潮。

朱秀媛在台湾大学医学院和台湾中国医药学院分别做了“麝香药理作用”的报告，引起听众极大的兴趣，报纸也做了充分报道。只是由于大陆和台湾两地分隔几十年，词语容易发生误解。例如麝香的“抗炎”作用被介绍为“抗癌”作用，兹事体大，不得不请报纸做更正。

此次访台的重要机会之一是受到台湾中央研究院吴大猷院长的接见。他亲切地谈到大陆科学界的许多老朋友，倾诉了多年不见的思念之情。并特地赠送一套《吴大猷文集》，让我带回大陆（图 25）。

图 25　吴大猷院士接见并赠送《吴大猷文集》

顺便提到，由于收到的书籍和文件太多，使我们回程中携带的行李大大超重。桃园机场负责人一听是首次访问台湾的大陆学者，二话不说，一律放行，再加上一句：“希望再来。”

九天的访问终于结束了。可以说，实现了卫生部和国务院批准此行时关于“希望能取得圆满成功”的嘱托，也相信此次访问能作为催化剂，使两岸学术交流以更大的规模开展下去。

此后不久，1992 年 5 月 17 日台湾中央研究院院长吴大猷院士访问大陆，这是当时台湾在任高级官员首次正式访问大陆。同年 6 月 8 日大陆科学界谈家桢、吴阶平等 7 人访问台湾；9 月赵忠尧、汤佩松等又应邀访台。两岸学术交流逐渐发展成为常态。

后来，我又继续进行了 4 次访问。其中一次是 1994 年接受“立夫中医药学术奖”。台湾政界领导人之一陈立夫退出政坛后设立该奖，奖励在中医、中药、针灸方面有学术成就的学者。颁奖大会首次在台北举行：中国科学院院士、中医研究院研究员陈可冀获中医奖，中国科学院新科院士、北京医学院教授韩济生获针灸奖。青铜奖座重达 4.6kg，设计灵感来自《易经》的易字，颇有古色古香之韵味。此外我和秀媛还应邀访问了陈立夫先生私邸，互赠纪念礼物（图 26）。

图 26　立夫奖奖座

第五次，也就是我最后一次访台，是 2009 年 9 月 1 日，受邀去台湾做演讲的题目是“针刺戒毒”。我的第一张 PPT 上写着：

首次经港访台，披荆斩棘（1990-4-24）

而今直飞台北，通衢大道（2009-9-1）

34. 中枢性肌肉痉挛的针刺治疗

我们在医学院上学时就学过：脑部（上运动元）受损，会使脊髓（下运动元）功能过盛，导致肌肉痉挛。卒中以后出现的肌痉挛都用这一理论来解释，但是对于这一现象的机制从来都不清楚。针灸治疗肌肉疾患素有经验，但是手法各异，莫衷一是。是否能从电针参数中得到一些规律，值得探索。

1990 年我和同事罗非及研究生陈晓红联系北京大学第一医院骨科主任严尚诚教授，建议合作研究，给脊髓损伤引起下肢肌痉挛的患者用韩氏仪进行治疗。用中医常规使用的下肢穴位足三里和承山，及手上的合谷和鱼际，探索哪一种电刺激参数能最有效地降低肌痉挛。当时有两种假说：一是低频刺激可能有效，高频无效，因为高频强刺激本身就有可能引起肌痉挛。二是我们过去的实验结果表明，高频刺激可以促进强啡肽的生成和释放，而大剂量强啡肽可以降低肌肉张力，因此高频电刺激应该有效。究竟实际效果会如何，只能通过临床试验才能确定。严主任表示同意，指派研究生袁毓参加此研究。

我们经过初步研究得出结果，令人既高兴又怀疑。高兴的是治疗有效，用韩氏治疗仪进行经皮穴位电刺激（transcutaneous acupoint electric stimulation, TEAS）的确能显著降低肌肉痉挛程度。关于刺激频率的选择，我们已经明确了 100 Hz 高频刺激有解痉效果，2 Hz 低频刺激无效。论文发表在《中华医学杂志》（袁毓等，1993）。为进一步确认这一发现，我们决定扩大样本，进一步研究。

中国康复中心在北京南城，规模很大。我们先去参观，与医护人员和患者交谈，了解到不少情况。大部分住院患者是建筑工人，由于防护不严，他们从高空坠落，导致脊髓受伤，开始是下肢瘫痪（软瘫），有的逐渐发展为肌肉痉挛（硬瘫），并产生肌痉挛痛，需要家属赶来长期陪护。有个别情况由于患者病情严重，久病不愈，家属突然不辞而别，导致患者身心俱碎！这些虽然属于个例，但令人感触很深，更坚定了我们通过研究提高疗效的动力！康复中心汪家宗主任欣然同意进行合作。在此架构下，我们开始了一系列富有成效的转化医学研究，得到如下结果：

（1）重复北大医院的结果：对比 2 Hz 和 100 Hz 穴位电刺激的解除肌痉挛（解痉）效果。结果再次证明 2 Hz 无效，100 Hz 有效（可使痉挛降低 40% 左右）。但疗效持续时间短暂，半个小时治疗期间有效，但停止治疗后解痉效果只能持续 10~20 min，随即消失。

（2）下一步计划是增加治疗次数：给患者每周治疗5次（每次半小时），周末休息，维持4周，看是否能增强疗效。结果非常明确：第1周变化不大，第2周疗效剧增，第3~4周保持全天有效。这说明针刺的效果需要一个积累过程。

（3）选择最佳刺激部位：把电极放在上肢和下肢的穴位上，或者放在腰部或骶部脊柱旁，何者更有效？结果表明：就即时效果看，疗效依次为骶部＞腰部＞四肢穴位；就疗效持续时间而论，是四肢穴位＞骶部＞腰部。可谓各有千秋。

（4）详细研究作用原理：看看2 Hz与100 Hz之间的其他频率效果如何？例如：2 Hz与15 Hz交替的疏密波，或2 Hz与100 Hz交替的疏密波，效果如何？结果表明，2/15交替的疏密波完全无效，2/100交替的疏密波效果仅为100 Hz的一半。换言之，解痉作用似乎非100 Hz不可。这也从另一个角度说明，100 Hz电刺激的解痉作用，是货真价实的生理作用，不能用一般的心理安慰作用来解释。

（5）100 Hz电刺激的作用是通过什么受体来发挥解除痉挛的治疗效果？我们给患者注射一针纳洛酮（0.4 mg），这一剂量的纳洛酮可以把μ型吗啡受体充分阻断，但只能部分阻断κ型吗啡受体。结果显示，在上述纳洛酮作用下，100 Hz电刺激的解痉疗效降低了一半左右。提示100 Hz的解痉作用可能是通过κ受体实现的。论文发表于中国疼痛医学杂志。

到此为止，临床治疗效果可以得到解释。但从科学上还缺乏一个环节，就是能否制造一个动物模型，人为地使脊髓受到机械性压迫，是否确实能引起脊髓中的强啡肽减少，导致肌肉痉挛效果？1992年入学的研究生董宏伟接受了这一任务。她给大鼠的颈部脊髓腔中埋入一个小小的蜡球，蜡球表面光滑不会损伤脊髓，但其体积足以对脊髓造成压迫。这一措施确实能引起大鼠的下肢肌肉痉挛，至少持续8周。经测定发现胸髓和腰髓中的强啡肽含量显著降低。此时给大鼠100 Hz穴位电刺激，或向脊髓蛛网膜下腔注射κ型阿片受体激动剂，均可以显著缓解肌肉痉挛。这样就把临床上观察到的100 Hz电刺激可以治疗因脊髓外伤引起的肌痉挛的现象解释得比较圆满了。论文发表在《Brain Res Bull》(Dong et al, 2005)。

我对这一发现有发自内心的喜悦，一是为脊髓损伤患者找到了全新的简便有效的治疗方法(国外主要手段是给患者体内埋置一个自动泵，向脊髓蛛网膜下腔连续灌注 GABA 受体激动剂，抑制运动神经元，达到解痉目的，此法价格比较昂贵，需要持续不停地注射)；二是实验和临床结果凸显不同频率的穴位电刺激确实能引起不同的治疗效果(电刺激的频率特异性得到再一次证明)，三是为否定“针刺纯属心理安慰效应”“针刺疗法属于伪科学”等论调提供了坚实的科学基础。但一家独鸣难以扭转风气，科学结果应该受到不同研究者的验证。因此我在不同场合对针灸界同行表达了合作愿望。

脊髓外伤可以引起下肢肌痉挛，脑损伤也可导致肌痉挛。天津中医药大学针灸科郭义、王超、赵烨团队从 2010 年开始将经皮穴位电刺激(TEAS)方法用于治疗脑卒中引起的肌痉挛。结果表明，合谷 - 鱼际和足三里 - 承山施加 TEAS，每周 5 次，每次 30 min，持续 4 周，使卒中引起的腕部肌痉挛显著缓解。100 Hz 有效，2 Hz 及不加 TEAS 的对照组无效。疗效的时间过程是第 2 周起效，疗效至少持续 1~2 个月。这一结果证明颅脑病变引起的肌痉挛用 100 Hz 的 TEAS 也有效。论文发表于《PLOS one》杂志(Zhao et al, 2015)。

以上一整套研究，在动物实验和临床应用之间反复验证，得到了一些宝贵的资料。这要归功于研究者们长达 15~20 年的持续努力，以及基础与临床工作者之间的长期合作，包括跨单位跨系统的合作。首先是北医基础医学院与附属医院的合作，扩大到北医与中国康复中心之间的合作，最后是北京与天津之间的合作。我们的合作研究获得成果时，发表论文排名是临床居前，基础放后；如果我们仅仅参与方案的设计和结果的讨论，则不署名。

在治疗肌痉挛时我们发现了一些明确的临床现象。例如前文已经提到，TEAS 有十分明确的频率特异性：只有 100 Hz 有效，2 Hz 完全无效。还有十分明确的疗效积累现象：每周治疗 5 次，第 1 周疗效明确，但持续时间短暂；第 2 周疗效延长并加强，第 3~4 周保持良好；停止治疗后疗效至少延续 1~2 个月。这些规律对于每一种疾病可能各有特色，从一种疾病获得的规律不一定适用于其他疾病。但只有详细掌握了每种疾病的个性资料，才有可能总结出针灸疗法的共性原则。

在本工作中我们还惊讶地发现了一个目前尚且无法解释的现象：对于脊髓损伤造成的肌肉痉挛的患者，给予 2 Hz 穴位刺激不仅无效，似乎还有一种不良效果，表现在采用 2 Hz 穴位刺激治疗 2 周后，即使改为 100 Hz 持续治疗两周，也不再起作用。这个现象本身是非常明确的，但其机制至今难以理解。只有暂存记录，留待今后继续探索。

35. 如何设计临床试验显示针刺的临床疗效？

这个问题比较复杂，先以一个疾病为例进行讨论。针刺治疗骨关节痛是否有效，是受到医学界广泛关注的课题。2004 年美国的 Berman 等在内科年鉴上发表了一篇论文，认为针刺对膝关节骨性关节炎（OA）有治疗作用 [Berman BM et al, Effectiveness of acupuncture as adjunctive therapy in osteoarthritis of the knee: a randomized, controlled trial. Ann Intern Med. 2004; 141(12):901-10]。2006 年欧洲大陆 Scharf 等在同一杂志上发表了一篇论文 [Scharf HP, et al. Acupuncture and knee osteoarthritis: a three-armed randomized trial. Ann Intern Med. 2006; 145(1): 12-20]，否定了针刺对膝关节骨性关节炎有治疗作用。同一杂志先后两篇论文均为大型随机双盲临床试验，而结论针锋相对，值得加以分析。

目前大多数人认为，与不加治疗的对照组（处于等待治疗期间）相比，针刺治疗肯定是有效的（认为主要是安慰剂作用）。但如用模拟针刺治疗作为对照组相比较，针刺的疗效是不确定的，在统计学上没有显著意义。我认为这里的关键问题是如何设定模拟针刺组的一些细节。现将两篇相关论文的设计要点对比并列出如下表：

	Berman et al, 2004（结论有效）	Scharf et al, 2006（结论无效）
临床中心（医生）数	1个大学，3个诊所（7位）	多中心（320位）
患者总数	570	1039
脱失率	31.4%（26周）	57.5%（26周）
治疗时间（针刺次数）	26周（23次）	6周（10次）
手捻针的穴位数（针刺深度，英寸）	局部穴：5个（1.5英寸） 远端穴：4个（1英寸） 阿是穴：0	局部穴：6个为必用，另有16个穴可以从中选用2个 阿是穴：最多可用4个
针刺期间捻针次数	2次	2次
是否用电针	1个穴位给电针（8 Hz，20 min）	0
模拟（假）针组	9个穴位全部用非侵入模拟针，未插入皮肤，只有2根针插入非穴位皮肤	上肢和下肢有10个非穴位点，针刺插入皮肤，深度不超过5 mm。
无针组的处理	6次讲课，每次2 h	医生门诊就诊10次
标准医疗处理	基层医师继续给予止痛药	口服非甾体止痛药，可以接受多达6次物理治疗
检查疗效时间和次数	第8周和第26周	第13周和26周
主要疗效	WOMAC指数和功能指标	WOMAC指数和功能指标
次要疗效	功能进步，病人总体印象，6 min走路，SF-36生活指数	功能进步，病人总体印象，SF-12体能指数，SF-12智力指数
结果：以WOMAC改善36%作为成功的指标	真针组（14周时）优于假针组，假针组优于无针组	真针组（53.1）等于假针组（51.0），优于无针组（29.1）

从上表中可以看出一些差别的细节：①医师队伍：一个大学和3个诊所总共7位医生，与320位独立医生相比，在诊疗标准化方面前者显然要优于后者。②治疗时间：前者长达26周（23次），后者只有6周（10次）。③模拟针刺的设计：前者只有2根针刺入“非穴位点”的皮肤内，后者允许有多达12根针刺入非穴位点皮肤内。从生理学上看，将12根针刺入所谓“非穴位点”，很难想象完全没有出现生理效应。④前者加用一个电针，后者没有

电针。而电针的 20 min 持续刺激，较之长时间留针不捻转应该有重要差别。⑤标准医疗措施，两组均用口服药，但后者加用多达 6 次物理治疗。以上各点在设计上均有利于前者显示出针刺效应。这一分析可供今后实验设计时作为参考。

我想再次说明，本文不是试图对两篇论文的结论做出任何判断，只是从技术角度提出科研设计上几个值得注意之处，供作参考。

36.关节炎动物模型的针刺治疗

与针刺治疗肌痉挛相比，针刺和电针治疗骨性关节炎的大型临床研究已有很多，其中针刺有效与无效两者均有报道，已见上述。有鉴于此，我们的研究没有从临床试验开始，而是在已经广泛应用的大鼠关节炎模型上，研究穴位电刺激的疗效及其作用规律。

刘红香等在大鼠身上制备无菌性关节炎。将弗氏佐剂和灭活的结核分枝杆菌混合成油包水型悬浮液，将其注入右侧踝关节腔内，引发单侧性关节炎。然后用 2 Hz 或 100 Hz 电针治疗，发现 100 Hz 电针的疗效优于 2 Hz。在此基础上，刘红香等细致研究了 100 Hz 电针治疗大鼠单侧关节炎的作用规律（Liu et al, eCAM 2007；41: 65）。用两个直径为 5 mm 的白金片状电极，一个贴在膝盖外下方的相当于足三里穴皮肤上，一个贴在膝盖内下方，相当于足三里部位的皮肤上，两个电极分别与韩氏仪的输出端相连，每次治疗 30 min。观察疗效的指标包括关节肿胀程度（测量踝关节周长）和关节痛程度（向踝关节施压，观察引起其缩腿反应所需的压力；将后足向足背或足底弯曲时引起缩腿反应的程度）。关节腔注射灭菌致炎液体 24 h 后，开始进行穴位电刺激治疗。第 1~3 周称为急性期，第 4~9 周称为慢性期。目的是要用实验结果来回答以下几个问题：

（1）急性期每周治疗几次为好？把每次穴位电刺激的强度设定在每 10 min 递增 1 次（1-2-3 mA）的水平上，每周分别治疗 1 次、2 次或 5 次。

结果表明，并不是治疗次数越多越好。每周治疗 2 次有消肿作用，每周治疗 1 次或 5 次均无效。换言之，治疗次数并非多多益善，急性期：每周 2 次比较合适。慢性期：每周 1 次有消肿、止痛作用，大鼠体重也有所增加；每周 2 次或 5 次均无效。这说明关节炎慢性期更不宜于治疗太频繁，每周治疗 1 次即可满足需要。

（2）电刺激治疗关节炎的刺激强度如何确定？我们将 30 min 治疗期分为 3 段，每段 10 min，刺激强度逐渐增加：弱刺激是 1-1-2 mA，中等刺激是 1-2-3 mA，强刺激是 2-3-4 mA。结果表明：弱刺激效果好，中等刺激效果较差，强刺激反而没有镇痛效果。这可能是因为炎症情况下存在痛敏现象，刺激太强，反而加强痛敏。

（3）电刺激关节炎肢体的同侧穴位好抑或对侧穴位好？在动物模型中我们在右侧踝关节制备关节炎，在同侧足三里给予穴位电刺激。可以设想，右侧后肢的神经这时是处于痛敏状态，以致弱电刺激产生的效果就相当于一般的强电刺激，而较强的电刺激就显得过强，成为伤害性（痛）刺激了。还可以设想：如果把电刺激置于关节炎的对侧，可能就不会出现强刺激穴位导致痛敏的状态。实际上，万有团队的工作已经证明，在慢性痛肢体的对侧进行电针，其镇痛效果强于同侧（Yi et al, Molecular Pain; 7: 61, 2011; Zhang HL et al. Acupuncture in Medicine; 34:1164, 2016）。这是在针刺治疗选取穴位时值得思考的问题。

37. 帕金森病的防治研究

1993 年我辞去北京医学院生理系主任，成立神经科学研究所，任所长。同年，我的博士研究生王晓民毕业获得博士学位，也完成了去德国进修的任务，留在神经科学研究所任副所长。我们开始积极筹备成立卫生部神经科学重点实验室。当时我们所只有两个研究方向：①针刺镇痛原理研究，②针刺治疗药物成瘾（戒毒）研究。但国家规定，成立部级重点实验室，至少需要有三个研究方向。对此我们考虑：疼痛属于神经科学中的感觉领域，药物依赖属于精神领域（脑高级功能），如果要设第三个科研方向最好在神经的运动功能方面，所以考虑将帕金森病（Pakinson’s disease, PD）研究作为第三个科研方向，并委派王晓民来开拓这一新领域。同时希望在开拓新研究方向的同时，也能注意引入新的方法和技术。经过多方努力，1994 年 2 月卫生部正式批准我所成立北京医科大学卫生部神经科学重点实验室。为此我们启动了 PD 研究，并先后从电针疗法、中药疗法、细胞和基因四个方面开展工作。

在整体水平，我们的科研思路是能否动员人体内部的力量，巩固自身的抗病能力来克服病患（扶正固本）。PD 的病理改变已经基本明确，是脑内多巴胺神经元退变所引起。口服多巴胺的前体（多巴）确有治疗效果，但长期使用出现耐受和其他不良反应，无法克服。如果用针刺方法能促进多巴胺神经元的生长，延缓其退行性变化，加强自身多巴胺的生成，也许是一个解决办法。为此要建立 PD 的动物模型，选择电针的最佳参数，为临床应用做好准备。在免疫力方面考虑免疫抑制剂的应用。上世纪末国际上有报道抗炎和免疫抑制剂 FK506 具有强烈的神经保护作用。我们联想到中药雷公藤的主要成分 triptolide 也有免疫抑制作用，值得在多巴胺细胞上和 PD 动物模型上进行探索。建立多巴胺细胞株和生长因子（例如 GDNF）细胞株，研究细胞株的最佳生存条件，阐明神经生长因子抵抗脑损伤以及防护脑细胞衰老死亡的机制。必要时可将其移植到脑内，代替衰亡的多巴胺细胞，继续分泌多巴胺；或分泌 GDNF，使多巴胺细胞健康生长。从基因水平，引入表达多巴胺的关键基因即酪氨酸羟化酶（Tyrosine hydroxylase，TH），以及促进多巴胺细胞生长的神经生长因子（BDNF，GDNF 等）。

实际上，这四个方向在实验室可以说是齐头并进。从 1993 年到 2003 年，实验室先后投入硕士 4 名、博士 16 名、博士后 5 名，共计 28 人。以上四个方向是密切联系的，现列举出重要的参与者及其成果加以介绍。2003 年年底，王晓民教授奉调到首都医科大学任副校长，原有的北医研究生继续在北医完成研究任务，王晓民也开始在首都医科大学招收研究生，继续开展这一研究。

（1）电针疗法：博士后梁希彬等建立了一种 PD 的动物模型，在大鼠的头颅内插入一把线型小刀，将中脑（黑质及相关脑区）向着前脑发出的富含多巴胺的神经纤维束（内侧前脑束）切断。手术后，中脑含多巴胺的脑细胞逐渐减少（逆行退变），前脑中的多巴胺含量也显著降低。中脑内还有一种神经肽，称为“脑源性神经生长因子（BDNF）”，可以帮助多巴胺细胞的发育生长。在上述手术后，中脑细胞中 BDNF 的信使 RNA（可以促进 BDNF 基因表达）含量显著降低。从这些指标中能反映出手术后多巴胺神经元的生长发育发生了障碍，成为制备 PD 动物模型成功与否的证据。动物模型制成后，给大鼠进行电针治疗。在大鼠头部相当于百会穴和颈背部相当于大椎穴部位分别扎针，给予电刺激，分别应用两种电刺激频率：2 Hz 和 100 Hz。每次治疗 30 min，每周治疗 6 次，持续 4 周（28 天内治疗 24 次），观察哪种频率表现出更好的治疗效果。结果表明，100 Hz 电针可以保护脑细胞（包括含有多巴胺的细胞和含有 BDNF 的脑细胞）的继续存活，而 2 Hz 组无效。这一论文发表于分子脑研究杂志（Liang XB et al，Molec Brain Res, 2002）。次年他们又进行了类似研究，但增加了观察对象，观察大鼠的行为改变：由于颅脑手术只是在单侧进行，所以大鼠有一种走路不平衡（打转）的动作。特别是注射了一种引起多巴胺神经元兴奋的药物（amphetamine）后，打转行为更为明显。经过 100 Hz 电针治疗，打转动作减少了 60%，差别显著；而 2 Hz 电针组，疗效较差。他们还观察了电针对于另一种生长因子（胶质细胞源性生长因子，GDNF）的影响。再次看到，100 Hz 电针可以保护含有 GDNF 的脑细胞，使之存活下来（Liang XB et al, NeuroReport, 2003）。以上两篇论文都证明，多次电针的疗效是通过加强神经营养因子的作用，来保护多巴胺细胞的存活。研究生刘贤宇等从另外一个角度来加深研究。他们发现，多巴胺细胞受到切割损伤后，伤口附近的脑细胞会发生无菌炎症，伤口附近的小胶质细胞增生，分泌大量与炎症有关的细胞因子（如肿瘤坏死因子 TNF-α，白介素 IL-1β）。伤口附近还出现了大量巨噬细胞（巨型吞噬细胞）。这些炎症反应对正常脑细胞活动都有损伤和破坏作用。100 Hz 电针可以减轻上述炎症反应，因此有助于多巴胺脑细胞从损伤中恢复（Liu XY et al, Exper Neurol, 2004）。

（2）中药疗法：雷公藤是著名的中药，主要成分是具有强烈的免疫抑制作用，但因其毒性巨大，令人望而却步。我们了解到中国医学科学院南京皮肤病研究所郑嘉伦教授有 triptolide 纯品，特向其求助。我们得到的是经过修饰的 triptolide，称为 tripchlorolide（因其分子量为 397，被命名为 TW397），既保持了免疫抑制作用，又减少了毒性。郑教授慨然允诺，将 5 mg 纯品全部免费赠送给我们，我们深受感动。经过试验得知，该化合物作用极强，在离体实验中，只要 10^{-11}～10^{-7} mol 即有神经营养作用。但经过几个研究生连续使用，供应又告紧张。后经中国医学科学院药物研究所朱秀媛教授了解到该所植物化学研究室于德全教授有此化合物，经过联系，再次免费获得赠送。至今回忆这些细节，仍然深感当时科学家之间诚恳和互信精神之可贵！正是这种互助气氛推动着社会高速发展。其实，我们的科研不但得到国内同行的帮助，也得到国际许多朋友的大力支持，我会在后文描述。李丰侨等（Li et al，J Neuroimmunol 2004）观察到，TW397 可使多巴胺神经元的突起显著伸展（10^{-8} mol），使原代培养的中脑神经元 BDNF 基因表达加强（10^{-10}mol），使 PD 模型大鼠旋转行为得到纠正，使受到机械损伤的大鼠多巴胺神经元存活度提高，表现在腹腔注射 Triptolide 可使脑内小胶质细胞产生炎症物质（TNF-α、IL-1β、NO）的能力降低（10^{-7}mol），从而减轻炎症的发展。这些都是原创的发现。

（3）细胞疗法：多巴胺细胞株和生长因子 GDNF 细胞株的构建工作从两个方面开展。培养从中脑分离出的多巴胺能神经元（具有生成多巴胺的能力）。这种神经元的健康存活需要神经营养因子（例如 GDNF）的助力。但 GDNF 的分子量高达 3.2 万 ~4.2 万道尔顿，不可能将这种蛋白质用外来注射的方法连续给药。因此有人设想将具有分泌 GDNF 能力的细胞株注入脑内，每一个细胞可以像一个小型工厂，不断分泌 GDNF。研究生马端端从 1994 年就开始进行移植细胞的基础研究。经过筛查，发现 NIH3T3 细胞具有生成和分泌 GDNF 的能力。把胎鼠中脑取出的细胞进行原代培养，如在培养液中加入神经毒性物质（MPP^+），可使中脑多巴胺细胞受损而死亡。但如在培养液中加入 NIH3T3 细胞共同培养，就可以增加中脑细胞的存活率。为了增加 NIH3T3 细胞生成 GDNF 的能力，我们又给该细胞株转入更多的 GDNF cDNA，成为加强型 NIH3T3 细胞。实验证明，后者对中脑多巴胺细胞的营养和保护能力确有显著加强。论文发表在《Neurol Res》(Ma et al, 2000)。但移植的细胞株是有寿命限制的，即使移植物在宿主脑内存活下来，不久也将自行凋亡。如果有一个永生的多巴胺细胞株，是最理想的。我的儿子韩松平从北医 77 届基础医学系毕业后在天坛医院神经外科工作满两年，1985 年去美国圣路易大学药理系读博士学位，1990—1993 年到华盛顿大学做神经科学博士后研究，专攻多巴胺细胞及多巴胺受体研究。其中一部分工作是将多巴胺能细胞和某种肿瘤细胞杂交，生成一种永生的多巴胺能细胞株，但又不至于无限分裂成为肿瘤细胞，名为 MN9D 细胞株。松平提供的这种细胞株使我们设想中的用移植多巴胺细胞株治疗 PD 的设想又前进了一步。

(4) 基因疗法：我们的初始想法是，PD 患者需要增加脑内多巴胺合成，而合成多巴胺的限速酶是酪氨酸羟化酶 (TH)，增强 TH 基因表达可使脑内生成新的多巴胺。其次，为了使多巴胺神经元健康存活，需要提供特定的生长因子 (BDNF, GDNF)。所以最好是能在一个 DNA 质粒中，既含有多巴胺 DNA，也含有神经生长因子 (BDNF 或 GDNF) DNA。这种可以受四环素调制的双基因腺病毒相关质粒已构建成功 (Wang JJ, et al, Neurosc Lett, 2005)，并成功转染至 PC12 细胞、MN9D 细胞等 (Wang JJ, et al, Neurosc Lett, 2006)。

(5) 初步的临床试验：转化医学的目的在于临床应用。但是对于 PD 这样的慢性病要在短期内显示疗效并非易事。王晓民教授在天坛医院老年神经内科进行了临床试验，参与者有 50 位 PD 患者，均接受稳定的抗 PD 药物治疗两个月以上。在此基础上，随机选出 30 人加用电针治疗，选穴大椎 - 风府和双侧合谷 - 风池共 6 个穴位，用 100 Hz 电针刺激，3 天 1 次，每月 10 次，每次 30 min，持续 2 个月。20 人不用电针作为对照。观察治疗前和治疗后的运动症状 (震颤、僵硬、动作迟缓等)、非运动症状 (抑郁、焦虑、失眠) 及生活质量等指标的变化。相比于对照组，加用电针组的运动症状得到显著改善，尤以轻度及中度症状者效果更好。在非运动症状中，抑郁减轻，失眠改善，生活质量提高，但焦虑未见好转。这一结果为电针疗法治疗 PD 开启了希望之门，但疗效仍有待进一步改进和提高。本文主要由王晓民教授执笔。

38. 阿片肽对心血管系统的调节

自从英国人休斯（John Hughes）从猪脑中提取出脑啡肽（1975）以来，人们把脑啡肽看作是生物界自身的吗啡（内源性吗啡；作用类似于阿片的肽类物质，简称阿片肽）。由于吗啡的作用主要是镇痛，所以对阿片肽的药理学研究也以止痛作用为主。相比之下，关于阿片肽对其他生理活动的影响，例如对心血管系统调节的影响，关注较少。由于给药途径的不同（例如经由静脉 - 脑室 - 脊髓途径），以及阿片肽种类的差异（例如 β 内啡肽主要作用于 μ 型阿片受体，脑啡肽主要作用于 δ 型阿片受体，强啡肽主要作用于 κ 型阿片受体），早期的认识甚至搞不清楚阿片肽的作用究竟是以升压为主，还是以降压为主。

我们实验室在 1980 年代涉足这一领域，当时对于脑啡肽和内啡肽作用于中枢神经系统的下丘脑（弓状核）和低位脑干（孤束核，NTS）这两个核团，发挥降低血压和降低心率的作用，比较明确；对于其在脊髓水平的作用并不了解。我的首批博士生李思佳发现内啡肽和脑啡肽的类似物在脊髓水平有降压作用，论文分别发表在《欧洲药理学报》（Li et al, Eur J Pharmacol, 1984）和《中国生理学报》（李思佳等，1984）。但对主要作用于 κ 受体的强啡肽作用如何，尚不明确。李思佳的同期研究生谢翠微在研究针刺镇痛机制时，探讨了脑和脊髓中去甲肾上腺素（NE）所起的作用，注意到脊髓中的 NE 不仅参与针刺镇痛，而且还具有降压作用，该作用有一部分是通过强啡肽来实现的（谢翠微等，中国科学，1985）。这是强啡肽在脊髓水平有降压作用的首次报道。

当时冯越是基础医学系学生，自愿来生理学系参加研究工作。考虑到强啡肽作用比较广泛，如果它是通过 κ 型阿片受体起作用，应该能被高选择性的 κ 受体激动剂 U-50488 所模拟。我们从斯丹福大学 Goldstein 教授处获得了 1982 年新合成的该化合物，发现将其注入大鼠侧脑室（icv）或脊髓蛛网膜下腔（ith），均可引起与给药剂量相关的血压降低，心率减慢。U-50488 的降压作用必须用大剂量纳洛酮才能加以翻转，符合 κ 受体的特性；但其降心率作用可以被小剂量纳洛酮翻转，与一般 κ 受体的特性不符，推测分布在心脏中的 κ 受体属于一种特殊的亚型，它对纳洛酮似乎有较大的敏感性。如果把 κ 受体激动剂 U-50488 注入静脉，对血压毫无影响，说明这种 κ 激动剂确实在中枢神经系统发挥降压作用（冯越，韩济生，生理学报 1987），这一工作也是国际上首次报道。几位研究生和本科生互相合作，研究进行得严谨而顺畅。

神经递质与受体的结合特性表现在“选择性”和“亲和力”两个方面，选择性高的，亲和力不一定强，反之亦然。人工合成的 κ 受体激动剂 U-50488 与 κ 受体结合的选择性极高，较体内天然存在的强啡肽高出 134 倍，但与 κ 受体的亲和力较低，因此需要用较大剂量才能发挥激动作用（按摩尔质量计算，最低有效剂量较强啡肽高出 13.8 倍）。另一种人工合成的强啡肽类似物是日本学者 Tachibana 等报道的强啡肽 1-8 类似物，称为 66A-078，它的特点是不易被降解酶所降解，一旦与 κ 受体结合就极难分离。脊髓鞘内注射引起降压所需计量仅为强啡肽的 1/40；引起镇痛所需剂量仅为强啡肽的 1/250。为此研究生梅林在我们所用的大鼠动物模型上进行了试验。实验结果确认了原先的设想。脊髓 ith 注射 0.25～4.0 mg 66A-078 即可引起显著降血压和降心率作用。该作用必须用大剂量纳洛酮才能加以防止。66A-078 的降压作用一旦发生，即使应用极大量的纳洛酮也很难翻转，反映出其特点，即 66A-078 在生物体内生存时间长，与受体结合极其牢固，很难解离（Mei and Han, Asia Pacific J Pharmacol，1992），它的这一特点给人极深刻的印象，似乎有希望发展成为一种高效、持久的降压药。

我们在针刺镇痛机制研究中曾经明确观察到阿片类物质的中枢镇痛作用可以被 CCK 所对抗，那么阿片肽在中枢引起血压降低、心率减慢，是否也能被 CCK 所对抗呢？梅林等在大鼠身上观察到：脊髓 ith 注射 κ 阿片受体激动剂 66A-078 引起血压降低，确实可以被鞘内注射 CCK 所对抗，而 CCK 的抗阿片作用又可以被 CCK 受体拮抗剂 (Proglumide, devezapide 或 L-365,260) 所翻转。在同样的实验设计下，改用 μ 阿片受体激动剂 PL017 鞘内注射引起血压降低，也同样可以被 CCK 所对抗。在这里需要明确的是，CCK 所对抗的是阿片肽所引起的降压作用，而不是其他因素引起的降压作用。例如，GABA 受体激动剂 Muscimol 注入大鼠脊髓蛛网膜下腔也能产生极强的降压效果，这种降压效应就不能被 CCK 所对抗（梅林、韩济生，中国科学，1993）。

总结起来，①纳洛酮的抗阿片作用发生在阿片受体水平。相比之下，CCK 的抗阿片作用比较复杂，它既可以作用在受体水平，也可以作用在突触后。② CCK 在脊髓背角对抗阿片镇痛作用，用纳克（ng）剂量即有效；CCK 在脊髓侧角对抗阿片降压作用，需要微克（μg）剂量才有效。说明从受体机制上来看，强啡肽的镇痛作用和降压作用有很大区别，不可等同视之。

在研究疼痛时，我们常常把脊髓背角神经元与脑的某一个核团神经元相比较，观察有何异同。现在我们在研究心血管调节，就会把脊髓的侧角细胞与背角细胞相比较，发现两者的差距比想象中大得多。例如持续应用大量吗啡引起吗啡镇痛发生耐受后，针刺的镇痛作用也大大削弱或消失（发生交叉耐受）。同理，长时间电针刺激引起耐受后，注射吗啡也失效，发生了双向的交叉耐受。梅林和朴素芬尝试给大鼠长时间 2/15 Hz 交替的电针持续刺激 6 h，其镇痛作用已经消失（进入“电针耐受”状态）。此时他们又给大鼠标准的失血措施，使其血压下降 45 mmHg，保持 30 min 之久，观察血压自动回复过程，发现电针耐受动物血压变化过程与未接受电针的对照动物没有显著差异。失血以后，脊髓侧角还是会释放阿片肽，使血压降低。换言之，在脊髓背角发生的阿片耐受，并未使脊髓侧角发生类似的耐受现象（Mei et al, Neuropeptide, 1994）。这些实验结果再次证明，在科学上不能用“想当然”来任意进行推导，还是要对每件事进行认真细致的观察才能得出结论。

39. 阿片肽参与内毒素休克的发生机制

当人或动物失血时，血管中的总血量减少，血压自然会下降。对此，神经系统会做出什么反应呢？在我们颈部上端，颈动脉的分叉处有一个“颈动脉窦”，当它感受到血压降低时，会产生一个加压反射，兴奋交感神经使血管收缩，心跳加快，来保持血压稳定。另一方面，脑和脊髓又会分泌出一些物质，属于内啡肽类物质，使得血压下降（保持低水平），心跳减慢，看来这种反应似乎是助纣为虐，加重休克的发展。但是另一方面也可以理解为使血压维持在低水平，减少进一步失血。失血时体内产生的这样一个双向反应中，神经系统究竟是如何运作的？有必要加以深入研究。

前面已经讨论了失血性休克的一些情况，现在再来讨论一下身体受到细菌严重感染时的情况。细菌感染时可以产生内毒素，导致血压降低，产生休克。动物实验中常用的内毒素是从大肠杆菌中提取的。根据体重，给大鼠静脉注射 15mg/kg，即可引起血压降低，心率减慢，是一个成熟的动物模型。中枢神经系统的内源性阿片肽在内毒素引起的休克中发挥了什么作用，值得研究。

本课题主要是由许铁博士后（1990—1992）为主完成的，共有 6 篇论文发表在《Neuroscience Letters》（1992）、《Life Science》（1992）、《生理学报》（1993，1994）。当时的文献（1987）已经明确：给动物注射内毒素引起的休克，可以用阿片受体拮抗剂加以防止或使其减轻，表明有阿片肽参与。许铁等将微量纳曲酮（μ 受体拮抗剂）或纳美芬（高选择性 κ 受体拮抗剂）注入大鼠脑干的束旁核，即可防止静脉注射内毒素引起的血压降低、心率减慢作用，表明：①内毒素的作用部位包括脑干的束旁核，②在该反应中不仅有 μ 型阿片受体参与，还可能有 κ 型阿片受体参与。在另一实验中，他们把静脉注射内毒素大鼠（供鼠）的脑室液抽出注射到正常大鼠（受鼠）的侧脑室，也可引起其血压下降。相反，如果用人工配制的脑脊液冲洗供鼠的脑室系统，可以显著减轻其休克程度，从而使内毒素通过中枢发挥降压作用的证据更为充分。

进一步实验证明，静脉注射内毒素一个小时，取出大鼠脑干，用原位杂交方法检测束旁核中脑啡肽原和强啡肽原的信使 RNA，后者的表达显著增加。该作用可以被阿片受体拮抗剂所防止。另一个实验证明，静脉注射内毒素 30 min 后，大鼠下丘脑弓状核（内啡肽神经元集中地）和束旁核（心血管活动相关脑区）c-FOS 蛋白的表达显著增强，提示内毒素确实激活了脑内的阿片系统，导致血压降低。

再进一步的研究发现，冲洗脑室系统可以减轻血压降低，延缓死亡，但不能防止其死亡。表明脑内确实有特定因子促使血压降低，但血压降低并不是引起死亡的直接原因。推测致死的原因可能是内毒素破坏了血脑屏障，使大量细胞因子（如 TNFα、白介素、干扰素等）进入中枢神经系统，导致死亡。

许铁开创的一系列实验为内源性阿片肽调控心血管功能的生理和病理生理作用做出了重要贡献。当我们把注意力集中于痛与镇痛时，往往忽略了阿片肽的其他作用。其实在生理平衡条件下，针灸调动了受体很多功能系统，但不会表现扰乱作用。只是在生理失衡的条件下，针刺的治疗作用才能充分发挥。对心血管系统而论，正常人针刺并不引起血压升高或降低。但高血压患者，针刺显示显著的降压作用。美国加州大学欧文分校郎赫斯特 Longhurst 教授在《生理学报》2017 年 69 卷第 5 期（创刊 90 周年专辑）中发表了“电针降压作用的证据、机制和临床应用”一文，文中对此进行了详细的描述。

40.用小鼠来观察针刺镇痛

研究人体生理或病理机制，常常需要建立动物模型来模拟其活动规律或用以阐明作用机制。在研究针刺镇痛原理时，实验动物初期以家兔、猫、猴等为主，由于饲养成本、操作方便等原因，很快就转为以大鼠为主。相对来说，小鼠体型小，不易扎针，应用较少。为了便于进行分子和基因水平研究，我们从 1990 年代开始就考虑用小鼠建立针刺镇痛模型，但结果不稳定。1997 年江西赣南医学院生理学和生化学教师黄诚来所进修。我们把这一任务交给他。他细心琢磨小鼠的特点，把固定大鼠用的透明塑胶套筒按比例缩小，制成小鼠用的套筒，成功完成了小鼠针刺镇痛实验，在后肢相当于足三里和三阴交部位给予脉冲电刺激，测定辐射热引起的小鼠甩尾反射时的电刺激强度作为痛觉阈值，发现电针确实可引起痛阈升高（产生了镇痛效果），并找出如下规律：①确定电针刺激后肢穴位的适宜强度位于 0.1~2.0 mA，这种电流强度不会引起动物的强烈反应；而且随着刺激强度逐渐升高，镇痛效果会逐渐增加。但当电刺激强度超过 2 mA，例如达到 3mA 时，动物就出现明显嘶叫和挣扎反应（提示有‘疼痛’发生），而痛阈却不再增长。因此将小鼠进行电针的适宜强度定为 2 mA。②电针的适宜频率：2 Hz 电针引起的镇痛效果可以被小剂量（1 mg/kg）纳洛酮阻断，表明有内源性吗啡样物质参与。而欲阻断 100 Hz 电针的镇痛效果，纳洛酮的剂量要增加到 25 mg/kg（两者相差 25 倍）。说明低频和高频电针镇痛的原理是不同的。这一结果提示研究电针镇痛机制时，必须精确控制电针的频率，因为不同频率的电针镇痛作用在机制方面可能并不相同。③初步发现不同品系小鼠的镇痛效果有差异。从这一结果联想到，遗传因素可能部分地解释人与人之间为什么对针刺的反应有大幅差异（有人针刺有镇痛效果，有人无效，而且在一定时期内该特征保持不变）。但中国可以得到的小鼠品系不是很纯，种类也不全，做此类研究可能存在一定困难。

这时万有得到了一个出国学习机会，有可能把这一课题带到美国去做。刚好他的导师 Jeffrey Mogil 是这方面专家。因此他带了国内研制成功的小鼠套筒，在美国开展实验。根据国内成熟的经验，把电刺激强度由低到高逐渐增加（从 1.0、1.5 到 2.0 mA），每种强度持续 10 min，共 30 min，再观察电针的后效应 30 min，测定 60 min 内小鼠热甩尾痛阈的变化。经过一年努力，试验了 10 个品系，每个品系均用 2 Hz 和 100 Hz 两种电针频率，得到了非常有趣的结果：① 2 Hz 电针镇痛效果对 B10 和 129 小鼠最佳，SM 小鼠最弱。② 100 Hz 电针镇痛效果对 B10 和 R3 小鼠最佳，SM 最弱。所以 B10 小鼠相当于人体“电针镇痛有效者”，SM 小鼠则相当于“电针镇痛无效者”。③实际上 B10 小鼠和 B6 小鼠两个品系在遗传因素上非常接近，但 B10 小鼠针效极强，而 B6 小鼠针效极弱。试验了 2 Hz 和 100 Hz 两种频率，结果均如此，尤以 2 Hz 情况下差别更为突出。

从文献上检索，这两种小鼠在第 4 条染色体上存在编码 δ 阿片受体的一段 Oprd1 基因（64.8 cm），因此怀疑是否 B10 小鼠富含此段落，而 B6 小鼠缺失？但实际基因测定结果显示两者不存在显著差别。当然，这也可能是位于其上游的启动子和增强子存在差异，导致出现 δ 阿片受体表达程度的差异。有意思的是在给予小鼠 100 Hz 电针时，针效的差别没有像 2 Hz 电针时那么明显。在某种程度上这也是可以理解的，因为我们的以往研究已经证明，100 Hz 电针的镇痛效果主要是由 κ 型阿片受体介导，而 2 Hz 电针的镇痛效果主要是由 μ 和 δ 型阿片受体介导的。

万有从美国回国后，继续从事这一重要研究。但奇怪的是，美国得到的结果在中国不能很好地加以复制。例如在美国做实验的结果，Bc 小鼠对 100 Hz 电针镇痛效应上佳；而用完全相同的方法在国内进行实验时发现，100 Hz 电针效果最差。可能国内的小鼠品系与美国的已经出现了微小的差异。因此这项工作未能继续深入开展。但无论如何可以推测：δ 受体的表达量大小可能是人体针刺镇痛效果差异的原因之一。

前文已提到，某些人针刺镇痛效果不佳（电针无效）的原因并不能完全归之于内源性阿片系统一个因素，至少还要考虑其对立面：抗阿片物质的多少。换言之，针效不好也可能是由于抗阿片物质过多。关于抗阿片物质，我们以往的研究集中于胆囊收缩素（CCK）方面。实际上抗阿片物质也是由一个大的家族组成，其中一个成员是 OFQ，中文译名“孤啡肽”。在 OFQ 刚刚被发现的同一年，研究生田今华就开展了一系列研究，确认神经系统中自己生成的 OFQ 对于针刺镇痛和吗啡镇痛起着一种明显的对抗作用（Tian et al，Br J Pharmacol，1998）。她的博士论文获得当年全国优秀博士论文奖。

医学中人们熟知的一个现象是：应用吗啡剂量过大或时间过长，镇痛效果就会逐渐减弱，称为“吗啡耐受”。其原因之一就是吗啡促进了体内“抗阿片物质”生成，来对抗吗啡的镇痛效果。这些“抗阿片物质”为数繁多，其中首要的是胆囊收缩素（CCK），排行第二的也许要数OFQ。用任何方法减少体内OFQ的生成，或阻止其作用，吗啡的镇痛效果都会得到加强。万有在美进修期间，在Pintar实验室利用敲除了OFQ的小鼠进行电针镇痛实验，发现针刺镇痛效过确实显著增强（Wan et al，J PKU Health Science 2009）。实验室之间的交流可以发挥各自的强项，这确实是促进科研的有效途径。今后在这方面大有发展余地。

41.针麻镇痛再研究

针麻镇痛的简单历史

将针刺应用于外科手术的针刺麻醉是20世纪50年代我国医疗科学工作者的原始创新。在其后的半个多世纪中，从最早进行简单的扁桃体摘除术开始，在特定的历史和政治环境下，手术种类迅速扩展到甲状腺手术、胃切除术、脾切除术以及膀胱和肾部手术。上世纪70年代，针麻手术继续扩展到开颅和开胸等大中型手术上。据当时报道，国内针麻手术种类近百种、六十余万例，达到了历史的辉煌阶段。尽管如此，针刺麻醉依然没有在临床上得到广泛推广，未能获得国际上的认同。究其原因，主要是因为针刺麻醉不够规范、针刺麻醉原理依然不十分清楚。

科技部针麻镇痛973项目

2007年科技部启动了国家重点基础研究发展计划项目（973项目）“基于临床的针麻镇痛基础研究”，委托了国家中医药管理局科技司负责，具体由973项目专项专家组负责项目的招投标、运行管理等。当时项目申报时采取了课题申报的方式，但经整合后该项目由我任首席科学家、万有任首席科学家助理，于同年11月经国家科技部批准立项并启动。项目共分7个课题，参加单位包括了北京大学、复旦大学、首都医科大学、上海交通大学、中国中医科学院、浙江中医药大学和上海中医药大学等全国10余所大学及研究机构。

2011年11月，科技部组织了项目的验收（图27）。专家们认为项目取得了以下进展：①该项目严格运用了的双盲设计、随机对照的科学方法，和当前所能得到的最佳检测手段，重新检验了针麻的临床效果。②针药复合麻醉具有明确的镇痛效果，对多项功能和脏器具有保护作用，表现为手术中麻醉、镇痛、镇静药物的使用量显著减少，术后ICU停留时间期缩短，术后伤口痛和恶心呕吐显著减轻，功能恢复加快，住院时间有所缩短，卫生经济指标改善。③按照中医循经取穴原则，针麻在多种针麻手术中显示出穴位相对特异性。④该项目运用清醒状态行为学观察、脑影像、多通道脑诱发电记录、基因表达等当前最先进手段，从中枢镇痛回路、核团和基因不同层面，阐明了针麻镇痛的中枢机制，部分解释了穴位相对特异性的结构基础。

图27 2011年9月，项目“基于临床的针麻镇痛的基础研究”课题验收会合影

前排左起：万有、赖新生、唐朝枢、何兴东、江海燕、李振吉、韩济生、曹小定、石学敏、范明、梁繁荣、朱兵、东贵荣。二排左起：邱岳、徐春波、沈卫东、方剑桥、王祥瑞、吴根诚、王保国、周春燕、崔彩莲。

其他还有：顾晓静、邢国刚、刘俊岭、时金华、江澄川、田占庄、刘喆、王均炉、郑拥军、宋建钢、邵晓梅，等

通过该项目的研究，初步制定出针麻颅脑手术、针麻开胸手术、针麻甲状腺切除和针麻肺叶切除四种手术的针麻规范，为今后推广应用针麻打下坚

实基础，也为更深入的针刺疗法研究和痛觉机制研究开辟了道路。

据统计，该项目发表了 SCI 论文 102 篇，包括高影响力的学术刊物《Progress of Neurobiology》《Neuroscience and Biobehavioral Reviews》《Pain》《Anesthesiology》等。我还应邀在 2008 年国际疼痛大会做针灸镇痛的大会特邀报告，从而产生了较大的国际影响。

然而，如果希望做到临床上的针麻推广，依然需要深入研究。比如，针麻方式的创新，针麻的临床优势需要多中心、随机、大样本研究，需要重新审视针麻优势病种。除了关注针麻的镇痛作用，还应关注针麻的其他机制，如针麻对全麻和手术引起的创伤应激和免疫抑制问题，针麻的脏器功能保护作用等。同时，专家们认为，临床研究工作需扩大样本量，拓展围术期研究；结合现代生物医学进展，深入研究中医循经取穴理论在针麻中的应用规律。

由于我们结题成绩为优秀，我们的针麻镇痛的项目再次获得了科技部 973 计划的延续支持，2013 年 1 月正式启动。由于年龄的关系，由万有担任首席科学家，我自己和李振吉教授作为项目专家组组长，成员包括了北京大学、上海中医药大学、上海交通大学、中国中医科学院、复旦大学等 6 个单位、16 家国内有影响力的医疗机构、191 位科研人员以及研究生参加。

这次项目与上一个项目相比，充分考虑麻醉学、外科术式以及疾病谱的进展，遵循顶层设计、项目内多中心、大样本、随机对照的原则，运用现代临床研究设计，统一网络平台管理数据与统计分析，选择临床上针药复合麻醉手术效果突出的 4 个优势手术病种，即气管插管常规针麻冠脉搭桥手术、胸腔镜肺切除手术和腹部手术、甲状腺切除术，根据中医针灸理论和临床实践，优化针麻手术方案，确定临床评判指标，阐明针药复合麻醉手术的综合优势和临床应用价值，为针麻的临床推广应用提供科学依据；通过基础实验与临床研究紧密结合，运用神经生物学、免疫学、细胞和分子生物学等多学科研究方法，阐明针药复合麻醉的镇痛机制与机体保护机制，回答针刺在针药复合麻醉中的作用及其贡献度。

2017 年 11 月 22 日，科技部组织了项目验收（图 28）。专家们认为：

（1）项目共完成了临床针药复合麻醉手术病例 2573 例，在此基础上形成了针麻开颅手术、针麻心脏手术、针麻甲状腺切除和针麻肺叶切除、针麻腹部手术临床操作规范，证实针麻具有优越性。临床研究结果显示，颅脑唤醒麻醉手术中针刺镇痛可减少麻醉镇静药丙泊酚用量；术中及术后唤醒时间缩短，术后疼痛评分减少。我们还获得了针麻在神经外科手术中确切使用效果的第一手临床资料。

（2）针麻对机体重要脏器具有保护作用及免疫调节作用。研究结果发现，针药复合麻醉相对于传统麻醉，具有以下优势：①术前使用可减轻患者焦虑程度；②有一定镇痛作用，可以减少吸入麻醉药的用量；③减少术后镇痛药的用量；④ 减少术后恶心呕吐的发生率；⑤由于减少了麻醉药的使用，手术中的循环、呼吸功能稳定，术后苏醒时间缩短，并发症减少，住院时间缩短；⑥ 对机体脏器有一定的保护作用。此外，针刺麻醉还表现出许多其他方面的优点，如使用安全，适用范围广；维持颅脑手术中患者的唤醒，便于术中医患的配合；生理干扰少，利于术后恢复；简便、经济、便于推广。其中，针麻镇痛作用是针麻手术得以完成的重要因素之一。⑦针刺和针药复合麻醉，具有机体免疫调节作用。针刺可能通过调控中枢小胶质细胞的功能及细胞因子的表达改善手术创伤引起的免疫抑制。

图 28　2017 年 9 月项目“基于临床的针麻镇痛与机体保护机制研究”课题验收会合影
前排左起：武阳丰、徐春波、朱兵、樊建军、万有、韩济生、李振吉、唐朝枢、刘保延、邱岳、冯艺。其他参会人员：蒋橙宇、吴根诚、王祥瑞、刘俊岭、周嘉、王保国、邱晓彦、王均炉

（3）针麻调控中枢神经系统从而发挥镇痛作用。脑内存在针刺镇痛的多个脑区参与的镇痛回路，皮层环路作为整体参与以 PAG 为核心的下行抑制

作用，针刺在调节急性痛时，脑内的镇痛回路尤其是 ACC 起到了重要作用。不同频率电针刺激既有共同的效应基因和中枢神经效应区域，又存在与频率密切相关的特异调节基因和中枢神经区域，电针刺激可以引起局部脑血流量和功能连接度的变化，高、低频率 TEAS 镇痛中枢机制不同，2 Hz TEAS 可以显著增加大鼠下丘脑的 μ 阿片受体可用度。

针麻研究的再思考

从 20 世纪 70 年代开始，国际上对针刺麻醉的兴趣始终处于高位，但科学界大多抱有怀疑态度。谈到针刺麻醉，总是问："现在还有人做吗？""到底是否有效？"这里存在一个共同的错误观点是：针刺如有麻醉效果，就应该完全无痛。但实际上针刺的作用是减轻疼痛，不是消灭疼痛。针刺减轻疼痛是客观存在的，是有科学基础的，而且有实用价值。

针麻研究应该解决国家重大需求。针麻是中国原创的科研成果。但长期以来广大医患对此心存疑虑，无法广泛开展。原因在于过去有些资料科学性不强，难以重复（患者手术时仍然感到疼痛）。而最重要的是存在一个错误观念，认为只要扎针，就应该完全不痛。其实针刺或电针，只是减轻疼痛，不是使之消失。利用针刺的镇痛效果，少用麻醉药品，即可达到麻醉要求，使麻醉药品的副作用减轻，术后疼痛显著减轻，恶心呕吐等手术副作用减少，恢复加快，这就是实质性贡献。将此成熟技术广泛应用于临床，所产生的经济效果和精神 - 人文效果，是难以计算的。

针麻研究推动了学科发展。对麻醉学科，明确针刺作为非药物因素可以显著加强麻醉药物的作用。对疼痛生理学，针麻研究促进了痛觉生理的发展，特别是高级中枢对疼痛信息的控制，它是痛觉生理中一个非常活跃的前沿：肯定了已知的参与针刺镇痛的神经递质和受体，更新发现了过去未知的参与针刺镇痛的新的分子，为疼痛学科和针麻镇痛机制研究奠定了基础。在针麻作用机制的研究中，我们发现针麻的作用并不仅仅局限于针麻镇痛，还来源于针麻对机体和脏器保护作用和针麻的免疫调节作用。这些新的发现，大大开拓了针麻手术的机制研究视野。

基于临床上对针药复合麻醉镇痛机制与机体保护机制的研究，针灸终将焕发其优势，改变现有的经典麻醉模式，为缓解老百姓看病贵做出贡献，也将有望推动我国针灸走向世界。

42.从针刺到艾灸

我一直从事针刺麻醉和针刺镇痛的研究。实际上，“针灸”一词除了“针刺”外，还包括“艾灸”。针刺和艾灸是两种截然不同的操作。2009 年 7 月，伊鸣博士从伦敦大学学院毕业加盟神经科学研究所，协助所里建设在体电生理学平台，并开展相关研究。从 2012 年 8 月开始，伊鸣博士与江西中医药大学陈日新教授合作进行艾灸原理方面的研究。

艾灸比针刺复杂得多。针刺是一种机械刺激，相对简单，而艾灸包括了热、药物和烟雾等更多影响因素。从神经通路的角度上讲，机械刺激和温度刺激通过迥异的神经通路上传至脑。机械刺激主要通过经典的体感通路（外周纤维、背根神经节、脊髓背角、丘脑、感觉皮层等），而温热刺激主要通过臂旁核、岛叶等与边缘系统联系密切的脑区上传。

我们从神经回路角度入手，首先了解与艾灸相关的脑区和神经通路。已有的结果支持了我们的想法，艾灸对边缘系统脑区活动的调控要比针刺更强。因此从理论上说，艾灸对负性情绪、认知等和边缘系统关系密切的疾病的疗效应该不亚于针刺，甚至更好。当然，这一推测需要基础与临床研究跟进验证。

有趣的是，研究过程中的发现除了直接回答艾灸的中枢机制，还意外地为中医领域其他问题提供了新思路。举例来说，“同病异治”和“异病同治”一直是中医治疗的特色，而且得到了临床支持。这些临床现象一定存在科学基础，但之前多将之归结于“五行生克”、“稳态调控”等很虚的概念上。虽然疗效是肯定的，但机制解释难以被现代科学所接受。我们的研究发现，炎症痛中的伤害性温热刺激可以显著激活内侧隔核的胆碱能神经元，抑制其异常反应，从而逆转了慢性痛时前扣带回神经元的异常兴奋，并产生镇痛效果。奇怪的是，运动、认知训练、躯体温热等刺激均可以显著激活内侧隔核的胆碱能神经元，在慢性痛模型中也发挥镇痛作用，而并非加重疼痛。我们的研究证明：这一镇痛作用不是通过前扣带回，而是通过腹侧海马 CA1 区神经元来实现的。这一发现为神经环路研究提供了新的模式，即内侧隔核胆碱能神经元无论是被抑制或被兴奋，均可以产生镇痛效果，但两者是通过不同的神经通路实现的。同理，针灸的"同病异治"（同一种病可以用不同的方法加以治疗），其原理也有可能是不同的刺激模式，通过不同的神经通路，实现类似的行为学调控效果。

相反，同一条神经通路可能参与多种行为调控。例如，海马 - 前额叶皮层是边缘系统最受关注的通路之一，参与记忆、焦虑等行为调控。而我们在镇痛研究中发现，慢性炎症痛中海马 - 前额叶皮层功能连接度降低，与自发痛行为关系密切。而针灸可以显著促进海马区神经元新生，并提升海马 - 前额叶皮质功能连接度。因此，同样的针灸操作可以针对多种疾病（认知障碍、焦虑、慢性痛等）发挥治疗作用，即达到"异病同治"的效果。

总而言之，由针刺向艾灸方向的拓展，帮助我们打开了新的研究视角，同时也提示我们，从大量临床经验总结出的很多理论，是有可能通过现代科学方法加以阐释的，而且中间可能蕴含着对现代医学同样有巨大指导意义的新研究思路。本文由伊鸣博士撰写。

43. 给孤独症患者家庭射进一线春光

2008 年我从美国波士顿回到北京，赶上奥运会在北京鸟巢举行。我也过了 80 岁生日。我想我的生活应该换一个方式进行了。我不能再固守针刺镇痛和针刺戒毒两大战线，应该试着把针刺应用到更广泛的领域。针刺镇痛和戒毒确实有意义，但是西医本来就有办法对付，针刺只是增加了一个手段，被称为"辅助和替代疗法（CAM）"。我们应该去找那些西医目前还没有好办法的病症，用针刺试一试，看是否能起到独特的效果。

在多方思考和求教的过程中，我被一个电影《海洋天堂》感动了。一个爸爸带着一名患有孤独症的男孩一起生活，走投无路，绝望之余只有投身到大海中去求得解脱。

孤独症肯定是神经系统出了问题，主要表现在社交活动能力缺失。查阅文献，我们已经知道脑内有一些化学因子与社交能力密切相关，例如子宫收缩素（oxytocin，OXT）、精氨酸后叶加压素（arginin vasopressin，AVP）等。如果能找到加速这些神经肽类物质生成和释放的密码，从内部增强这些内源性神经肽的功能，岂不是开创了治疗孤独症一个新方法吗！

正好我们有一个朋友，家里有一位孤独症患儿，他是一个英俊少年。因为孩子生活无法自理，妈妈只能放弃原先的工作，到郊区找一个住处专心照料。征得家长同意，我借给他们一台韩氏仪，用 2 Hz 和 100 Hz 自动交替运行的疏密波，进行穴位电刺激，每天一次，每周 6 次。这种治疗已经在无数人身上使用，用来止痛、促进睡眠等等，从未发现过任何副作用。最让人担心的是一旦患儿不喜欢这种仪器而拒绝使用，就很难加以说服。试用的结果令人放心，患儿觉得这种仪器好玩，每到下午 4 点，他就拉着妈妈的手走向韩氏仪，要求使用。我们告诉家长，我们并不期望立即得到疗效，第一步目标是只要孩子爱用，就是最大的胜利。刚用了 3~4 周，患儿家长就有了反馈：①以前只吃一种食物：方便面，而且认定一种牌子的方便面。现在开始吃其他食物，例如黄瓜、西红柿等都愿意试着吃。②以前不敢带他进超市，因为孩子会随心所欲乱拿东西，有时与人发生冲突；现在可以放心带他进超市了。光凭这样两条，妈妈高兴得不得了！对我来说，这是多么大的鼓励！我开始梦想：找一些专家行家，扩大临床观察。

其实在 2008 年的春天，我已经联系了北京大学第六医院的黄悦勤、党为民、贾美香医师，北京宣武医院神经科王玉平医师，北京安定医院郑毅医师，解放军总医院邹丽萍医师，哈尔滨医科大学武丽杰医师，南京脑科医院王民洁医师，深圳北大医院贾少薇医师一起商议，开展韩氏仪治疗孤独症的临床研究，希望能为孤独症灰暗的家庭气氛带来一线春天喜庆的光芒，因而将这一计划命名为“春光行动”。

邹丽萍主任很快向我们介绍了河北涿州的孤独症研究基地。我们在基地进行了针刺治疗的试验性应用，应用的效果很好，特别是当我和邹主任去该基地访问时，患儿和妈妈一起来欢迎。妈妈说：“韩爷爷来看你了。”孩子一双眼睛和我的恰好对视，被同事拍了下来。邹主任说：“孤独症患儿的特点之一是，目光一般不对准对方的眼睛。这种对视，对孤独症患儿是极为难得的，可说是一‘看’值千金！”这与多数患儿语言能力加强的效果是互相吻合的。但是有一种现象难以解释，就是接受韩氏仪治疗的患儿多数出现半夜醒来玩、甚至跑来跑去的现象，为此家长们半喜半忧。但事后发现，不予治疗的对照组也会出现类似现象。对此至今尚缺乏合理解释。

在获得初始结果后，我们打算把孤独症正式作为一个研究方向，深入研究下去。这时候，我的助手出现了，张嵘是一个儿科医学本科、神经生物学博士背景的人，对临床研究很有兴趣，愿意投入力量做转化医学。她的加入使研究计划大大加速。很快我们在涿州医院就完成了 20 对孤独症儿童的临床研究，发现相对于单纯训练组，训练加使用韩氏仪可以使孤独症量表（CARS，ABC）评分降低，并且症状越重的孩子降低越多，年龄越小的孩子效果越好，这个结果发表在针刺研究杂志上。但是，只有行为学表现，没有机制，显得不够科学，2009 到 2011 年，我们又在五彩鹿孤独症行为矫正中心做了 3 批临床试验，这次不但评估了孤独症行为，还评估了儿童的饮食、睡眠、采集了血浆、检测了 OXT 和 AVP，结果表明，韩氏仪对儿童的整体疗效令人印象深刻，尤其是对焦虑、挑食效果更好，行为学的改善和血液中一种名为“精氨酸加压素（AVP）”含量升高有显著相关信。在患者方面，对冷漠（无论怎么叫都不理）和被动（不会主动发起社交，但是可以被带着一起玩）类型有效，对主动但怪异（想社交，但其交流的方法别人接受不了）类型效果不好。这个试验结果，又给我们带来新的启示和线索：为什么孤独症儿童的行为有分型？OXT 和 AVP 在孤独症发病中起着什么作用？电针如何促进社交？

为研究孤独症儿童的社交行为分型，博士研究生徐新杰和硕士研究生孟凡超积极引入分型量表，博士研究生寿小婧也对儿童大脑进行磁共振扫描研究。并且除了行为和脑功能研究，我们还继续寻找孤独症的生物标志物，如吴晶博士后对孤独症儿童血液中元素的测定（Wu，et al. Autism Res, 2018），硕士研究生蔡小娥用眼动轨迹记录儿童看待社交与非社交图片时的差异，这些研究对孤独症儿童的行为到功能、整体到分子做了更多探索，也为临床亚型诊断、辅助诊断做出了贡献。

而针对 OXT 和 AVP 水平在子代孤独症发病中的作用，我们也做了系列工作，首先徐新杰测定了患儿母亲和正常对照儿童母亲血中 OXT、AVP 和性激素的水平，发现孤独症患儿母亲血中 OXT 和 AVP 水平低，而雄激素水平高，差别非常显著（Xu XJ，et al. PLoS One, 2013）。如果用来曲唑给孕期大鼠埋片，则引起雌性子代社交能力的降低（Xu XJ，et al. Physiology & Behavior, 2015）。博士研究生张洪峰则发现孤独症儿童血浆 OXT 比正常儿童明显降低，但是 AVP 却没有变化（Zhang HF，et al. Neurosci Bull, 2017）。为了解 OXT、AVP 在孤独症发病中的作用，张洪峰和两个硕士研究生李晋、李汉霞、戴玉川用丙戊酸（VPA）构建了孤独症动物模型，发现药物在引起子代孤独症样行为（和母亲分离时超声呼唤的减少，三箱实验伴鼠侧时间减少，自我梳理的刻板行为增多）的同时，也伴随有下丘脑视上核，室旁核 OXT、AVP、mRNA 和肽含量的降低。而对正常低社交大鼠、VPA 模型子代幼年大鼠进行电针干预，则可以改善孤独症样行为并增加脑中 OXT 和 AVP 的合成和表达（Zhang HF，et al. Physiology & Behavior, 2015）。为了构建更加稳定的动物模型，我们课题组还和德国 ULM 大学的 Tobias Boeckers 教授合作，建立 shank 3 敲除动物模型，博士研究生宋天佳正在努力地寻找孤独症样表型。而博士研究生王筱曦也在人体研究上进一步验证韩氏仪治疗孤独症的疗效和机制。

在孤独症的研究道路上，我们始终围绕临床问题，从韩氏仪治疗孤独症开始，从探索最佳参数、最佳人群、最明显的疗效开始，不仅是从事转化医学，而且涉及精准医学。获得初始数据后，一方面进行临床验证，探索治病机制，另一方面从人群特征、生物标记物角度探索辅助诊断的方法学，这些研究都有很强的应用意义，都是“春光行动”的延续。在方法学上，我们从一开始的递质检测，延伸到磁共振、眼动、分子生物学、电生理学、行为量表开发等多种交叉学科。研究生的潜力无穷，个个吃苦耐劳、善于合作，他们都是新方法的开拓者。我们的科研小团队也渐渐有了知名度，在国际孤独症大会上报告自己的工作，授权国内外专利，举办孤独症的国际论坛，并发起成立北京大学医学部的孤独症研究中心，和校内同行资源共享。

一晃孤独症的研究已进行了十年，已经毕业了4届研究生、3个博士生分别落户在协和医院、厦门大学、北京师范大学，在3名硕士生中2人在泰安医学院、周口师范大学做教师，1人在湘雅继续读博士，但最欣慰的是他们都继续走在孤独症研究的道路上，延续着他们当年的研究方向。无论是从事基础还是临床工作，博士生都是工作第1年就申请到国家自然科学青年基金，硕士生也积极前往美国进修，他们在孤独症研究的道路上，越来越专业。

有关韩氏仪治疗孤独症这种疑难杂症的研究还在路上，离进入临床实际应用还有不少差距，但是当年选择孤独症这个研究方向看来是正确的。今年就是联合国设立“世界孤独症日”第11个年头，在人类对这种疾病还没有完全认识之前，它的患病率已经翻了几倍，在我们面前的正是一场要打的硬仗。好在这种疾病的研究正在受到国家、政府和社会的关注，家长也积极配合。我们的团队已经认清工作的复杂与艰巨，准备好用拓荒者的心态继续砥砺前行。

44. 北京大学孤独症量表

孤独症作为一类发病于儿童早期的广泛性发育障碍性疾病，其病因和疾病表现得多样性和巨大的个体差异一直是横亘在广大从业人员和研究者面前的一道巨大的难题。

以我们的研究为例，早在2009年底至2011年完成的第一批孤独症干预性研究中我们就发现：尽管在整体上，连续3个月的经皮穴位电刺激（transcutaneous electric acupoint stimulation, TEAS）可以改善孤独症儿童的相关症状；但对数据的进一步分析却发现，不同儿童对这种干预方式的反应性并不相同，存在着明显的个体差异。在这种情况下，如何对患儿进行合理的归类，并以此为基础寻找出最适宜进行TEAS的患儿人群，从而为指导今后对患儿进行有针对性的干预，显得尤为重要。

在孤独症发病的具体生物学机制尚未明确的现状下，通过患儿的外显行为进行大致的归类，尽管可能不够细致，但却不失为一种可以尝试的策略。在此种思路的指导下，结合我们的临床观察，经过详细的讨论，我们决定以孤独症最为核心的症状——社交障碍为出发点，进行尝试性的探索分析。

通过文献调研我们发现，早在1979年英国的韦（Lorna Wing）教授等人就对孤独症儿童所表现出的社交障碍症状进行了观察和归类。他们发现，根据患儿所表现出的社交障碍症状，可以将孤独症儿童分为三大类型：冷漠型（aloof）、被动型（passive）和主动但怪异型（active-but-odd）。简单来说，从行为特征上来看，冷漠型儿童对社交毫无兴趣，既不能主动发起社交，也会拒绝别人的社交接近；被动型儿童虽然不能主动发起社交，但却可以接受别人的社交接近并与他们进行互动；而主动但怪异型儿童对社交具有强烈的兴趣，他们会主动跟别人接近和交往，但因为不懂社交规则，他们的社交行为在别人看起来会有一些怪异。

以Wing教授的描述性归类为基础，我们进行了初步的尝试。我们向每天都会与这些孩子密切接触的行为康复教师详细介绍了孤独症儿童所展现出的三种社交障碍类型的具体特征，之后由她们根据患儿的日常行为表现对儿童进行归类。而在实际操作中，因被动型和冷漠型难以准确区分，我们将二者归为一大类，与之相对应的另一类则是与其存在明显差异的主动但怪异型儿童。经过这种大致的区分后，我们对数据进一步分析。从分析结果我们惊喜地发现：经TEAS干预后，被动型和冷漠型的患儿在孤独症的症状上会有显著的改善；与此相对，主动但怪异型的儿童却对该种干预方式几乎无任何反应（Zhang et al, Res Dev Disabil, 2012）。这可以说是一个既有趣又非常令人兴奋的结果！

拿到这个结果后，我们邀请了具有丰富经验的临床医生、行为康复教师进行了详细深入的讨论。大家结合自己的工作经验，都非常认可不同孤独症儿童对特定治疗的反应性各不相同的规律，也一致建议我们继续做进一步的研究。在经过详细的论证后，我们决定在前期已完成的工作的基础上投入更大的精力，争取归纳出更为准确客观的规律和结论。

首先需要解决的一个问题是，如何寻找一种标准化的分型工具，对孤独症儿童进行可靠的分型。以 Wing 教授最初的描述为出发点，通过文献追踪，我们发现基于 Wing 教授对孤独症儿童社交行为的观察，美国华盛顿大学的道森（Geraldine Dawson）教授在 1993 发展出了一种分型问卷——韦氏分型问卷（Wing Subgroups Questionnaire, WSQ）。该问卷可对儿童的社交类型进行较为有效的区分。因此，我们立即与 Dawson 教授进行了邮件沟通，也很快得到了她的回复。在回信中，Dawson 教授非常慷慨地将韦氏分型问卷的中文翻译权交给了我们，并希望与我们随时保持研究进展上的沟通。

如此顺利地拿到了问卷的中文翻译权，这是一个十分振奋人心的消息！但接下来面临的问题是，我们这些主要做自然科学研究的人，对问卷的翻译、修订与开发并不在行，对于如何计算问卷题目的内部一致性、共同性和因素负荷量等一大堆指标更是一头雾水。幸运的是，在这个过程中我们得到了北京大学公共卫生学院王晓莉老师热心、全程的指导与帮助。在整个问卷的修订完善过程中，我们参考文献资料，将原问卷中对分型有干扰作用的部分题目进行了删除；同时，为了使问卷能够更为本土化，能够对我国孤独症儿童的社交行为进行更为有效的归类，我们走访了大量从事孤独症相关工作的专业医师、培训教师和孤独症儿童的家长，并与他们进行了广泛细致的访谈，在此基础上新增了可能与儿童社交分型有关的备选题目。之后，在王晓莉老师的指导下，通过对新修订问卷的信度和效度进行分析，最终筛选出了可以用于社交分型的同质性较高的题目。通过对北京、山东、河南、广东等地 800 余名儿童问卷数据的采集与分析，逐渐形成中文修订版的分型问卷，也验证了新版问卷较原始问卷在分型结果的准确性上有了进一步的提高。

另外，我们也尝试以分型问卷作为工具，在 TEAS 干预治疗孤独症儿童方面做了进一步研究。我们再次发现，不同社交分型的孤独症儿童对于同种干预的反应性并不相同。TEAS 干预 3 个月后，被动型儿童会有较好的反应性；进一步的相关分析发现，儿童的被动型评分越高，其血浆中的与社交相关的神经肽的水平上升越明显。与此前的研究相比，一方面我们部分验证了之前的结果，另一方面采用分型问卷作为工具后，分型依据更加客观，而且之前难以有效区分的“被动和冷漠型”，通过问卷评分也将这两类儿童进行了有效的区分，使社交分型更加细致和准确。

值得一提的是，2014 年 11 月 2 日，在上海举办的国际孤独症研究与发展论坛中，我们有幸遇见了道森教授，并将我们的研究进展与她进行了面对面的交流。Dawson 教授对我们的研究结果给予了高度认可和评价，也很高兴看到时隔多年之后，她当年开发出的问卷仍能够为我国孤独症临床研究带来帮助。

此外，关于修订版问卷的英文命名，还有一个小插曲。我们目前看到的问卷简写为 BASQ，其实，最初问卷中文名定为《北京大学孤独症社交分型问卷》，直接翻译为英文是《Peking University Autism Social Behavior Subtyping Questionnaire》，缩写为 PUASBSQ。这样的译法虽然详细准确，但实在太长，并不容易被人记住。我们课题内部经过多次讨论，综合考虑了名称的长度、是否容易造成误解以及缩写的发音等多种因素，最终才将英文名定为《Beijing Autism Subtyping Questionnaire》，缩写为 BASQ。目前，该问卷已成型并即将发表在《Neuroscience Bulletin》杂志上（Meng et al, Neurosci Bull, 2018）。

整个问卷的修订与补充过程中，离不开各位专业医师、培训教师特别是众多家长朋友的热情参与和大力支持，在此要对他们表示诚挚的谢意！尽管在这个工作中，遇到了一些困难和问题，但所有的付出终有回报，看到确切的分型标准为指导 TEAS 干预选择合适的患儿所带来的帮助，内心十分欣喜和激动！我们也希望除了在 TEAS 领域，该分型问卷也能够在更广泛的范围内对今后孤独症的研究与临床治疗产生一定的促进作用，带来更为广泛的临床意义和社会价值！

在该分型量表的开发过程中，博士研究生徐新杰发挥了最重要的作用；硕士研究生孟凡超与他充分合作，做出积极贡献；张嵘副教授在第一线起着指挥的作用。整个科研团队和协作单位齐心合力，经历了一次边干边学的实战过程，至今回想起来内心仍然充满了激情和豪情！

45.学龄前孤独症儿童的磁共振脑影像研究

从 2009 年开始，在对孤独症儿童进行了经皮穴位电刺激（TEAS）治疗的疗效探索后，发现孤独症儿童症状的改善与血浆中的催产素（oxytocin, OXT）和精氨酸加压素（arginine-vasopressin, AVP）这两种神经肽的改变有关。那么神经肽这种微观物质，是作用到人脑的哪些部位，再影响到宏观的行为上去呢？

神经肽的含量是可以用化学方法精细测定的，孩子的行为表现是可以用各种量表（问卷）来评估的，脑子不同部位（根据不同的定义，可以将脑划分成几十到几百个区域）的功能又如何测定呢？我们采用脑功能性磁共振成像（functional magnetic resonance imaging, fMRI）的方法来观察记录。以往的研究已经证明，哪一个脑区功能活动旺盛时，它的血流就会增加。因此用磁共振的方法就可以通过记录某一脑区血流量大小来反映其功能变化。新近的研究又发现，两个脑区之间相互联系的强度也可以通过对 fMRI 数据计算得到，具有重要的生理意义。这样就有可能把化学物质 / 脑区活动 / 行为表现这三者结合起来，分析它们之间存在怎样的关联。实际上这是一个大胆的梦想，是否能够实现存在着很大的风险。十余年前我们实验室张蔚婷博士曾经有 fMRI 技术对 TEAS 作用机制进行过一些富有成效的探索（NeuroRepor 2003；Neurosc Lett 2004），也激励着我们继续前行。

我们招募了一组孤独症儿童和一组正常发育儿童，分别采集了他们的脑磁共振影像（MRI）数据、行为学数据、采集静脉血液用于分析上述两种神经肽的含量（仅限于孤独症儿童）。在MRI数据分析过程中，我们锁定了三个脑区：下丘脑、杏仁核和海马。选择这三个脑区的理由是：①下丘脑是合成OXT和AVP的部位，②下丘脑生成的神经肽通过神经通路到达杏仁核和海马，这两个脑区中有丰富的OXT受体和AVP受体，来感受上述信息，从而影响情感和认知，以及人与人之间的社会交往。③根据以往的研究和推论，如果下丘脑中的神经元或神经纤维网络发育不良，那么就很可能影响到它制造神经肽的能力，并且表现为自身的体积减小；另外一方面，神经肽到达下游地带的脑区（如杏仁核和海马），不仅对于信号传递起到作用，还会对这些区域的神经发育和修剪（把没用的神经连接消除掉）起到促进作用，而神经肽水平的不足则可能阻碍这一过程，从而使这些脑区的体积增大。因此测定上述三个脑区体积的大小和各脑区之间联系的强弱，可以间接反映出OXT和AVP的功能状态。

对于这三个脑区，我们采用了两种模态的核磁共振数据对它们进行分析：一种是结构像，一种是静息态功能像。在对结构像的分析中，我们首先使用了基于体素的形态学（Voxel based morphometry, VBM）分析方法。就像照片的基本单元是像素一样，由于脑影像数据是三维立体的，所以基本单元是个小立方体（例如1mm × 1mm × 1 mm），称之为体素。我们初步发现，孤独症儿童杏仁核和海马区域及附近比正常儿童的体积增大，但是并未发现下丘脑区域的体积变化有显著性。考虑到VBM分析容易遗漏一些体积很小的脑区（如下丘脑）的显著性结果，并且对于每一个儿童的脑区定位都会存在一定偏差，因此我们进一步使用手动分割脑区体积的方法，来比较下丘脑、杏仁核和海马在两组儿童中的实际体积大小，最后发现孤独症儿童左侧的杏仁核和左侧的海马体积比正常发育儿童显著增大，而双侧的下丘脑体积比正常发育儿童显著减小。进一步的相关分析发现：在孤独症儿童中，下丘脑体积越小的，其血浆中的AVP含量也越少。血液中神经肽的含量能与脑区大小有这样好的相关性，这是超出我们预想的！

用什么方法能进一步考验这种关联？是否能分析脑区的功能、行为的异常与血中神经肽含量高低的联系呢？由于杏仁核和海马是能够发挥OXT和AVP功能的核团，因此我们将结构上存在异常的左侧杏仁核与左侧海马设置成为“种子点”，计算两者与全脑其他区域的功能连接情况。结果表明，这两个核团在孤独症儿童中均存在功能连接的异常，不仅如此，这种功能异常偏离得越远，孤独症儿童血浆中的AVP含量就越低，其孤独症的症状也越重。可以认为，这样的结果已越来越接近于实现梦想。

必须说明，至此为止我们的研究还没有结束。究竟是否存在着神经肽影响脑功能，并进而表现在行为症状这一神经通路？我们借用结构方程模型，绘制出一个假设的神经通路，并输入相应的实验结果数据。计算后，输出的结果参数表明，我们设想的通路不但模型成立，并且拟合优度较高（Shou et al. Neurosc Bull, 30: 130, 2017）。

46.为不孕症家庭带来无比欢乐

原北医生理学教研室的李伟雄教授从事的是有关生殖生理的研究，以后被调入原卫生部任职，李伟雄的助手李潭留在基础医学院继续开展生殖有关的研究。当李潭得知我的针灸研究方向有朝向临床难题扩展之势时，便将韩氏仪介绍给他的好友、在山东济南工作的孙伟医师，建议用韩氏仪代替她正在应用的手捻针，用于治疗不孕症。应用后得到超乎意料的效果。2007年6月孙伟医师在李潭的陪同下与我见面，这次会面实际上是针灸理论研究者与生殖医学临床医学实践者之间的酣畅交流，大有相见恨晚之意，从此确立了我继续深入探索针灸临床研究新领域的第二个战场。

2009年9月，我派助手张嵘到济南了解韩氏仪在孙伟主任生殖科的应用情况。当时孙主任已完成了取卵镇痛的观察，准备启动促排卵的研究。为了保证研究质量，张嵘每月都去济南帮助工作。鉴于体外受精-胚胎移植（IVF-ET，又称试管婴儿）技术已经成熟，而且有文章发表了手捻针可以提高成功率，自然要用韩氏仪代替手捻针进行试验。不出一年时间，孙主任就完成了400多例，韩氏仪组试管婴儿的成功率比对照组提高了20%（Zhang, et al, Fertility and Sterility, 2011）。在全世界试管婴儿的成功率只有30%~35%的年代，这可是一个大进展。我们随即与北医三院和北大医院联系，希望扩大样本，验证前期发现。北医三院生殖医学中心乔杰主任的加盟，大大加快了数据获得的速度。通过对800例病例的观察，不仅重复出在济南的结果，还发现韩氏仪的作用有频率特异性（2 Hz有效，100 Hz无效），这一结果大大增强了我们进军生殖领域的信心。

2012年，我们获得原卫生部行业专项研究经费的支持，联合了北医三院、山东中医药二附院、中信湘雅医院、武汉大学人民医院、浙江妇产医院、江苏省人民医院、北大人民医院、中山大学第六医院、北京妇产医院、上海曙光医院等10个全国知名的生殖中心进行合作，设立了5个任务单元进行临床验证，分别观察韩氏仪是否能提高试管婴儿成功率，改善卵巢功能低下，治疗弱精子症，促进排卵功能，以及在取卵时发挥镇痛作用。在北京大学临床研究所的技术支持下，我们实现了高规格的多中心、中央随机对照临床试验，引用了电子数据库和第三方独立统计。在5个任务中，取卵镇痛试验完成最快，400例的数据证实韩氏仪对降低取卵术后的疼痛、恶心有显著效果。胚胎移植方面的进展也很迅速，我们做了1700多例，证明腹部穴位比四肢穴位效果更佳；病因在女方的做试管技术有效，病因单纯在男方的无效（这也是容易理解的，给女性治疗，解决不了男性的问题）。最令人高兴的是对年龄大的妇女反而较年轻的效果更好，这对二胎放开后的现实情况确实是个利好消息，因为有生育需求的半数都是35岁以上的女性。

机制研究证明，韩氏仪可以增加血液中的孕激素，促进子宫内膜整合素等分子的表达，促进子宫内膜胞饮突的生长，进而促进受精卵的着床。这两个试验结果给予我们很大的信心。随后，我们又分别启动了卵巢功能低下和弱精子症的研究。然而，后面两个研究进展却非常缓慢，长达3个月的干预使得很多患者不能坚持，监察工作不到位使得临床数据的质量受到影响。我们还发现在卵巢功能低下的研究中，韩氏仪强电流刺激组增加了雌激素水平，降低了患者的焦虑；而作为安慰剂对照的弱电流刺激组则促进了窦卵泡的发育并改善了卵巢血流。这个结果第一次让我们感受到，控制刺激强度非常重要。刺激强度并非越大越好，尤其是在长期干预时，弱电流刺激的效果积少成多，明显存在着累积效应。

即使目前的结果尚在不断总结提高，韩氏仪已经得到很多合作医院的认可。全球最大的生殖中心湖南长沙的中信湘雅生殖与遗传专科医院已经把韩氏仪技术写入诊疗常规，每年有 3 万多妇女应用；中山大学第六医院、山东中医药二附院、上海曙光医院、杭州浙江妇产医院、武汉大学人民医院等都已应用于临床，并且对应用韩氏仪产妇的流产率、初生儿出生缺陷率进行统计，均显示高度安全，可以安心应用到生殖医学中。项目组发表了中英文的专家共识（李蓉等，生殖与避孕，2016; Qu et al, J Zhejiang Univ-SCIENCE B, 2017），出版了配套教材（韩济生，孙伟主编，浙江大学出版社，2018），举办“经皮穴位电刺激技术在生殖医学中的应用国际论坛”3 次，国内区域论坛 11 次，受训医生覆盖 33 个省市自治区。在研究过程中，我们对韩氏仪进行了更新换代，第 5 代生殖专用机，已获得医疗器械检测报告，从北京大学医学部完成了专利技术转移，只等完成上市前的临床试验就可以真正进入生殖医学领域。

韩氏仪向生殖领域的进军是一次真正意义的产学研结合，受到市场欢迎，不孕症家庭主动要求医生开具治疗处方，也说明这个研究方向顺应了民众，顺应了潮流，普济众生的理念真正得以实现，我也得到一定的欣慰和满足感。张嵘副教授在该课题的组织工作中发挥了重要作用。

47. 针刺治疗弱精子症的机制探究

前文已经讲到，2006 年 4 月李潭老师带了山东中医药大学第二附属医院生殖医学中心主任孙伟教授，到我家谈女性不孕症的科研合作。在工作有一定进展的基础上，2009 年 3 月孙伟教授又找到邢国刚教授谈男性不育症问题，介绍一种中药处方——“生精散”，该药治疗男性弱精子症有良效，希望阐明其原理。这样，生殖健康方面的科研需求显得很重要，而科研经费缺乏的矛盾越来越突出。经过多年多次努力，我们把科研方向凝练再凝练，终于在 2013 年向当时的卫生计生委申请到一个大基金——“经皮穴位电刺激（TEAS）技术在生殖医学中的应用研究”。本文主要介绍“生精散”和“经皮穴位电刺激”治疗男性弱精子症的有关故事。工作由邢国刚教授主持，研究生名额来源于神经科学研究所，也来源于孙伟教授山东中医药大学的学生。

（1）建立动物模型：建立弱精子症动物模型是当务之急。在查阅文献时发现国内有许多研究采用雷公藤多甙灌胃的方法诱导大鼠弱精子症模型，决定由孙伟教授的一名硕士生韩彩燕在我们实验室尝试一下。初步研究发现，雷公藤多甙的确可以降低大鼠精子的活率、活力以及直线运动速度、平均路径速度和曲线运动速度等功能指标；而生精散可以提高模型大鼠精子的这些指标，改善弱精子症（韩彩燕等，中国中医药信息杂志，2011）。但是雷公藤多甙诱导的模型需要的时间周期较长（每天给大鼠灌胃，连续 4 周），而造模的成功率却不是很高。从文献中又发现用环磷酰胺诱导大鼠产生弱精子症的报道，只需每天腹腔注射一次，连续 5 天即可完成。在孙伟教授的两名硕士生王亚男和王波的共同努力下，我们成功地用大鼠建立了弱精子症模型，并证实生精散对这种模型大鼠的弱精子症也具有很好的改善作用。

（2）探究弱精子症机制：弱精子症主要表现为精子的运动能力降低。我们查阅文献了解到，在精子鞭毛的主段和顶体部位，有一种阳离子通道（CatSper）蛋白家族，主要允许 Ca^{2+} 通透，是精子所特别具有的。在生理状态下 CatSper 通道可以通过介导 Ca^{2+} 内流来调节精子的运动能力。那么弱精子症的发生是否由于 CatSper 通道的功能降低或表达减少？我们在所建立的两种大鼠弱精子症模型上进行验证。令我们感到无比兴奋的是，在两种模型大鼠的精子中 CatSper 通道的表达都显著降低。在此基础上，我们与北医三院泌尿外科的姜辉教授和唐文豪副教授合作，检测了 CatSper 通道在弱精子症患者精子上的表达，确实发现在患者精子中都出现了非常显著的降低。而生精散在改善模型动物和患者的弱精子症的同时，也可以明显翻转动物和患者精子中 CatSper 表达的降低，提示生精散可能是通过上调 CatSper 通道来治疗弱精子症（Wang YN et al., Fertility and Sterility 99: 579, 2013）。

（3）确定针刺效应：既然生精散可以通过上调 CatSper 通道来治疗弱精子症，那么与中医药一样是祖国医学瑰宝的针刺技术是否也具有同样的功效呢？我们决定同时开展基础和临床实验两部分研究。临床研究主要采用随机、对照和多中心的方法，确定 TEAS 对弱精子症患者的临床疗效；基础研究主要在确定针刺对模型动物弱精子症治疗效果的基础上探究其可能的机制，即针刺是否也是通过上调精子中的 CatSper 通道来治疗弱精子症。

对部分临床研究（主要来自北医三院）的数据分析发现，2 Hz 或 100 Hz 的 TEAS 治疗都可以显著提高弱精子症患者的精子活动率及精子的运动能力。其中 100 Hz TEAS 治疗弱精子症的临床有效率达到了 100%，而 2 Hz TEAS 治疗组的临床有效率只有 33.33%（金滋润 等，中华男科学杂志，2017）。

在基础研究方面，鉴于雷公藤多甙和环磷酰胺建立的两种弱精子症大鼠模型都不是很理想，我们决定采用姜辉教授建议的奥硝唑灌胃法（每天 1 次，连续 14 天）来建立新的动物模型。结果表明，模型大鼠附睾精子的各项运动指标都明显下降，睾丸及附睾精子中 CatSper 的表达水平均显著降低；应用钙离子荧光成像技术检测到，模型大鼠附睾精子中由氯化铵诱发的钙离子荧光强度的降低，表明 CatSper 通道的功能下降；而过度表达 CatSper 可以显著改善模型大鼠精子的运动指标，阻止弱精子症的发生。反之，敲减 CatSper 则可以使正常大鼠精子的运动指标下降，诱导弱精子症的发生。说明 CatSper 通道在精子中的功能下降在弱精子症的发生中起着关键作用。

为了探究针刺是否通过上调精子中的 CatSper 通道而改善弱精子症，我们尝试了多种电针的参数。发现与空白对照组及假电针组相比，2 Hz 电针隔日 1 次共 3 次可以增加模型大鼠精子的活率、活力及向前运动精子数；2 Hz 电针隔日 1 次共 5 次不仅可以显著提高弱精子症模型大鼠精子的运动能力，也可以提高模型大鼠精子中由氯化铵诱发的钙离子荧光强度。此外还发现 100 Hz 电针隔日治疗 1 次共 5 次同样可以显著改善模型大鼠精子的活率、活力及前向运动精子数（金滋润等，针刺研究，2017）。

（4）探究针刺效应的机制：在确定了针刺对弱精子症的疗效及其最佳参数后，我们又继续在模型动物和弱精子症患者的精子上来探究其治疗的机制，发现两种频率的电针在改善模型大鼠精子运动指标的同时，都可以显著上调 CatSper 的蛋白质和 mRNA 水平，并逆转模型大鼠精子中由于 CatSper 通道下调而引起的 Ca^{2+} 信号的减少。相反，敲减精子中的 CatSper 则可以阻止上述电针对弱精子症的治疗作用。2 Hz TEAS 治疗在改善弱精子症患者精子运动能力的同时，也可以显著上调其精子中 CatSper1～4 的蛋白质和 mRNA 水平。

综合以上实验结果，我们基本可以确定，电针或者经皮穴位电刺激（TEAS）可以通过上调精子特异性的 CatSper 通道来治疗弱精子症。我们设想，TEAS 如果与中药验方（如生精散）联合使用，效果可能会更好一些，从而为临床上众多的男性不育尤其是弱精子症患者提供了一条新的治疗途径，这一设想值得加以认真探索。

48.机会与意志

机会是偶然发生，是随机而来的，可以是大幸福，可以是大灾祸，也可以中性的，非灾非祸，只是巧遇。

我先讲一个巧遇的故事，是我与青浦的不解之缘。我在上海医学院学习时下过两次乡，第一次是因为解放军部队在学习游泳时，得了血吸虫病，上海医学院组织防治队去帮助治疗。第二次是专为水乡农民去治疗血吸虫病。第一次（1951 年，四年级医学生）我是作为防治队小跟班去的，任务主要是送大便样品到大队去化验。我最喜欢接受这项任务，骑了连队里的战马在田埂上飞奔而去，耳边风声呼呼作响，好不威风。第二次（1952 年，五年级医学生）我是作为治疗组组长去的，我们住在一个村子（青浦县壬屯村）进行治疗工作。有一张照片（图 29 左），左边 5 人是防治血吸虫的医疗队员，我在左图最左端；右面 6 人是老乡。壬屯村是青浦县血吸虫病最严重的一个村子。经过一个疗程没有出任何医疗事故，顺利完成任务回校。当时我想，这一辈子再也不会到青浦来了。

世事难以预料。2002 年上海青浦县成立志愿戒毒所，当时我和同事马达医师正在上海做韩氏仪治疗海洛因吸毒后防止复吸的研究。得知青浦县要成立志愿戒毒所，我肯定予以支持，所以作为上海市禁毒局的专家前来参加此会（图 29 右）。会上我发言时首先套近乎："这是第二次来到青浦县，整整 50 年前我来过（大家的表情有点怪怪的，感到不可思议），那时我还是上海医学院一个五年级医学生，来为解放军治疗血吸虫病，在壬屯村桥上还照过相（可惜照片没有带来）；这次是为村民治疗海洛因成瘾的复吸问题。我很想到壬屯村去看看那座木头桥是否还在。"县领导笑着回答说，"现在哪里还会有木头桥，全都没有了！要有桥，全部是钢筋水泥桥了。"是啊，50 年，太久远了！我内心在想：我自己能够在半个世纪以后再访青浦，已经是超级的奇缘了！不知如今的青浦县里，还能否找到一位曾经接受过抗血吸虫病特效药"酒石酸锑钾"注射的老人，可以与我共同回忆当年防治血吸虫病大战役的幸福！

图 29　青浦缘。左图是 1952 年我作为上海医学院五年级学生带领医疗队到上海郊区青浦县防治血吸虫病；右图是 2002 年我作为上海市禁毒局专家到青浦县帮助解决海洛因成瘾问题。前后相隔 50 年，地点相同，任务各异

讲完巧遇，我再讲一点人生经历的机遇。

我认为自己一生中最大的幸福是毕业后被分配到冰天雪地的哈尔滨，遇到了哈尔滨医科大学的校长季钟朴老师。我的家乡是浙江萧山，上医学习五年结业后把我分配到大连医学院读高师班，当时觉得已经很远了；没想到

毕业时还要到更远更北的哈尔滨，虽然我行动上是完全服从组织分配，心理上却暗暗感到运气不好。没有想到随后季校长把我从哈尔滨调到了北京，在卫生部干部进修学院工作；随后进入北京中医学院，受了一点中医熏陶；再进入了北京医学院，做起针灸研究，成就了我的终身事业。福兮祸所依，祸兮福所依，得出的结论是不要拘泥于是祸是福，接到任务好好干，就是唯一的选择。

2016年11月14日在一次北医青年创新联盟成立会上我讲道，“天上掉下的可能是馅饼，也可能是灾祸。馅饼当然好，如果是灾祸怎么办？①被击倒了从此躺下不起，②击倒后爬起来继续干。孙中山先生的特点就是屡败屡战，被击倒了爬起来接着干。③当然，最好的反应是努力把灾难变为馅饼。现在回想起来，当时国航对于机票要再确认（reconfirm）的貌似“无理”的要求，导致我流落他乡的灾难，倒是成就了一个科研方向的馅儿饼”。“希望在你们今后工作遇到困境时，能在脑子里冒出来这个“韩济生流落旧金山”的真实故事，激励自己，不要怨天尤人，不要丧气恼怒。开动脑筋，启动正能量，努力把坏事变为好事，其实是完全有可能的！

49.在国际学术界要敢于表达自己的意见捍卫应有的权益

1982年我在国际药理学年鉴发表论文——《针刺镇痛的神经化学基础》，说明针刺镇痛的重要原理之一是激活了中枢神经系统中的阿片肽系统。证据之一是针刺镇痛作用可以被阿片受体拮抗剂纳洛酮所阻断。美国的Mayer等（1975），加拿大的Pomeranz等（1976），以及北京医学院（1977）的专家都有论文发表。Chapman等1983年在Pain杂志上发表论文，题为《Naloxone fails to reverse pain threshold elevated by acupuncture: acupuncture analgesia reconsidered（纳洛酮不能翻转针刺引起的痛阈升高：针刺镇痛作用有待重新考虑）》。

1984年8月7—10日在北京召开的第二届国际针灸大会上，对于

Chapman 等的论文引起了不少讨论，其中讨论热点之一是作者对来自中国的论文未加引用。当然，语言障碍可能是原因之一，但事实上大部分重要文献已经列出在英文杂志 1882 年《国际药理学年鉴》发表的综述论文“针刺镇痛的神经化学原理”中。这一事实促使我产生一个想法：写一篇读者来信给《Pain》杂志，表达自己的意见。当时，作为中国学者，心态还是比较保守的，我尽量鼓励自己试一试，列出已有文献作为支持，从几个方面入手：

（1）针刺通过阿片系统和非阿片系统发挥镇痛作用，已经得到共识：关于是否通过阿片机制进行镇痛的金标准，是这一效应是否能被阿片受体拮抗剂纳洛酮所阻断。当时所用纳洛酮的剂量标准是“足以消除吗啡的镇痛效应”。但事实上，新的研究已经发现，体内有多种“阿片肽”，分别属于 3 种基因的产物，即前脑啡肽原，前阿黑皮素，和前强啡肽原，其基因表达主要产物分别为脑啡肽、内啡肽和强啡肽。这 3 类阿片肽分别作用于 3 类吗啡受体，即 μ 受体、δ 受体和 κ 受体。特别值得注意的是，用纳洛酮阻断这 3 类阿片受体所需剂量可以相差 10 倍以上。用豚鼠回肠标本进行的离体实验上，阻断强啡肽（κ 受体激动剂）所需纳洛酮剂量至少比阻断吗啡（μ 受体激动剂）所需计量要加大 10 倍以上。在体实验中给大鼠注射吗啡的镇痛效应可以被 0.7 mg/kg 阻断一半，而阻断强啡肽镇痛所需纳洛酮剂量高达 9~10 mg/kg，所需纳洛酮剂量也是相差 10 倍以上。

（2）电针镇痛是否能被纳洛酮阻断，还与电针频率有关：阻断 2、15 和 100 Hz 电针镇痛所需的纳洛酮剂量分别为每千克体重 0.5、1.0 和 24 mg，相差 24 倍和 48 倍之多。充分说明不同频率电针释放出来的阿片肽对纳洛酮的敏感性有天壤之别。

（3）有一种方法有助于区分不同频率电针是否激活了不同的阿片肽系统，就是向脑或脊髓注射各种阿片肽的特异性抗体，看哪一种抗体可以阻断哪一种频率电针的镇痛作用。结果表明，向大鼠脊髓注射脑啡肽抗体可以阻断 2~4 Hz 电针的镇痛效果，对 100 Hz 电针无效；而注射强啡肽抗体只能阻断 100 Hz 以上的高频刺激所引起的镇痛效果，对低频电针无效。这有力地说明，不同频率电针可以引起不同种类神经肽的释放。

（4）还有其他证据可以说明，纳洛酮并非证明一种生理或药理作用是否通过阿片机制实现的唯一方法，还可以利用其他方法，如进行交叉耐受实验，具体测定脑和脊髓中释放出的是哪一种阿片肽等。

（5）1984 年 9 月在美国西雅图举办的第 4 届世界疼痛大会上，Mayor 发言指出，Chapman 等的实验资料存在统计学问题，如果把对照组和纳洛酮组的基础痛阈放在同一个水平来统计，其数据应该显示，两组确实存在显著差别。

恰好于 1984 年 12 月我有机会到美国 Goldstein 实验室访问，他的实验室有 30 多位博士生和博士后，我把准备好的读者来信拿出来征求他们的意见，是否可以发表，获得了一致好评，大家认为应该发表，并帮我做了一些文字修饰。于是在我致疼痛杂志编者信上，写上我自己的单位“中华人民共和国北京医学院生理教研室”，又注上发信地点“Stanford，CA，16 November 1984”，不免有点狐假虎威之意。此文很快就在 Pain 杂志读者来信栏目发表（Han J.S. Letter to the editor. Pain, 1965; 21:307-308）。内心觉得很受鼓舞。

其实作为中国人，我的胆子还是太小，还应该培养自己，多争取发表不同意见的权利。记得有一次（80 年代初期）我给一个国际顶级杂志投一篇关于针刺镇痛的稿子，很快就被退回，唯一的退稿意见就是“用强光照射大鼠尾部测定痛阈，不能认为是测量痛阈的适当方法。”其实这一退稿意见当时就感到是完全站不住脚的，应该加以反驳。即使不成功，也无损害。但因为早年向国外投稿经验不足，只能忍气吞声，不了了之，要在现在，大概也不会发生这种事，即使发生，也肯定会加以争辩的。

50. 险进上医

2017 年是上海医学院成立 90 周年。上医编写了一个 90 年来的同学录。我查到自己的名字在 1947 年入学医疗系的名录中，感到特别亲切。不禁回想起许多往事。

我的学医愿望开始于幼年观看父亲给人看病，深深感受到了患者对医生的那种感激之情。当然也是与母亲的早逝有关。因为抗战时期全家逃难进入山区，母亲得了胆囊有关的急腹症，没有得到及时治疗而去世，令我在十岁以后就丧失了母爱，成为我终生的遗憾。抗战胜利后，我从衢州中学高中二年级上学期插班转入杭州高中二年级下学期，就一心想要投考医学院，而最大愿望就是考进当时南方地区的顶尖医学院——国立上海医学院。我父亲当然也希望儿子学医。我家的“潜规则”是女孩子（五个）学护士，男孩子（三个）学医。但是我哥哥已经在浙江大学医学院上学，学资不菲。如果二儿子再学医，为期六年，家中确实难以负担。所以在家庭会议上做出决定，要我杭高毕业后报考四年制大学，而且必须要选就业无忧的科系，例如轻工业中的化工、纺织之类。这样即使失业，也可以制造个牙膏、肥皂之类的产品自行谋生。于是确定了投考的目标大学是：浙江大学化工系，交通大学纺织系，但是我坚持要加一个医学院，碰碰运气，而且要考当时最难考的目标：国立上海医学院。据传闻，上医的录取率大约是百分之一。

那时没有全国统考，每个大学都是分别自行招考，所以赶考要预先排好时间，安排得严丝合缝。等三个大学考试完毕，人也就临近瘫痪了。然后为等待发榜度日如年，暂且不表。终于等到三个学校陆陆续续揭晓榜单。第一个发榜的是浙大，榜上有名，我拿起铺盖卷就去入校报到。第二个发榜是上医，找到自己名字后我就卷起铺盖坐火车去上海枫林桥国立上海医学院报到。当时每个学校发榜都留有余地，有正取，有备取。上医那一年正取 30 名，备取 15 名。正取是有保证的。等报到期限截止日，如有余额，再依次招收备取生，直到满额为止。等待到交大发榜，我居然又名列其中。但我的策略是：铁了心，无论如何要赖在上医，不去交大报到。还有一个机会是拿到上医奖学金，按照 1947 年的规定：录取前 4 名是有奖学金的。而我是第五名，能否拿到奖学金，就看前四名中是否有人放弃不来了（图 30，图 31）。

当时住在上医工字楼顶上，用美军军用帐篷搭建的活动房子里，何去何

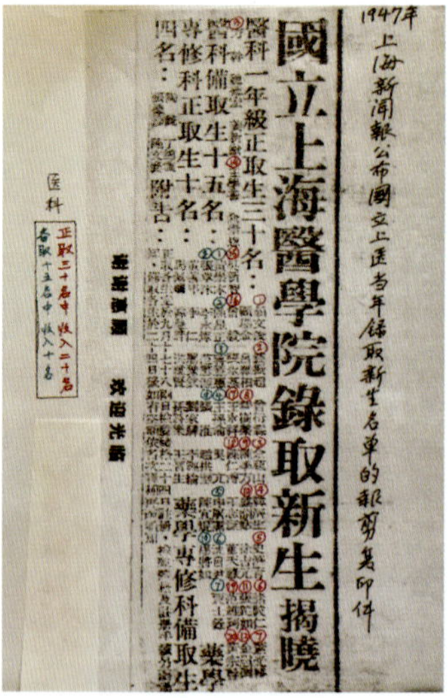

图 30 1947 年上海新闻报公布国立上海医学院录取新生名单

图 31 1947 年入学上医医疗系 30 名同学中有 4 名其后入选中国科学院院士（自左而右：吴新智，韩济生，沈自尹，曾毅）

从，内心斗争非常激烈。家里肯定是催我赶快到交大报到（上医和交大只隔几里路），但我顶住压力，一直熬到交大新生报到截止期一过，生米煮成熟饭，要去也去不了啦。好在上医录取的第三名（曾衍霖）一直未来报到，我从第5名自然递补为第4名。奖学金拿到手，这才一块石头落地，定了终身！我给家里写信，不要家里供饭费我也能上医学院了！全家高兴如获头彩，好像这辈子医生已经当定了。

这个故事现在讲来好像滴水不漏，似乎一切都了如指掌。实际上我当时非常胆小，可谓胆战心惊，不知道到哪儿去打听消息，也怕越打听越让人反感。我从报纸上得到的确切消息只有一个，就是交大纺织系正取生停止报到了，达到了我破釜沉舟、“赖”在上医的目的！至于其他消息，包括是否能得到奖学金，都是后来的情节了！

上医开始讲课，也很有意思。不论哪一课都用英语上课，只有国文课是用国语。第一堂国文课，不管三七二十一，每人先写一篇中文文章再说（题目我忘了）。老师当场打分，规定前三名可以免修。我是故伎重演，勉强够格，得了免修的最后一名（第三名）。免修有利有弊：如果同意免修，学期终了只能得60分。我想60就60吧，省出时间，多温习一点英文，追上听课，也值得。多年以后，有一次我找出毕业证书（好像是为了申请护照），暴露了这个伤疤，只好一边解释，一边汗颜！当然，时过境迁，得过60分刚刚及格的记录，虽然令人尴尬，但已是往事，也没有太大压力了。

凑巧的是，这30人中有4人其后被选为中国科学院院士。他们的共同命运就是都未能完成从事临床医学的愿望。图中从左起：吴新智从事古人类学研究，韩济生针刺原理和疼痛研究，沈自尹中西医结合肾的研究，曾毅鼻咽癌研究。

51.突发事件

2017年2月20日星期一晚6:55，我正在吃晚饭，电话铃声响起。是一位女士的熟悉声音："韩老师，你今天晚上是不是有课？现在同学在教室里等着，是逸夫楼30X教室"。我立即想到，这是一个误会。因为我记得很清楚，下周一（2月27日）晚是我讲课。这肯定是一个误会！

我的心轰然猛跳。学生在教室等，老师到时不来，这是"兵家大忌"，虽不至于罪该万死，也是一名教员犯下的滔天大罪！我丝毫不加辩解，回答："知道了，我马上去。"

在突如其来的刺激下，我的心在咚咚猛跳，但头脑幸好没有发晕。打开电脑，找到PPT一栏，看到几天前刚修改过的最新文件："疼痛课2017.02.27"。随手捡起一个U盘，拷入其中，拔腿就走。

穿什么衣服呢，讲课总得穿件西服吧？但是穿上去对着镜子怎么看都不舒服。原来在家穿的是中等高领的T恤，怎么能配西服？换一件衬衣吧？来不及了！急速穿上外衣。猛然想起，今晚天气预报急速转冷啊，还是带上帽子吧。匆匆下楼，快步奔向逸夫楼。进了楼，我只记得是三楼，到时去找吧。果然看到一个教室坐着一屋子学生，就是它！

我找了一个同学帮我找到电脑外接插口，假装轻松地给大家开玩笑："你们看，U 盘文件上明明写着 2 月 27 日，是下周一。怎么会提前到这个星期一了，虽然我还不知道机制，里面肯定有误会，你们可不要到学校去告我迟到呀！”，迎来全堂笑声。气氛顿时缓和下来。

新的问题又来了，PPT 需要展开全屏，可就是展不开。我猛然想起，前几天有人要看我的 PPT，因为文件太大，37 M，电邮发不出去，临时改为 PDF 文件，压缩到 8 M，才发出去。匆忙中我没有分辨文件类型，把 PDF 文件拷贝来了。怎么办？硬着头皮用吧。其实损失的只是细节，和某些特定效果，主题并没有变。由于这次采用的是问答式讲法，每张画面的题目都是以一个问题的方式呈现，而不是结论。原来的设计是：先出现问题，让大家思考几秒钟，再显示答案（内容）。现在因为是 PDF，整个画面一次和盘托出，效果肯定差一些，不过也差强人意。因为情绪放松了，讲课中穿插一些小故事，气氛非常活跃。

两课之间短暂休息，手机中出现宋学军教授（本课程的负责人）来自美国的微信，关心这一紧急事件的下落，我轻松地用语音回答：“现在正在讲课呢，放心吧！”虽然讲得声音轻，同学也听见了。交头接耳，会心微笑。

讲课结束，我说：本来是安排有人为我们照相，第一讲有多少人听课，到最后一讲还有多少人。今天突然提前了，只好请大家集中一点，我自己用手机照一张，留下影子。说不定你们中间有一个人，几十年后成为一位著名的疼痛专家，那我这张照片就值钱了。会场气氛热烈！照完一张，我坐到同学堆里，再照一张。接着我建议：“我们建个群吧。”附近同学轻声问我：“你有微信吗？”我说“有啊。”那同学说，“我来帮你建群，你做群主吧？”我赶忙摆手，心想：我哪里会当群主啊？几秒钟内群建好了，讲课的 PDF 文件发下去了，一切像梦幻一般，快速而又完满。

我向大家摆摆手：“微信见！”引来一阵掌声。我的心完全放下来了，摇摇晃晃回到了家，夫人秀媛正为我着急，我自豪地回答：“没事儿，今天讲课效果出奇的好。你等等，等我把照片发到群里去再说。”秀媛茫然不知道我在说什么！

52.电针仪国际标准的制订

中国传统医学（TCM）由中医、中药、针灸三大部分构成。针灸中的针刺疗法与现代电子工程技术相结合，发展成为电针疗法：先将针灸针插入特定穴位，然后将针柄与电针仪的输出端相连，用电刺激代替机械刺激实施电针治疗。

国家中医药管理局计划将中医药有关产品的标准列入国际标准化组织范畴。组织了有关队伍，其中将我列入“两院院士”一栏中唯一一名，我感到很荣幸，因为从来没有接触过这方面的工作，也感到任务很重。一定要从头学起，完成好这项国家任务。

关于制定和发布一项产品或方法的国际标准，现有两个国际组织：①国际电工技术委员会（International Electrotechnical Commission，IEC），②国际标准化组织（International Standardization Organization，ISO）。ISO 下属多个技术委员会（Technical Committee，TC）。关于中医药有关的产品，过去鲜有国际标准。在有关国家共同发起下，2010 年争取成立了一个新的技术委员会。该年 6 月在中国第一次召开了第 249 次技术委员会，有中、日、韩、美、加、德等国代表参加，会议确定“中医药”为 ISO/TC249 暂定名。第二次会议 2011 年在荷兰召开，第三次年会 2012 年在韩国召开，这次会上开始讨论电针仪标准。

关于电针仪标准，2012 年中国联合加拿大、韩国联合日本分别提出了制定电针仪国际标准的提议和相应的草案（working draft，WD）。究竟由哪个国家牵头负责国际电针仪标准的制定，各国专家各持己见，争执很大，未能达成统一意见。因为电针仪是中医药领域进出口贸易量最大的商品之一，国际电针仪标准的制定会在很大程度上影响各国强制执行的国家电针仪行业标准，也会对国际间电针贸易产生巨大影响。牵头国家的代表倾向于根据自己国家的行业标准制定国际标准，其他国家可能被迫修改自己国家的行业标准。产品的更新换代需要重新设计，重新制造，重做临床试验，重新注册。这可能改变现有市场的供求格局，相当于行业的重新洗牌。通常一个产品标准中有两个主要内容，即质量标准（essential performance）和安全标准 (minimum safety standard)。经过反复讨论和协商，决定把电针仪国际标准拆分为两个标准：由中国和加拿大牵头制定电针仪质量要求标准（草案标号 WD18663）；韩国和日本牵头制定电针仪基本安全要求标准（草案标号 WD18586）。因此共有 4 个国家负责电针仪国际标准制订。

关于“电针仪”的本质（何为电针仪？），实际上中加专家与韩日专家有着认识差异。中、加一方的看法，认为这是古代针刺疗法的一种现代形式。古代中国医学中传统的针刺方法是用金属针刺入皮肤穴位，进行提、插、捻、转等机械刺激，引起得气感，达到治疗疾病目的，其中强调经络和穴位的作用。而韩、日方是沿袭了 IEC 1987 年制定的“神经和肌肉刺激器（NMS）”的理念，通过皮肤电极（面积可达几十个平方厘米）来输入电流，刺激电极下的神经和肌肉。与此相仿，日、韩方提出的电针定义是将针灸针刺入皮肤表面，通过电流达到刺激该部位皮下的神经和肌肉的目的。第一天会议上，日本和韩国代表看到我入场，表现出意外和惊喜，纷纷前来握手和照相，气氛非常热烈。

2014 年韩松平博士接手，代表中国负责国际电针仪标准制定。在 2014 年 2 月悉尼举行的第 4 次全体会议上以及 2014 年 5 月举行的第 5 次全体会议上跟与会的加拿大和其他国家代表讨论了电针仪质量标准和安全性标准的初稿。2015 年举行的第 6 次北京会议和 2016 年举行的第 7 次罗马会议上，专家们一致认为，一个电针仪应该同时遵循质量标准和安全性标准，所以还是应该合二为一，制定和发布一个统一的电针仪标准。大家一致推荐韩松平担任总负责人，带领加拿大、韩国和日本代表共同制定电针仪标准。在 2017 年香港会议上，四个国家的代表一起开会，在友好和信赖的气氛下共同讨论了电针定义、频率范围、参数选择、安全标准等多年未解决的问题。在会议上达成一致意见，扫清了一切障碍，各国代表一致同意在中国代表的领导下共同参与新标准的制定。

2016 年我们申请到国家重点研发计划“国家质量基础的共性技术研究与应用”中的中医药领域国际标准研究课题资助 25 万元（2016 YFF 0202802）。这将加强国际合作，加快实验进度，有利于早日完成电针仪标准的制定和发布。

2016 年 6 月至 2017 年 11 月北京大学神经科学研究所硕士研究生霍然在韩济生和韩松平老师总体意图指导下，在邢国刚、刘风雨和张嵘老师技术指导下，用电生理单纤维记录方法，在大鼠实验中研究了不同电针频率在初级传入神经中传导电针信号效率的研究。实验结果表明，在 1~250 Hz 范围内，传入神经纤维（有髓鞘的较粗的传入神经纤维）能够有效传导电针的刺激信号进入中枢神经系统；100~250 Hz 范围内，传入神经能够部分传导电针信号；当电针频率高于 250 Hz 时，传入神经就不能忠实（1∶1）有效介导电针信号。这一结果强力支持中国代表在标准草案中的规定：建议电针频率限制在 200 Hz 以内。过高频率的电针刺激不仅无效，还可能增加组织损伤的风险。

2016 年的第七次全体会议决定，电针仪和一批其他有源（即用电驱动的）中医医疗器械的标准，应该符合 ISO 和 IEC 两个行业标准，目标是争取电针仪标准能够得到 ISO 和 IEC 两个国际标准化组织的认可，以这两个组织的名义共同发布。如果能够实现这个目标，将大大增加电针仪国际标准的权威性和执行力度。

因为 IEC 已经发布了一个肌肉神经刺激器（NMS）的国际标准，在制定电针仪安全标准的时候，也参考和引用了大量 NMS 标准条款。因此将电针仪国际标准提交给 IEC 的时候，存在一个潜在风险：IEC 也许会认为电针仪和 NMS 差别不大，可以通过修改 NMS 而涵盖电针仪的标准。实际上这两种仪器之间有很大差别，放在一起可能降低电针仪的有效性标准，增加安全性隐患。这两种医疗器械之间有三个主要差别：①皮肤电阻抗：皮肤的角质层电阻抗很大。按照中国的电针方法，针尖已透过角质层，所以施加电流时电阻很小（两个电针之间电阻仅有 100~500 Ω）。只要几个伏特的电压即可达到刺激作用。而 NMS 的电极置于皮肤之上。两个电极之间电阻抗超过 1000 Ω。需要将电压升高到几十个伏特，才有刺激作用，达到治疗效果。②电极的大小：电针直径 0.2~0.5 mm，面积不超过 0.1 mm^2，而神经肌肉刺激器所用的片状皮肤电极其面积是上百万平方毫米。两者相差一千万倍，不可同日而语。③电脉冲参数：电针的镇痛作用可以被针刺部位注射局部麻醉药所阻断，提示神经纤维参与其中。神经接受电刺激的频率是有限度的。手捻针引起的传入冲动约为 10 次 / 秒。用电刺激模拟手捻针的动物实验表明，如果电脉冲频率超过每秒 100 个脉冲（称为 100 Hz），有些神经纤维就不能 1：1 地忠实跟随；刺激频率达到 250 Hz，就到了所有神经纤维 1：1 跟随的顶点。按此规律，电针仪设计的频率就不能超过 250 Hz，而在日本市场销售的电针仪最高频率竟达到 500 Hz。以上问题都超过了仪器的“安全”问题（WD18586）范围，而是属于电针仪的“功能特性”问题（WD18663）范围了。

在制订电针仪功能标准时，必须与各国有关电针仪器的设计者、销售者、临床医学工作者沟通。我参加了 2012 年 5 月韩国大田（Daejeon）举办的第 3 次年会，以我国丰富的电针研究背景取得同行的大力支持（图 32）。以后的国际性年会、圆桌会议、电话会议，以及与中国各有关方面（中医药

图 32　2012 年 5 月在韩国大田市召开国际标准组织（ISO）249 技术组第 3 次年会，我作为中国代表团成员参加大会（二排中）

管理局，中国国家标准局协商）的联系均由韩松平博士（美国 NIH 基金评审委员，北京大学医学部神经科学研究所客座教授）进行。

53.九十之恋

九十岁回首，我一生在科研上做了点什么？我认为，我有：

一个思考的脑，接受历史赋予的任务；

一双勤劳的手，动手克服面临的困难；

一张嘴，27 年间访问 27 个国家和地区，讲出中国的声音；

一支笔，写出 500 多篇论文，有 51 篇被国际引用 51 次以上。

我的一生努力可以用两个部分重叠的圆圈来表示：

一个圈是针刺 Acupuncture，一个圈是疼痛 Pain，重叠部分是一个 H。H 代表韩 Han，代表真诚和诚实（Honesty），代表努力工作（Hard work）（图 33 上）。

从下一张图中可以看出（图 33 下）。我 28 岁从上医毕业，37 岁进入北医，其间耽误 10 年，50 岁才正式开展针刺镇痛研究，并逐渐开始有论文产出，55~75 岁期间有较恒定的产出，主要是研究针刺在镇痛和治疗阿片成瘾方面的应用及其原理。65 岁基于这些贡献当选中国科学院院士。75~90 岁一方面从事疼痛医学学会创建工作，一方面将针刺有关技术应用于其他难治性疾病，包括抑郁症、孤独症、不孕症等。即通过在穴位上施加机械和电脉冲刺激，将特定参数的信息传入中枢神经系统，使神经系统功能由失常状态调整回到正常状态，归结为“神经调控”概念。

在各种文献整理系统中，常用的 PubMed 系统和 ResearchGate 系统都列出发表文献数和引用数，但没有把两者结合起来。唯有 Scopus 系统把两者统筹考虑，既考虑论文总数，又考虑每篇论文的引用数，提出一个 h 指数。如果 h 指数等于 n，表明有 n 篇论文被引用 n 次或以上。到 2017 年 12 月为止，我的 h 指数等于 51，说明有 51 篇论文被引用 51 次以上。其实我的论文多数

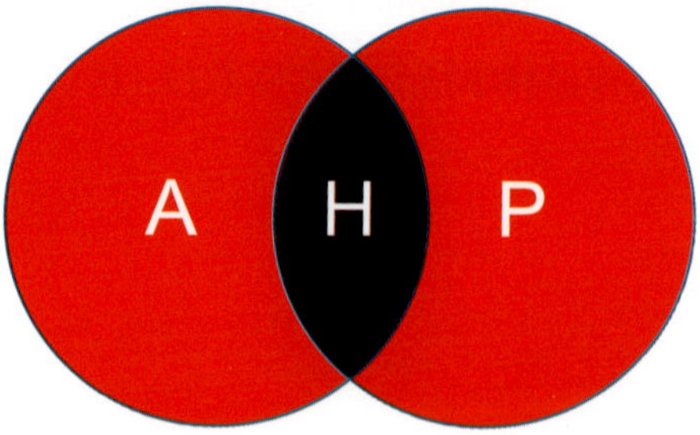

Scopus 数据来源：文献 871 篇

韩济生发表论文总体趋势分析

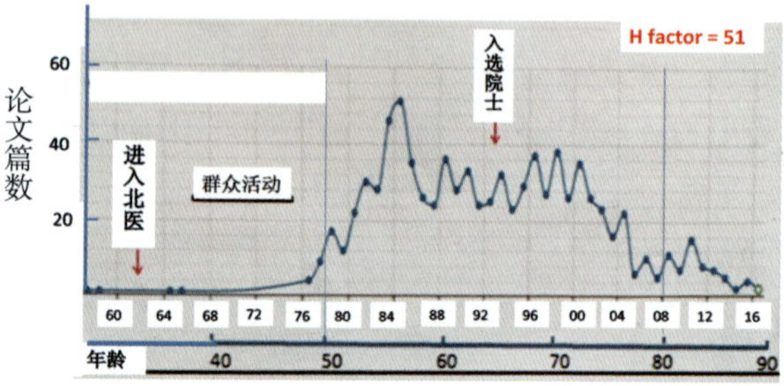

图 33　韩济生发表论文总体趋势分析

与针刺和镇痛有关。到 2008 年 8 月为止参与这项工作的博士研究生有 99 位，进修生有 108 位，博士后有 25 位（以上数据采自《韩济生院士》一书，北京大学医学出版社 2008 年 9 月 1 日出版）。到 2018 年 5 月为止，上述三项数字更加可观。因此如果说国际疼痛研究学会（International Association for the Study of Pain, IASP）2012 年授予我荣誉会员，美国针刺研究学会（Society for Acupuncture Research, SAR）2014 年授予我终身成就奖（该学会成立十周年之际，专门到北京来开会，并为我颁奖），世界针灸联合会 2017 年底授予我针灸研究特殊贡献奖，那么这些奖项授予的对象实际上是一个持续了半个世纪、共有 300 余人参加的研究集体这个集体在精神上永远与我共存，我永远感谢你们。

2017 年 12 月 3 日世界针灸联合会授予我针灸研究特殊贡献奖（天圣铜人奖）(图 34)。

图34　2017年我获得天圣铜人奖

第二篇
韩济生院士和他的学生们

1. 谢谢恩师对我的培养

 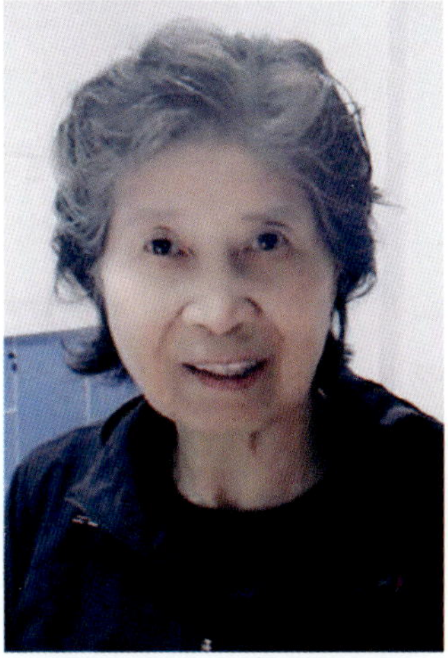

作者介绍

张万琴，1939 年 12 月生于山东蓬莱。曾任大连医科大学生理学教研室主任、博士研究生导师、生理学二级教授。1978 年 1 月—1979 年 8 月在北京医学院韩济生教授课题组研修。

1964 年当我在大连医学院（现名大连医科大学）毕业后被分配到生理教研室时，生理教研室吴襄教授（我国著名的生理学家、教育学家）主持的来自全国十大院校的生理学高级师资进修班开始了，我也成为其中一员，生理教研室人才济济，吴襄教授的严谨学风已经扎根在我们的心中，代代相传。

1978 年 1 月经大连医学院生理教研室和吴襄教授的推荐，我获得一个机会，到我国著名的生理学家韩济生老师主持的北京医学院（现名北京大学医学部）神经生理针刺镇痛原理研究室进修。从此，韩老师将我领进了神经科学研究的殿堂。

来到北医之前，就想精读韩老师撰写的《中枢神经介质概论》一书，这本书内容丰富，分析透彻，层次分明，文笔流畅，读的时候有一种享受感，可是神经科学是一门极其复杂且深奥的专业，在读的过程中，经常遇到瓶颈问题，我就会怀着忐忑不安的心情，来到韩老师的面前。

韩老师很忙，他利用没有给学生上大课的时间，坚持给我们五个人，孙德玉老师、苏树尹老师、梁熙南老师、涂宗萍老师和我上课，每天上午，他站在讲台上边讲边写，有时配合一些他自制的幻灯片，用了两周的时间，把神经介质概论这本书讲完，每天下午还有答疑时间。

韩老师舍得把时间用在培养学生的身上，可是他舍不得把时间用在回家的路上，他平时住在学校单人宿舍里，周末才回到南城天坛的家。他的宿舍房间里到处放的都是他触手可及的书稿，他睡得很晚，起得很早，经常是很早就来到实验室，含着微笑兴奋地对我们讲述经过他反复思考和多种方法分析获得的实验新发现、新思路和新的研究策略。有一次，韩老师两天没有过来，突然听到他快捷的脚步声，原来这两天他一直闷在房间里面对我们的实验数据进行科学分析。最初，我们是通过用甩针针刺 SD 大鼠足三里穴位，观察痛阈与脑内内源性吗啡样物质和 5- 羟色胺的关系，得到的是一大堆找不到规律的散乱数据。韩老师最喜欢利用关联和因果关系，特别喜欢用作图的方法来发现问题。当他告诉我们把针刺镇痛中动物个体差异性与脑内神经介质 5-HT 和吗啡样物质含量和释放量相关联的时候，我们高兴地明白了，原来针刺足三里穴如果能动员脑内内源性吗啡样物质（又称之为内源性阿片样物质）和脑内神经介质 5-HT 的释放同时增加，或者二者同时大量释放时，针刺镇痛效果就好，反之，则镇痛效果不好。光是含量多，不能释放出来，也是不起作用的。韩老师是用动态的眼光而不是静态的眼光来分析脑内神经化学问题。韩老师教给我们的不是一堆柴而是一把斧子，即创新思维。韩老师是创新思维的驱动者，为后辈引路。国家主席习近平说过，一个人遇到好老师是人生的幸运，一个民族源源不断涌现出一批又一批好老师则是民族的希望。

韩老师1979年第一次出国是到美国波士顿开会，期间他又顺访了华盛顿特区的著名神经科学家Costa教授的实验室，一方面做学术报告介绍针灸研究成果，同时为他的学生广开进修门路，我就是其中之一。Costa教授很希望韩老师能留下在他实验室工作，但韩老师却将机会转给学生。他从各个角度广泛促进中国与国际学术界的积极交流，而自己却一次次放弃了在国外学习的机会。韩老师的胸怀广阔，令所有学生终生钦佩。

2. 数字和作图的学问

作者介绍

韩松平，本科毕业于北京医学院，在美国圣路易斯大学医学院取得神经药理学博士学位，在华盛顿大学完成博士后研究。曾任职于美国圣路易斯大学医学院、百时美施贵宝公司和诺和诺德公司，从事心血管和代谢病领域内的基础研究和新药研发。主持临床前药理研究工作的两个抗糖尿病新药已经在全球上市。

入选北京市海聚工程人才计划（2013）和北京市大兴区新创工程亦麒麟人才计划（2015）；任北京市特聘专家（2013）。承担国家重点研发计划“国家质量基础的共性技术研究与应用”中的中医药领域国际标准研究课题：电针仪国际标准研究。

一个科学家在事业上的成功绝不是偶然的，能在一个研究领域做出重大贡献，并在世界科学研究前沿占有一席之地，一定具备超乎常人的素质以及独特的思维方式。他们的学术成长过程和积累的经验是一笔巨大的财富。数年前科技部提供专项拨款，启动了“科学家学术成长过程采集工程”，系统收集数十位两院院士资料，韩济生老师被列为重点采集对象。根据采集到的资料整理出版了专著《韩济生传》，科技部还专门为韩济生院士等三位有突出贡献的科学家成立了永久展室，提供实物展品和音像资料供大家参观学习。作为采集工程小组成员，我全程参与了这个项目，对韩老师本人及相关人士进行了深度采访，在采访过程中学到很多东西，启发感触颇多。这里仅就韩老师在数字和制图方面的特色撷英咀华，萃为一集。

对数字情有独钟

韩老师天生对数字敏感，记事本上密密麻麻记了很多数字。对一件事情或者实验结果的描述，往往不满足于定性表述，更喜欢用数据支持的定量表述。韩老师有清晨出门散步的习惯，每天走多远，走多少步，用了多少时间，诸多数字，都了然于胸。近年来走路速度有所下降，在谈到这个问题的时候，他不是简单用走路快慢来描述，而是告诉我与五年前相比，现在在操场内圈 400 米跑道上快走一圈平均步幅缩短了多少厘米，走 400 米所需要的时间增加了多少秒钟。对数字的亲切感可能与他年幼时的成长环境有关。他曾经用自豪的口吻告诉我，小时候购置年货的时候，杂货铺的伙计面对柜台上一堆杂货，不用算盘，一边扒拉着腊肉、年糕、糖果，一边用眼睛数着屋顶的椽子，嘴里念念有词，一会儿就把账算好了，而且分毫不差。从那时起，在他眼中，数字就不再只是简单的1、2、3、4，加减乘除，而是记忆力、运算能力、思维能力、综合能力的代称；也就是从那时起，他开始培养自己的数字记忆能力。而惊人的数字记忆和分析能力，也成为他在科研中的一把利器。

对科学制图的偏好

有意思的是，他虽然偏爱数字，但是在发表的论文和专著中，或做演讲的幻灯片中，总是喜欢用色彩对比强烈的图像来表达实验结果，而很少出现纯数字的表格。他也要求研究生和文章作者尽量用图来总结实验结果、说明问题。他认为图像能对实验数据进行更高度的概括，能给读者和听众留下更直观、深刻印象，人们也许记不住一堆枯燥乏味的数字，却会对简单明了的图像记忆深刻。在作图的过程中，他把对数字的偏爱转化成为对图像表达的偏爱，既表达了严谨的量化科学指标，又迎合了受众的接受能力和视觉习惯，同时自己也从中享受了科研的乐趣。他做的图千变万化、构思独特。根据作图目的不同，表达方式也各异。有时候，他用散点图标明每一只动物的试验结果，让读者最大限度地接触原始数据，对实验结果和可信程度做出自己的判断。有的时候，他会对原始数据进行多层次的运算处理以后作图，使感性认识升华为理性认识的更高层次，从而推导出更深刻的结论。有时候，他会把无数次实验结果总结归纳为一张示意图，让读者对某一个领域的研究结果有宏观全面的认识。他曾经画过一张人体痛觉传导和针刺调节机制的示意图，脑内几十个核团以及他们之间错综复杂的联系就像一张“联络图”，总结了团队几十人在几年中的工作，详细描述了这些核团和解剖结构在疼痛信号传导、加工、处理和调制过程中的作用。其中涉及的各种内源性因子，以及针刺镇痛的作用和部位也清楚地加以说明。这张联络图被纳入他主编的《神经科学》教科书，帮助无数刚入门的研究者掌握疼痛研究的最新进展，帮助他们在此基础上迅速冲刺科研新高峰。无论是给学生讲课还是做学术报告，韩老师都能紧紧抓住听众，把关键问题表述的非常清楚，除了口才好和研究内容吸引人以外，他“多用图，少用表”的理念可能也是重要因素之一。

作图有助于理解事物的本质

韩老师认为作图不仅有助于清楚地表达实验结果，也有助于对实验结果做进一步分析，加深研究者对实验结果意义的理解。在韩老师早期的一个针刺镇痛实验中，在正常被试者的合谷穴扎针，用钾离子透入法在全身有代表性的 8 个体表部位产生疼痛刺激，并测定扎针前后的痛阈变化。8 条时 – 效曲线清楚地表明，针刺合谷穴能够显著提高这 8 个测痛点的痛阈。这个在正常人体上建立的定量测痛模型为日后的针刺镇痛机制研究奠定了基础。仔细研究时 – 效曲线以后发现，结束针刺以后，痛阈变化没有马上消失，而是缓慢下降，直至恢复针前水平。把这 8 条时 – 效曲线的下降部分取半对数，变为直线后作图，它们互相平行，说明针效衰减速率相同，即半衰期相同。韩老师据此推论，在针刺过程中体内一定产生了某种能够镇痛的化学物质，使得各个测痛点的痛阈升高。虽然各点的升高幅度可能不同，但是镇痛作用却是由相同镇痛物质介导的，因为它们的消失速率相同，从而创立了针刺镇痛的神经化学学说。多数人可能会更加注重针刺镇痛上升期的规律，而韩老师对下降期规律的作图分析得出这一重要结论。

预见流行病发展规律

前几年 SARS 流行，来势汹汹，眼看着患者越来越多，无药可医，感染后死亡率很高，只要与可疑患者同乘过一架飞机，就会被强制隔离数周，引起社会极大恐慌。在 SARS 肆虐时候，韩老师告诉我，SARS 快过去了，不久就会得到控制。看到我一脸惊愕表情，他解释道，根据媒体发布的新增患者数量，他每天统计画图。这条曲线图很清楚地显示，随着时间的推移，每天发病人数从迅速增长，变为缓慢增长，这几天已经到了平台期，估计不久就会进入下降期了。果然，SARS 疫情不久就得到了控制。看来，“温故而知新”不仅适用于社会科学，也同样适用于自然科学。只是需要用恰当的方法显示出来，才能引起人们的注意。而韩老师正是掌握和运用这个恰当方法的有心人。

深度发掘数据，获得更多信息

韩老师 2013 年成功申请到卫计委行业基金的支持，带领全国十余家生殖中心开展经皮穴位电刺激方法对体外受精－胚胎移植（IVF–ET）作用的研究。结果表明，依据神经调控原理生产的低频神经调控仪可以显著提高试管婴儿成功率。这个随机对照多中心大样本的临床研究，得到了参加单位的大力支持，有些中心还专门挑选年轻、条件好的患者入组。在统计数据的时候，韩老师把疗效（成功率）对患者年龄作图，分别统计神经调控仪对各个年龄段患者的疗效。他发现，年纪轻、条件好的患者做试管婴儿的成功率虽然高，但用神经调控仪治疗后的效果并不理想。与此相反，在年纪大、条件差的患者中，虽然试管婴儿的成功率偏低，但是穴位电刺激仪的疗效却更明显。这一发现在提倡精准医疗、对症施治的今天，具有极其重要的意义。

偶尔遭受误解

韩老师在国内外专业杂志发表过上千篇文章，迄今没有发现重大失误。但是他做的图有时被人误解。比如，他曾经观察将药物微量注射入动物脑内某核团是否能阻断针刺镇痛作用。因为脑核团很小，使用立体定位技术也不能保证每次注射都正中靶心。他在一张脑片示意图中，表明每只动物注射的实际部位和药物效果。结果一目了然：药物注射在核团内有效，反之无效。可是这张总结示意图，却引起个别专家的误解，以为所有微量注射实验都是在一只动物身上完成的，还批评道：一只动物注射那么多次，脑子都扎烂了！当然，这种误会是很容易消除的。但是有些误解就不那么容易消除。美国有一个《新语丝》电子版杂志，专门致力于打击造假的科学家和他们的论文。2010 年前后，该杂志刊登一篇文章，批评韩老师做科研不严谨，实验数据不可靠。文章指出，韩老师论文中的一张散点图，图中各点并不都落在最小均方差和的回归线上。这篇文章一出，让了解韩老师及其科研成果的人不禁为他捏了一把汗。因为网上文章影响力巨大，但匿名作者不必为其言行负责，在网上扩散开以后会让人百口莫辩。幸亏这时候马上有人跟着发表一篇文章，以正视听。作者首先表明，自己不是韩老师的学生，但是对韩老师的研究工作很熟悉，也仔细读过这篇论文。作者详细阐述了动物实验跟理工科实验结果在离散度和可重复性方面有巨大差别。动物实验结果的离散度大，重复性差。这些差别来源于实验动物的个体差异和实验操作误差。用科学的语言解释了动物实验散点图结果中，个体实验数据围绕平均值分布是正常现象，如果每一点都落在平均值线上，反倒会引起疑问。一场风波在误会形成之初就这样被化解了。遗憾的是，韩老师至今也没有找到这位仗义执言的匿名学者，不能当面对其致谢。

科学研究是对未知世界的探索，在驶向真理彼岸过程中难免有风风雨雨，跌宕起伏。只有具备严肃认真的科学性和科研作风的严谨性，才能经得起惊涛骇浪，向真理的彼岸无穷逼近。韩济生老师的科学性，严谨性体现在他对每一个实验数据的把握和每一张图的设计上。

3. 因热爱而担当　因劳作而收获

作者介绍

韩一虹，1978—1984 北京医学院临床系毕业，1984—1985 中国医学科学院药物研究所实习研究员，1987—1992 美国佛吉尼亚医学院药理系博士，目前在西雅图基因公司任资深研究员从事靶向抗癌药的开发工作。

从女儿的视角来描述父亲，我想表达的是，父亲一生对家庭、事业和祖国都充满了爱。他因为爱而勇于担当，因为担当而辛勤劳作，也因为劳作而满载收获。

我幼年记忆里存着满满的父爱。我还记得很小的时候在游泳池里爸爸张开双臂激励我游泳的情形。他近在咫尺却不断向后移动，我全力向他游，直到游不动了他再将我一把捞起。稍大一点我表示也想像哥哥一样打羽毛球，他就不厌其烦地给我喂球，而且刚好喂在我的头顶上方，直到我找到击球的感觉为止。他看我喜欢画画，就照着妈妈的照片画了一张素描，不言中把我引入下一个层次的训练。他教我写不同字体的毛笔字，柳体、魏碑、隶书，并对我的习作字字点评。他和我们分享照相的心得，光圈、速度、取景，也教我们用他自制的曝光箱洗印照片。他还一针一线耐心地向我传授缝纫技巧。他最擅长的是以示范加鼓励的方式来培养我和哥哥的各种爱好和技能，举动和言语之间流露着对生活和家庭的热爱。

你可能要问，对生活和家庭的爱和事业成功之间有什么关系吗？心理学家总结出七个决定一个人成功和幸福感的心理素质：坚毅、激情、自制力、乐观态度、感恩精神、社交智力、好奇心。我觉得除了第六项可能会有争议外，父亲样样都至少达标甚至超标。仔细想想就不难看出，这七项里没有一项是不需要爱来驱动的。不是吗？请容我尝试着逐项分析。

自制力，是看一个人是否能坚持做正确的事。父亲讲求做事地道、守信、靠得住；待人真诚、平等、不虚伪。比如，父亲很注意守时，情愿自己早到而避免让别人久等。他不断进取，不停地给自己“上套”，每件事都力争做好。他答应的事情宁可为难自己也要如期完成。

乐观态度和感恩精神，应该是源于一个人的世界观。我只能说，父亲内心充满爱、希望和感恩。

社交智力，可能不是他的强项，因为父亲不太会应酬。然而他帮人总是争取帮在实处，而且更愿意帮助弱势群体。他给予的帮助不一定是对方想要的，但一定是对方需要的。父亲这一代人经历了许多社会变更，难得他始终保持着良心、善心、同情心。

好奇心，是一个人求知和求解的强烈愿望。看到一个现象时父亲最关注的是造成这个现象的内在原因。在遇到问题时他很少抱怨或指责，而是积极寻求解决办法。有研究发现，一个人面对错误或失败时的态度能在相当程度上决定其发展潜力。父亲的自尊心颇强，但这丝毫也没有妨碍他认错和纠错的意识。承认“我错了”对他来讲一点也不丢脸，因为他知道错误和失败不是终点。成功之路是一个尝试和纠错的过程。错误一经纠正就离真理更近了。尝试新想法和新技术会令他兴奋不已，因为这意味着挑战、失败和突破的机会。为了得到突破他不惜经历失败。但不怕失败绝不意味着盲目行事。父亲做事总是以科学思维和方法入手。比如他对母亲的健康极为关注，每天对她进行细心观察，并把各项指标记录下来，用图表直观地显示出身体的变化规律，用来指导药物的选择和剂量。母亲的长寿应该和父亲长期以来对她的健康采取科学管理有关。

坚毅，是衡量一个人能盯住既定目标全力以赴和长期坚持的能力。自从父亲接受了针麻原理研究任务后就越来越投入，可以说是与其同呼吸、共命运，一干就是半个世纪。我无数次望着他伏案工作的背影默默心疼，不敢打搅却想问他为什么不允许自己休息。有人曾经统计过，许多成功人士在青少年时期人生都出现过重大变故，这使他们突然间有了危机感或使命感。父亲十岁那年祖国和家乡遭到日本人的侵略。国耻家辱让他突然懂事，发奋努力，期望学到本事后为祖国争口气。父亲的责任感和担当精神也许是从那时被激发出来的，而我们后来看到的就是他的坚毅。

激情，是能量和专注的源泉。父亲对科研工作的激情不仅驱动着他自己争分夺秒地工作，也感染和带动了韩家军百十来人精诚合作，不断探索，积累成就，步步登上了国际公认的地位。那么父亲的激情是从哪里来的呢？据我对父亲的了解，他的激情是周恩来总理点燃的。因为当年“要研究针刺麻醉原理”的任务是周总理交下来的。这个任务完成与否对国家在科学和文化领域的声誉有重大意义。加之父亲对周总理的崇敬也为这一重任添上了一层感情色彩。我相信父亲当时决意要为这个使命劳其筋骨，苦其心志，不出成果，誓不罢休。有了明确的追求目标，天性中的好奇心更加助长了他对科研的极大兴趣。当好奇心遇到大目标，父亲这只船就乘风起航。

4. 转化医学的典范

作者介绍

王晓民，1985 年硕士生入学，师从韩济生老师（北京医科大学与大连医科大学联合培养），1988 年毕业；1989 年博士生入学，师从韩济生老师（北京医科大学与德国慕尼黑大学联合培养），1993 年毕业。1993-2003 在北京大学神经科学研究所工作；2003—至今在首都医科大学神经生物学系工作。

1993 年 6 月于北京医科大学博士论文答辩后与导师韩济生、Volker Hollt 教授合影

2017 年 12 月留影

为了迎接韩老师九十诞辰，弟子们都在自发准备写点东西，编撰成集以资纪念。近几个月来，我一直在想写什么好？我从 1986 年起从大连医科大学来到北京医科大学，师从韩老师，攻读硕士和博士学位。1993 毕业后留校，在韩老师身边学习工作十年整。即使在 2003 年年底离开北京大学神经科学研究所到首都医科大学工作自今，由于各种学术活动等关系，一直都得

到老师的关心和帮助，联系不断。可以说，30 多年的相处，我自认为对韩老师还是非常了解。此间故事颇多，真不知从哪里下笔？韩老师忠诚报国、学术创新、严谨求实、艰苦朴素、不畏艰难、勇于登攀、勤奋敬业、惜时如金、爱生如子、爱所如家……的高尚品格和精神时时刻刻在感染和激励着我。我一直在想，韩老师取得今天这样大的成就的原因是什么，绝不是一个小故事，而是一个大故事，除了上述的品格和精神以外，那就是韩老师 50 多年来选择了或开创了一条针刺研究与应用的转化医学之路！

何谓转化医学？转化医学（translational medicine）或称作转化性研究（translational research），第一次作为一个新的名词正式出现，是在 1996 年《柳叶刀》杂志上的一篇文章：Adenomatous polyposis coli and translational medicine（腺瘤息肉病与转化医学）。该文指出：转化医学的内涵包含两个方面 :bench to bedside（从实验室到临床）以及 bedside to bench（从临床到实验室），即通常所说的 B to B 过程。目前，学界认可的概念是：转化医学是一门综合性学科，它通过利用现代生物技术和新方法将实验室研究成果转化为临床应用的产品与技术，同时通过临床的观察与分析帮助实验室更好地认识人体与疾病、进行更优化的实验设计来促进基础研究，从而最终实现整体医疗水平的提高、帮助患者解决健康问题。

早在 1965 年，韩老师接受国家的任务，进行针刺镇痛原理研究。首先，为了确证针刺是否具有镇痛作用，他专门去通州胸科医院参观了针刺麻醉下的肺叶切除术，使他深信针刺是有明确的镇痛疗效。此后，韩老师带领同事和学生开始了针刺镇痛（acupuncture analgesia, AA）研究的征程。首先从观察人体 AA 现象时空规律开始，进而建立 AA 动物模型，阐明 AA 基本神经通路，找出与 AA 有关的中枢神经递质（5-HT 等）和神经肽（内啡肽等），阐明 AA 的神经化学机制。在此基础上，发现不同频率的电针刺激可引起不同种类神经肽的释放。发现中枢神经系统中鸦片肽与抗鸦片肽形成对立统一的矛盾关系，发现电针时间过长可发生 AA 耐受，阐明其生理机制和分子机制。在多种慢性痛模型（炎痛、神经痛、肌痉挛痛等）上发现 AA 的频率特异性，及多次 AA 的累加效应。应用 fMRI 等脑影像技术探讨 AA 的中枢机制。

与此同时，通过和工科的合作，研制成功韩氏穴位神经刺激仪（HANS），可进行数字化的电针治疗，或跨皮肤穴位神经刺激（TEAS）治疗，现在已广泛应用于临床。自1990年开始，陆续将AA研究成果应用于戒除海洛因依赖和可卡因依赖、不孕不育症和孤独症的治疗中，均收到良好的疗效。

在针刺镇痛原理研究和转化的实践中，韩老师注重学科建设，创立了《中国疼痛医学杂志》，创建了中华医学会疼痛学分会和国际疼痛学会中国分会，发起、推动了我国医院疼痛科的建立；致力于针刺镇痛转化医学的国际交流与合作，在1998年美国NIH“针刺镇痛听证会”上做大会报告，奠定了针刺镇痛走向世界的基础，让中国古老的瑰宝在国际上大放异彩，普济众生！

韩老师的学术生涯就是从临床发现问题，在实验室探索答案，再回归临床加以验证，并完善推广应用的转化医学的生涯，他的学术贡献堪称是转化医学光辉的典范！韩老师的故事对我们后生的教益和价值巨大而深远的！

5. 科学报告的启蒙故事

1990 年

2016 年

作者介绍

王强，1982 年同济医科大学医学学士，1985 年同济医科大学生理学硕士，1988 年上海医科大学生理学博士，1989-1990 年在北京医科大学生理学博士后流动站，师从韩济生院士，现在米苏里大学坎萨斯分校（University of Missouri Kansas City）医学院工作，2004 年起任该校冠名讲座教授，主要从事谷氨酸受体和药物成瘾的基础研究。

1988 年的秋天，我在上海医科大学的生理学教研室，准备最后一年的博士论文答辩。一天，听说北医的韩济生老师正在隔壁的神经生物学教研室访问，于是，大着胆子推荐了自己，争取到了一个与韩老师见面的机会。我告诉自己要认真对待这次见面，因为我知道第一印象有多么重要。

当时，我正在积极申请韩老师实验室里的一个博士后位置。据我所知，这是当时全国唯一一个可以招收生理学博士后的地方。

博士后流动站可能是当年众多教育制度改革中最被看好的一种。不过，当时愈演愈烈的出国浪潮却掩盖了它的吸引力。我不知道我是如何说服了自己和家人暂时留下来的，可能是觉得有比出国更重要的事情要做吧，或者是觉得一个不能辜负的新时代正在悄悄来临。而且，当时年轻、短暂的人生中只在长江以南或附近地区生活过，所以，长江以北，对于我们来说，就是诗和远方。于是，历史上著名的北漂人群中最初的几个身影就这样出现了。

如果你在追星的年龄做过粉丝的话，那么你就可以大概了解了我当时初见韩老师的心情了。不过，今天我要讲的故事，却发生在更早的时候，这个故事所遗留下来的深远影响，可能才是催生我们想去北京最原始的动力。

那是 1983 年，我还是同济医科大学校园里一位一年级的生理学硕士研究生。虽然还没有正式接触过科研，但这并不妨碍我对科学怀有一种高中生式的纯粹和神往的心情。那时候，我觉得自己无所不能，幻想自己能够改变世界，这种夸张的感觉，现在看来，倒是可以用来证明我也曾经年轻过。不过，想要证明自己的科研能力和运气，首先需要找到科学的大门。

正是这个时候，韩老师应邀访问了我的母校，像往常来访的学者一样，他做了一场学术报告。这可不是一场让人仅仅在满意的栏目中打勾的学术报告，而是一场真正的思想风暴，风暴过后，我发现自己好像是另外一个人了，一个对科学有了全新认知的人，并且内心饱满地认为，有人好像已经帮我刚刚推开了那扇神秘的科学大门。随之看到的门内景色，也像很多前辈描绘的那样迷人，我想我当时的脑内多巴胺，很可能在“脱负反馈”释放，久久不能恢复到报告前的水平。

如果记忆没有让主人失望的话，当时的一些细节是这样的，报告会在一个大教室里举行，很多同学和老师挤在一起，气氛热烈。有很多原因让我们对即将开始的学术报告充满期待，比如，面对当时正在竭力试图复兴基础科学研究的时代背景，被指望将在其中扮演重要角色的我们因此悄悄地流行起了到学术报告会上去补课的时尚。当我们教研室的一位老教授介绍完了来宾以后，一位精干的中年学者快步走上了讲台（我这里要特别强调一下“韩式快步”）。一场冲击视觉和观念的报告会就这样开始了，从那一时刻起，我的求师名单上，就又多了一位才华横溢和充满激情的老师了。

很显然，这是一场经过精心准备的演讲，其精彩的程度恐怕已经超出了设计者原来的要求，也令讲台上下的人都吃了一惊。首先，它照顾到了像我这样的科学新人，以我们能够听得懂的语言，把科学的意义和课题的复杂性演讲得像是一档让人全程睁大眼睛的流行电视节目——最强大脑，就是给听众提供了前所未有的智力享受。其次，用生动的语言把科学的趣味性表达了出来。最动人的部分，是一些科学逻辑性上的举例，那是一些听了一遍就可以永远记住并且不愿意与竞争对手分享的故事。

很多年以后，当时在场的同学都还记得这次报告会。很多人说，这是一次难得的学习机会。不过，在我的眼里，它的意义远大于此，我想我是被震撼了，或者说是被头脑风暴了，一次有史以来最有效的洗脑。从报告中，我看到了科学和科学家在开拓人类文明新领域中的价值，了解了一堆杂乱无章的实验数据与生命之间的合理关系。更重要的是，我感受到了科学和逻辑思维所能产生的无穷魅力和乐趣，这些感知集中起来，让我第一次对科学的高尚和意义有了一个具体和清晰地认识，我觉得我太幸运了，不仅选对了研究器官（大脑，它对人体至关重要），而且，对于人生的意义，我终于在我身上找到了答案。此外，我还有一种跃跃欲试的冲动。这些在短时间内迅速新生的认知，会不会就是人们常说中的启蒙或点燃呢？

故事到这里还没有结束，后来，我又听过了韩老师在国内或美国做过的很多报告。从中我得出了一些结论。毫无疑问，在如何做科学报告方面，韩老师教会了我很多。他可能是我见过的、掌握了成功做报告秘密最多的人。不管面对何种层次的听众，他都能善于利用科学报告来展现科学和科学文化的魅力。我还记得，校园里那些兴冲冲赶去听韩老师报告的大学生们的身影。是的，每一个在韩老师身边工作过的人，都不会惊讶他对科学报告的重视和严格要求的程度。他首先给我们示范了一个完美报告的定义。其次，通过逐句指点，让我们学会了不少有用的规则和技巧。这其中值得一提的是一次意想不到的收获，有一次，韩老师应邀到了我过去工作过的北卡州立大学做报告，当时，面对人数大大超出了预期的观众，韩老师轻轻地说了一句：

"人越多的时候，我就越兴奋，也越是发挥得好"。这是我第一次听到的与怯场紧张完全相反的演讲心理活动。这句像是出自于比赛型运动员嘴里的话，随风潜入了我的海马神经元，然后细无声地在里面滋润和生长起来。但我知道，这句话让我在几场大型的学术报告会之后，生存了下来。我很惊讶这句话所能带来的正能量和它的长时程无耐受效应，它至少让一个胆小的演讲者从此不再胆怯，甚至成为了一个学术报告运动的爱好者。最终，一个习惯于坐在讲台前面的人，站在了讲台后面，要知道，那里无处躲藏。

虽然学术报告并不是科研工作中最困难的部分，而且，有机会与同事分享最新的实验结果，也是一个热忱的研究人员最幸福的时刻。不过，现实的情况是，精于此道的人并不多。天才的报告者多半是杰出的科学家，但反之不然。那些能够用两种语言把复杂的新发现说得简单有趣同时又能启发和鼓励年轻人的学术演讲者，就尤其稀少和珍贵了。

如果记忆的长短可以被用来衡量某项早期启蒙教育的影响力的话，那么韩老师的演讲，的确经常占据了我对北医生活的回忆（总有一些喜悦不会被时间冲淡）。虽然不想过于美化一场报告会所能产生的影响力，但我时常在地下室里偷偷排练演讲的时候，暗自问自己，这张图表，要是韩老师的话，他会怎样表达呢？

我的人生体验似乎是想说明一个普通的道理，就是没有人不具备潜质，只是有的人，还不知道他们正在等待潜质被点燃，就是说，还没有遇到这样的启蒙老师。因此，每当我遇到一些'叫我做什么就做什么、做不出来又不能怪我'的学生的时候，我就想，他们可能是需要听听一些类似于启蒙过我那样的科学报告会了，否则，这些倒霉的孩子也许会苦苦地等上一辈子。我相信，人人都可以做出与他们的天赋相符合的成绩，如果他们的天赋能够被某种方式及时点燃，而且此后又学会了做好学术报告的话。

年轻的时候希望人人都是伯乐，年纪大了以后希望人人都是千里马。可能伯乐或千里马的人口基数并不重要，重要的是他们想要找到对方的时候就能够找到。就是说，不是人数而是连接。科学报告会就为人才连接提供了一个惊喜不断的场所。

6. 韩先生还在上班吗?

作者介绍

崔彩莲，基础医学院神经生物学系教授，1993 年加入韩先生研究团队；研究方向：物质成瘾的神经学机制。

吴鎏桢，基础医学院神经生物学研究员，1992 年加入韩先生团队；研究方向：HANS 仪干预药物成瘾的临床疗效与机制。

“韩先生还在上班吗？”，这个问题几乎是我每次参加会议，不管在国内还是国外都需要回答的问题。最近，在天津举行的全国神经科学年会期间，一名外单位的同行又问我，“韩先生还在上班吗，还带研究生吗？”。我像往常一样回答到：“当然。韩老师尽管快 90 岁了，仍然给学生上课，照样参加科研组每周的组会，亲自指导研究生的课题。”他说：“真是了不起啊！我前不久见到先生，看上去他就 70 岁左右，身体健康，神采奕奕；谈起针刺镇痛和针刺戒毒研究，老人家的科研兴趣和思路的敏捷程度不减当年。没想到他 90 高龄仍工作在科研第一线！”“是啊，实在令我们这些小字辈心悦诚服。”我回答说。“先生很注意健身保养吧？”他继续问我。“不仅是注意健身，更重要的可能是坚持用脑吧……”接着，我以我自己的理解继续回答着。

说到健身，韩老师几十年如一日坚持锻炼身体。近年来因膝关节不舒服，他将跑步、打网球改为走路。至于保养，记得有一次一名刚入学的研究生去他家取他签字的文件。当时韩老师一个人正在吃午饭，馒头外加一碗西红柿蛋汤。学生看到汤碗里的西红柿就是一颗西红柿被交叉切两刀的大块。韩老师注意到学生惊奇的神色，笑着指着碗说“营养都在里边啦！”，可见先生在饮食上并没有多少刻意的要求。

然而，先生在工作上始终坚持他的座右铭——求索与奉献。我们大家都知道，他已经用了半个世纪的时间，带领研究团队阐明了针刺镇痛的中枢神经化学机制。不仅得到了国内外同行的认可和进一步验证，而且被越来越多的医生在临床应用于缓解患者的疼痛。尽管如此，先生对针刺镇痛机制的研究仍在继续，目前他正在指导研究生用电生理的方法，检测手捻针和电针刺激穴位对外周单纤维放电的影响等，以期进一步解释针刺疗效的神经机制，扩大针刺研究成果的转化。先生常说，“此生唯愿济众生，这可能就是父母给我起名济生的寓意所在”，这种求索奉献的精神和社会责任感正是先生 90 高龄仍工作在科研第一线的强烈动机。以针刺疗效神经机制研究成果为理论依据开发的 HANS 治疗仪，通过多年临床使用的验证已被国际标准组织（ISO）认证。同时，在先生连同多名院士和专家学者的倡议下，中国的二级以上医院建立了疼痛科，为无数疼痛患者解除了和继续解除着痛苦。这一切也是对先生的最大精神奖赏，使得先生精神愉悦、免疫功能优化、躯体健康。

另外，之所以先生 90 高龄仍在科研第一线，除了求索奉献的精神和高度的社会责任感，还有他强烈的科研兴趣。这一切，不仅使先生对神经科学的最新研究进展始终保持着高度关注，而且对自己相关领域的研究动向给予及时反应。就在上个月，先生发微信给我，“最近网上报道美国因阿片药物过量每天死亡 90 人，何以不用穴位电刺激刺激辅助阿片治疗？是否将我们写的被收入美国教科书的‘Acupuncture’一章的相关内容，简写题为

‘为什么不用针刺或穴位电刺激来助阵新阿片战争？你看好吗？’。如果你同意，请整理初稿，我再修改后，连同咱们的书稿一起发到网上去。”根据先生建议，我便立即动手完成了“Preventing Opioid Overdose Death with EA or TEAS”一文的初稿，先生修改后发在了网上，得到相应的关注。

不仅如此，先生还对科研以外的各种新事物和新技术保持有极大的学习兴趣。这方面使我印象深刻的至少有两件事。一件是十多年前韩老师学习用 Microsoft PowerPoint 软件做讲稿和课件，从文字编辑到图片插入，从图片的处理到动画设置等，他像学生一样一步一步地练习直到掌握，令人敬佩。另一件是前不久他学习用微信转账，先问操作步骤，接着自己练习，最后通过给朋友转账操作以确认自己掌握与否等。显然，高度的科研和学习兴趣使他的脑神经突触功能保持良好的可塑性。可谓“人老先老脑，脑不老则神清体健”，这可能就是先生 90 高龄还能上班的原因所在吧。

确实，先生不仅在科学研究方面是我们楷模和领路人，在保持身心健康方面同样为我们树立了榜样。

7. 我对韩济生老师的点滴回忆

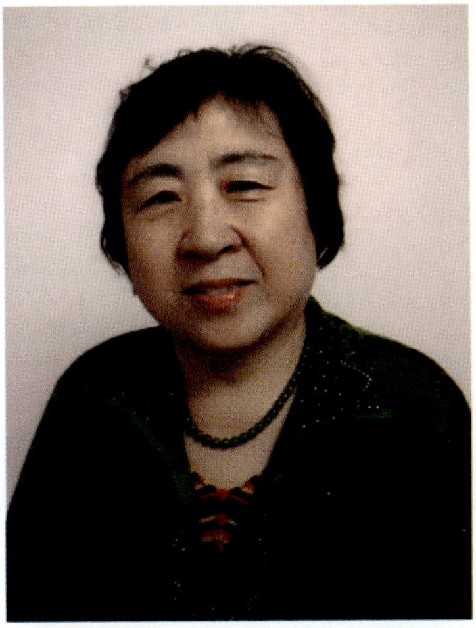

作者介绍

吕春华，于 1993 年 2 月到神经科学研究所工作，任秘书，于 2006 年 10 月退休，后返聘工作至今。

我于 1993 年 2 月因工作调动，有幸到韩老师实验室，从事文秘、行政管理工作，掐指一算，已 25 年之久。期间曾有两次工作变动的机会，有一次是校医院放射科医师退休后，知道我以前从事这项工作，问我愿不愿去。对我而言，这样可以从事自己以前热爱的专业，但思考片刻后，我马上回复：谢谢给我的机会，我还是不去了。做出这样的决定不是头脑发热，而是因为韩老师对科学求索、奉献的精神，及其人格魅力。我们实验室是一个团结向上、和谐友爱、学术气氛非常浓厚的集体，即便我的工作平凡琐碎，能在这样的环境下工作，我也感到非常荣幸，能得到韩老师的信任，我觉得值得，所以 2006 年退休至今，还继续在韩老师课题组发挥余热。25 年来，在韩老师身边方方面面的习得，确实使我受益终身。

光阴似箭，往事历历在目，有些事情至今仍记忆犹新，平常请韩老师做科技鉴定、学位点等的各种评审更是常事，记得那是 1994 年的一天，外地某学校申请博士点请韩老师写专家意见，来的两位老师是我接待的，留下了申请材料及 2000 元专家劳务费，约定评审结束后电话通知他们来取材料。转交韩老师后的第二天，一上班韩老师就交给我写好的评审意见及退回的 1950 元专家劳务，说他留 50 元就行了，其余全部退回。后来我如数交给两位来取材料的老师，他们坚持留下退回的劳务费，我说你们还不了解韩老师的为人，他是个非常坚持原则的人，如果你们不拿走，他一定得让我给你们寄回。之后，他们表示感谢，非常钦佩韩老师的为人。

1995 年 6 月，我因病在北医三院做手术，手术当天，韩老师委托朱老师早早来到医院看望，和我家人守候在手术室外，直到一切都安排妥当后才放心离开，后来为我主刀的高大夫问我，有一戴眼镜的女士是你什么人，着急着打听你的手术情况，对你挺关心的。我知道，这是朱老师。病痛中的我感受到家人般的关心和温暖，一直以来，与韩老师、朱老师的相处，职位、学识的差异没有成为我们相处的鸿沟。朱老师为人正直，诚心待人，我家人生病住院也数次得到两位老师的关心。那年石玉顺老师胆结石发作，韩老师亲自带了所里老师们到家看望，询问病情，关心生活，手术那天派我去医院，看是否有需要帮忙的地方。韩老师就是这样，对实验室每个共同工作的同事、学生一视同仁，工作上严格要求，生活上关心照顾。

记得在 90 年代，韩老师经常国内国外开会、讲学，带回来的劳务费、稿费全部都用于实验室的学生，他心疼学生做实验辛苦，有时时间晚了吃不上饭，所以每人每月都给 50~300 元不等的生活补贴，如成绩突出还会有小的惊喜；坚持了多年的每周一次的午餐会也是从这里支出，第一次“断粮”时，我跟韩老师说这月不够发了，韩老师说，不要紧，我回去和朱老师要点，这样，他把自己的个人积蓄从家里拿来补充。说实在的，这是我参加工作多年来，初次接触到这样无私的人，当时对我内心的触动可想而知，之后 1 次、

2 次、3 次……也就习以为常了。有好几个学生家庭困难，韩老师知道后都给予过资助。就是这样一位老人，自己多年节俭，衣食朴素，为了他人，无数次慷慨大方。

1994 年韩老师获光华科技进步一等奖，和朱老师商量后决定，1 万元奖金中的 5000 元捐给希望工程，另外 5000 元用于全系的老师、同学购买办公、实验用品。先让我到学校团委打听希望工程的捐款渠道，当时的团委书记辛兵请示北京市希望工程办公室，反馈回来说，这是当时北京市个人捐款最多的，建议给延庆偏远山区永宁镇孔化营小学建一个希望图书室。1995 年金秋十月，韩老师如愿和朱老师一起去参加了捐赠仪式。榜样的力量是无穷的，1996 年我获得第一届求索奉献奖后，也将部分奖金捐赠给了希望工程的一个小女孩。

1995 年韩老师获何梁何利科技进步奖，奖金 10 万元港币，韩老师、朱老师决定，拿出 5 万元交给我，用于感谢多年来合作的同事、有关科室部门，以及身边所有的工作人员，是石玉顺老师协助我采买、分发；另外 5 万元在基础医学院设立了“求索奉献奖”基金，从 1996 年至今每年在基础医学院年终总结会时奖励 2~3 名优秀中青年技术员，鼓励那些不断钻研求索、默默奉献的同志，后来奖金不足了，韩老师和朱老师又于 2010 年补充了 5 万。2011 年，韩老师获得吴阶平奖（20 万元），悉数补充给求索奉献奖了。2014 年韩老师获得香港张安德中医药国际贡献奖（50 万港币），全部捐给中国疼痛医学杂志社，设立优秀论文奖，每年从该杂志发表的当年论文中选取一等奖 1 名，二等奖 2 名，三等奖 3 名，颁发奖金和韩老师亲自签名的奖状。

特别值得提出的是，2002 年初，为了奖励那些海洛因吸毒者使用韩氏疗法成功脱毒或至少坚持一年不复吸者，韩老师和朱老师用他们的个人积蓄 10 万元设立“海洛因依赖者戒毒不复吸奖”，鼓励那些脱毒后真正达到一年不复吸（通过检查尿液证明无误）者，这在当时是中国首个由个人设立的戒毒奖。

在我的印象里，韩老师捐款无数次，每次只要知道有捐款机会，从不落后：玉树地震、台湾地震……都是带头捐赠，每年的共产党员献爱心，韩老师更是一次不落。

韩老师经常对我说，他内心最感谢的是两个大学：上海医学院（上医）培养他成长，北京医学院（北医）成就了他的工作和事业。为了表达他的心意，去年上医成立九十周年时，他和朱老师（都是上医毕业生）给母校捐赠了一个较大的数额。今年是他们两位九十高龄，也想给北医捐赠一笔款项。恰好得知有一个机会可以创建一个“脑科学发展基金”，韩老师立即与朱老师商议，捐赠 100 万作为首笔启动基金，在此基础上再逐渐募集，加大基金存量。韩老师和朱老师对母校对工作单位的拳拳爱心，使我深受感动！

回顾在韩老师实验室工作的岁月，他那孜孜不倦为科学献身的精神，严谨求实的治学态度，知识渊博却又虚怀若谷的品德，使我终身受益匪浅。能在韩老师身边工作，实属今生之大幸。我深感自己笨拙笔墨记录下的点滴回忆，难以表达内心的崇敬之情，值此韩老师 90 华诞之际，衷心祝愿他老人家健康长寿、笑口常开。

8. 勤奋工作热爱生活的榜样

万　有

博士毕业、博士后入站（1993 年）

作者近照（2017 年）

万有与韩先生合影（2017）

作者介绍

万有，1993 年于同济医科大学博士毕业后，进入韩济生教授实验室做博士后，之后在北京医科大学 / 北京大学医学部历任讲师、副教授、教授，期间在美国伊利诺伊州立大学和新泽西州立罗格斯（Rutgers）大学访问学者。现任基础医学院院长兼党委书记、神经科学研究所所长、教育部 / 国家卫健委神经科学重点实验室主任。

1993 年适逢韩先生当选中国科学院院士，我有幸加入韩先生实验室做博士后，之后一直留在韩先生身边工作，算起来已经 25 年了。

我跟随韩先生参与并经历了创立与建设实验室、研究所、教研室几乎所有的重大事件。韩先生创建了原卫生部神经科学重点实验室和教育部神经科学重点实验室，亲自开创并确立了研究所和重点实验室疼痛与镇痛、成瘾与戒毒、退行性疾病等重要的研究方向；创建了当年的北京医科大学神经科学中心、到后来的北京医科大学神经科学研究所和现在的北京大学神经科学研究所，在此基础上还建立了基础医学院神经生物学系、国家神经生物学重点学科。韩先生创立了北京神经科学会和中华医学会疼痛学分会，是我国在二级以上医院建立疼痛科的最主要的组织组和推动者，主编了我国第一本神经科学大型参考书《神经科学纲要》(再版时更名为《神经科学》)，创建了我国的第一本疼痛学领域的专业刊物《中国疼痛医学杂志》并任主编至今。真可谓著作等身、高山仰止！

这些亲身参与和经历的事情，我都历历在目，但在今天的这个短文里，限于篇幅我不能一一写出来。我想利用这宝贵的篇幅，写一点我对韩先生最深切的感受：永远有更高的目标，对生活和工作充满了爱，并为此勤奋而努力地工作着。

我来先生的实验室做博士后的时候，他刚刚当选中国科学院院士。韩先生能当选院士，他的学术造诣尤其是在针刺镇痛机制研究方面是国内外公认的，用世俗一点的观点来看，够他享清福的了。当选院士之后，韩先生没有丝毫的松懈。上面提到的建立研究所/重点实验室/国家重点学科/两个学会/编撰神经科学参考书，没有人逼他、也没有人能够逼他去做，但他总是能够站在学科发展的前沿、大学发展的需求，制定一个又一个目标。现在看来，这些目标都是韩先生当选院士、已经是65岁之后一一制定并实现的。

为了达到这样一个个的目标，韩先生的工作非常勤奋。这些年来，印象中韩先生都没有生过病。这当然不是真的没有生过病、而是没有因为生病而耽误工作。更不记得韩先生休过假。不论是早上6点多还是夜晚12点，韩先生总是能接听电话。我所经手的本学生毕业论文、稿子、重要的文件，不论夜晚多晚给韩先生，第二天早上准能接到他的回复。

今年的新学期，90岁高龄的韩先生，依然在教学一线给本科生、研究生上课，甚至还会“救场”上课，依然在承担着国家级的研究课题、亲自指导研究生、每周开组会。研究所和实验室、学院、大学的各种会议，他一定是第一个到场的与会者。

韩先生这样身体力行，自然就带出了研究所勤奋努力的群体。这些年来研究所人手少、工作量大、教学、科研、研究生培养任务重，还时不时有一些紧急的事情，比如重点实验室评估，但研究所的师生员工们在工作中已然养成了“团结协作”的精神，使整个研究所一直是一个欣欣向荣团结向上的集体。韩先生的工作状态，就是一个字：忙！

韩先生在工作中（摄影：韩松平）

韩先生忙，但忙得很有章法。韩先生对生活、家庭、同事、集体充满了热爱。韩先生是第一个用电话线拨号上网的人，是实验室第一个使用电子邮箱的人，第一个使用智能手机发送短信的人，现在还能像年轻人一样熟练使用微信、微信红包、微信支付！韩先生精心布置着他的阳台“小花园”，精心设计给夫人朱秀媛教授送玫瑰的浪漫照，每天坚持锻炼身体，几十年如一日从不间断。偶尔朱老师生病了，他一定会悉心照料并每天陪夫人散步锻炼、促进病后康复，每年岁末年初他都会认真准备贺年卡，写上这一年的总结和新年的祝福，送给研究所现职的和既往毕业、调离和离退休的人员，赠予同事和学生们充满爱意、教诲与鼓励的墨宝。韩老师赠送给我的“攀登”书画，让我这间位于地下室的办公室也充满了激情！

韩先生对生活和同事的态度，就是两个字：热爱！

我在想，做韩先生的学生和同事是幸福的。

这些年来，由于我还肩负着行政管理的职责，工作也很忙，当然也累，但每每看到韩先生依然在努力工作，我也就有了无穷的力量。韩先生是榜样。

近几年，我时常劝韩先生要多注意点儿休息，“节约”使用身体，但是他似乎没有怎么听我的劝，依然“我行我素”地工作着。我知道，那是韩先生“求索奉献”的人生哲学。

祝愿敬爱的韩先生健康工作到 100 岁！

9. 教师的神圣使命——从半月汇报谈起

作者介绍

田津斌，1993 年入学，师从韩济生，现任得克萨斯大学休斯顿分校麦加文医学院整合生物学和药理系助理教授。

入学照

现照

一个偶然的机会，我去年回国探亲，在整理研究生阶段保留下来的资料时，不经意间看到了保存完整的两本“半月汇报”本。翻开其中的一本，亲切、熟悉的字句立刻映入我的眼帘，瞬时间把我带回到 22 年前，一段阔别已久，但是印象深刻的时光 ——我在北京医科大学神经科学研究所攻读硕士和博士学位的那段岁月。

记得是 1993 年的冬天，经北京师范大学生物系推荐，韩老师同意，我到北京医科大学神经科学研究所进行联合培养，完成硕士学位论文。那时的我刚刚开始做科研，对科学研究的理解非常肤浅，虽有满腔热情，但是全然不知科学研究的逻辑性、艰巨性和复杂性。我记得那时所里的年轻教师和研究生总共有 30 多人，大家互相帮助、和睦相处，就像一家人。那时的韩老师已经是鼎鼎大名的科学家，他身兼数职，工作非常繁忙。我本以为他是不可能有时间亲自指导每一位研究生的。但是完全出乎我的预料，他除了抽时间与每一位研究生面谈和利用组会时间和大家共同讨论外，还以书面方式与所里的青年教师和研究生进行一对一地交流。这种交流每两个星期发生一次。交流的内容非常广泛，既包括课题进展，也包括个人在学习、工作和生活中遇到的各种问题。这种交流方式就是我们那个年代实验室的每一位年轻教师和研究生都亲身经历过的“半月汇报”制度。

不难理解，“半月汇报”就是汇报者每两个星期把他（她）在实验室工作和学习的心得写成一个书面汇报，交韩老师审阅。它可长可短，既可用中文写，也可用英文写，但必须写在半月汇报本上。半月汇报本是实验室统一制作的，16 开，由一页浅绿色封面和大约 20 多页空白纸组成。为了节约用纸，韩老师要求我们正反面书写。每月两次在规定的时间内由汇报人将写好的汇报本投入韩老师的信箱。一般是在第二天的早上，韩老师会抱着厚厚一摞半月汇报本出现在实验室，大多时候，他会亲自把批改过的汇报本投入每一个人的信箱；只有在非常繁忙的时候，他才会请办公室的老师代为投送。接下来，每一位汇报人都可以看到韩老师对自己汇报内容的亲笔批注。

半月汇报是一种高效、快捷的交流方式。相当于韩老师在大约一天一夜的时间内，通过文字和实验室 30 多个成员进行了一对一的交流。通过这种方式，韩老师能了解到实验室最近一段时间的科研进展及每个人的工作和学习状况。对于写汇报的人来说，则是养成了每两周及时总结实验结果、思考并规划下一步工作的好习惯。比较而言，虽然写汇报的每一个人都需要花一点儿时间将报告写好，真正辛苦的人却是韩老师，因为他要在短时间内阅读并批注 30 多份报告。他的批注，非常细致，包括对重点词句的标注和评论，对事件的点评，以及对报告全文的评述。全部批注少则数十字，多则几百字，言简意赅、字斟句酌。更难能可贵的是，他一般能在不影响日常工作的前提下，在 24 小时内完成 30 余份报告的阅读和批注。这就是韩老师的工作效率。他之所以能如此高效地工作是与他超乎常人的勤奋密不可分的。熟悉韩老师的人都知道，他每天凌晨四点就已经开始了一天的工作。

韩老师对半月汇报的批注形式多样，不拘一格。有些批注观点鲜明，直陈对错；有些批注提出质疑，引发思考。还有些批注鼓励学生克服困难、超越自我。鼓励的话语一般都很精练，晓之以理、动之以情，并且常常是文采飞扬、诗意盎然，具有鲜明的人格魅力和感召力，鼓舞人心，催人奋进。正是因为韩老师持之以恒、孜孜不倦地对每个学生的汇报进行客观评述，对每个学生提出的问题或直接答复或提供解决的思路及方法，作为学生的我们从中获得的收益是无法用语言形容的。从批注的字里行间中，我们能感受到的不仅是韩老师渊博的学识、严谨的思维和严肃的科学态度，更有老师对学生健康成长的细心呵护和殷切希望。

22 年后的今天，当我已经成为一名职业科学家兼教师，已经完成了许多科研课题和培养了众多学生之后，重读韩老师在我半月汇报本上的批注，仍有一种温故而知新的感觉。20 多年的人生经历使我真真切切地感受到：那些批注，无论是批评还是鼓励，无论是质疑还是肯定，是引导还是鞭策，都在潜移默化之中影响并改变了我这些年来的工作和生活。它们已植根于我的思想、转换成为我的理念，并且还将继续塑造我对谦和儒雅、坚韧不拔的优秀品质的向往与追求。我终于领悟了唐代韩愈所界定的优秀教师的职责："师者，所以传道授业解惑也。"这不正是对韩老师一生教书、育人的真实写照吗？我有幸成为韩老师的一名学生。我将以韩老师为榜样，将传道、授业、解惑的教师使命传承下去。

以下内容摘自我的半月汇报本：

附图 1. 韩老师对我人生目标的鼓励和鞭策

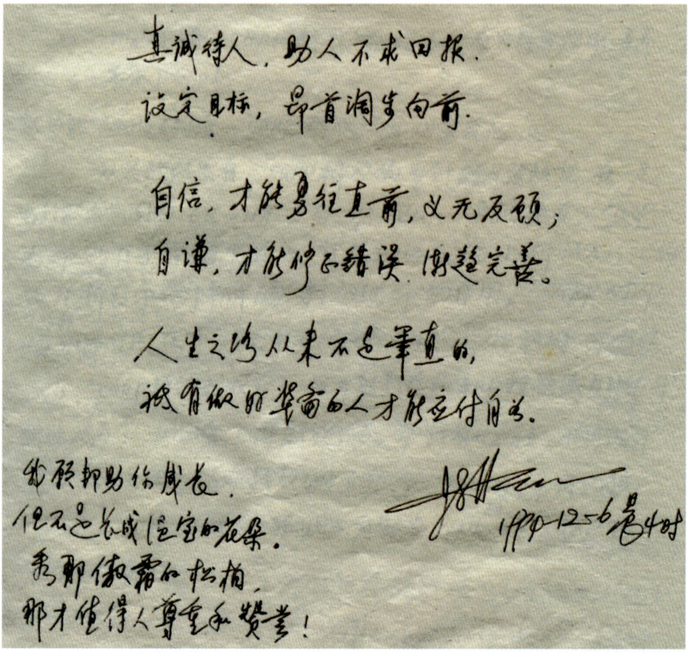

真诚待人，助人不求回报。
设定目标，昂首阔步向前。

自信，才能勇往直前，义无反顾；
自谦，才能修正错误，渐趋完善。

人生之路从来不是笔直的，
只有做好准备的人才能应付自如。

我愿帮助你成长，
但不是长成温室的花朵。
要那傲霜的松柏，
那才值得人尊重和赞美！

1990-12-6晨4时

附图 2. 韩老师对我有关实验课题大胆想法的充分肯定

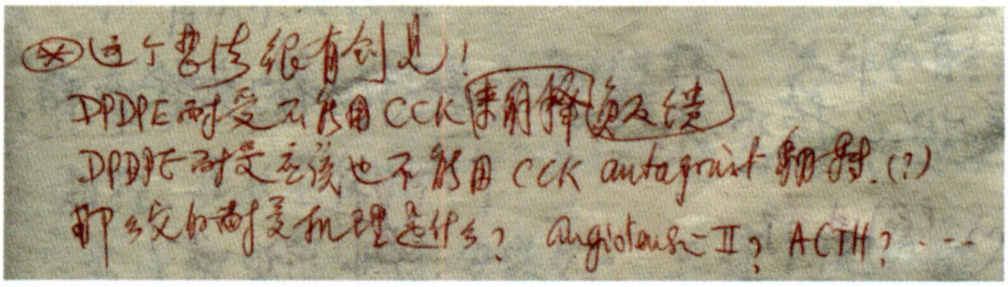

※这个想法很有创见！
DPDPE耐受不能用CCK拮抗逆转
DPDPE耐受交叉也不能用CCK antagonist翻转.(?)
那么它的耐受机理是什么？ angiotensin II？ ACTH？……

附图 3. 韩老师对我学年计划的评述

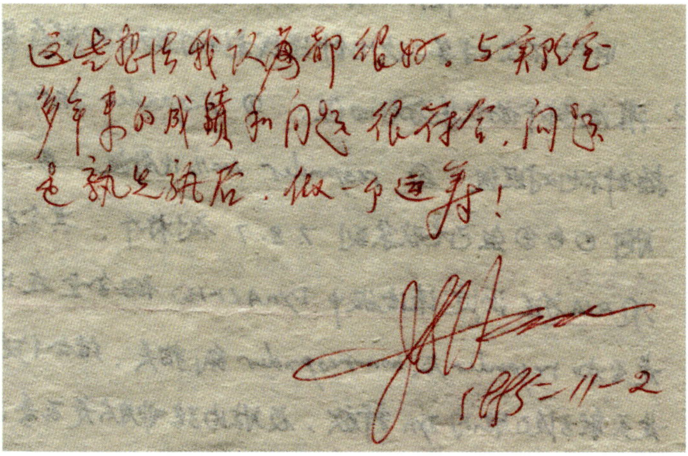
这些想法我认为都很好。与实际多年来的成绩和问题很符合，问题是就是执行。做一个运筹！

1985-11-2

10. 生活处处皆学问，细节之处见真章

作者介绍

王韵，师从韩济生，1993 年入学，现任北京大学神经科学研究所副所长，北京大学基础医学院副院长。

入学时

现在

岁月如白驹过隙，转眼在韩老师身边学习和工作已近 25 个年头。回想 25 年来的点点滴滴，自己每一点进步和成绩，都离不开恩师的指导和教诲，也为自己能一直得到韩老师的亲自指导感到无比的荣幸和自豪。

在韩老师身边学习和工作时间越久，越深切感受到韩老师的人格魅力，以及各种值得称赞、想要学习但又难以企及的好习惯、好作风。韩老师不仅学问做得好，生活也很有情趣，而之所以能做到这样，其中最重要的就是他

凡事严谨，用心动脑，勤于钻研。其中有几件事对我印象尤为深刻，真可谓生活处处皆学问，细节之处见真章！

对于量血压这件事，电子测压计和水银测压计哪一个测得更准确，估计多数人都会想当然地回答：水银测压计测得准确。但韩老师却用心地进行试验，他用电子测压计及水银测压计分别给朱老师测量血压，并将记录数值画出曲线，发现两种方法测得的舒张压完全相同，收缩压则水银测压计较电子测压计测定的数值高 8~10 mmHg，并推测是由于水银测压计在按压球囊加压过程中影响血压造成的。

韩老师长期坚持锻炼也是我一直敬佩的事情，但更让我赞叹的是，仅仅是在操场走路散步这件事，韩老师居然能依据每天走操场一圈（400 米）的时间和步数与前一天的数据进行对比，看是否有潜力再加速一点。

就是这样所谓的生活小事，韩老师却通过科学严谨的方式进行验证，并能从中获得乐趣，让人赞叹不已。

韩老师和朱老师这对“与子偕老”的人生伴侣，科学上共攀高峰、生活中相濡以沫，令人艳羡。为了保证朱老师有足够的运动量，韩老师每天陪朱老师在校园里散步 1 小时。两位老师在校园携手漫步的身影成了校园一道温馨浪漫的风景线。

韩老师在生活中的情趣和用心，还体现在他每年自制的新年贺卡上，对于如何选图，如何配贺词，他都会精心斟酌和设计。今年我亲历的一件小事更让我对韩老师的用心感慨万分。年前拜访韩老师和朱老师时，我看到韩老师家中长势茂密的巴西木非常喜欢，提出想要取一株扦插。让我惊喜的是，年后再去拜访时，韩老师将一株扦插好的巴西木赠送与我，而且还在巴西木的小树干上记录了最长一枝叶片每周生长几个毫米的进展，实在让我感动不已。

诸如此类的事例太多，不胜枚举。韩老师在繁忙的工作之余从容不迫、睿智的生活态度如春风化雨般影响着身边的每一个人，激励着我们今后也能成为他那样的人——认真、严谨、用心、乐观地对待每一件事情。

11. 一朝赣医人　一生赣医情

作者介绍

黄诚，师从韩济生、万有、王韵，1997 年入学，现任赣南医学院学科办主任、研究生处处长，教授。

进修学习，与韩老师结下了一生的师生情缘

1996 年，我渴望着对知识的追求，被学校安排到北医参加助教进修班学习，这次偶然的机会，让我有幸遇见了韩济生老师。当时，北医作为国内顶尖的医学院校，每年招收基础相对薄弱的医学院校生理学老师进修一年。那一年自己有机会来到北医，我们进修班总共有 9 名学员，我被任命为助教班的班长。很快，第二学期就安排要进实验室了，我很荣幸地被安排到韩老师实验室学习，那个时候尽管被推荐到韩老师实验室，但是自己内心感到诚惶诚恐，因为自己不懂科研，特别是对神经科学方面更不了解，当然那个时候也还没有很多机会见到韩老师，只是跟着几个博士师兄学习做实验。我边

做实验，边看书，积极报考研究生。记得那是一个让我至今都无法忘却的周五，那时韩老师实验室有一个午餐会，也就是每到周五中午，大家聚在一起边吃饭边听实验工作汇报和文献学习，进行学术交流，这一次偶然的机会让我近距离见到了韩老师，这种见面是发自内心的仰慕，是一位学生发自内心对老师的敬畏。自此，自己暗下决心，一定要好好学习，争取考上研究生。工夫不负有心人，自己是幸运的，再次被推荐到韩老师门下，真正成了韩老师的一名学生。记得那一次老师了解了我的研究方向，问了我几个问题："是否做过科研？""你来之后想做什么？""你自己未来研究的方向是什么？"在一番谈话和指导后，韩老师为我的学习和科研指明了方向，在后来求学过程中，我全力把每一次实验做好，把每一项工作做好，不辜负韩老师对我的殷切希望。很快，毕业之后，我毅然选择了回赣医工作。在北医求学几年，虽然时间不长，但让我和韩老师结下了深厚的师生情谊，我深感能够师从韩老师，是我一生的荣耀，也是我一生无法忘却的人生经历。

名誉院长，韩老师与赣医发展的点滴故事

2002年，我向韩老师汇报了赣医发展的情况，并表达了学校非常想邀请韩老师来学校为师生做一场学术报告，韩老师认真了解了学校情况后，很乐意地接受了学校的邀请。韩老师这一来，更是赣医发展史上的一大喜事。学校有意聘请韩老师为赣南医学院名誉教授，但初次见面不便贸然直说，正在等待时机。韩老师做完学术报告后，学校领导陪同韩老师深入红色故都和革命摇篮井冈山进行学习考察，他被这里浓厚的红色人文底蕴所感动，他当即表示，"作为身处革命老区的医学院校，接受红色革命精神的熏陶，虽然条件艰苦，但学校一直坚持和坚守为老区培养医学人才，我有责任为学校的发展尽自己的微薄之力"。看来井冈山之行发挥了巨大的推动作用。2003年，江西省人民政府聘请韩老师为赣南医学院名誉院长，真正让韩老师成为"赣医主人"。在韩老师的指导下，学校成立了疼痛科，目前疼痛科也做出了很好的成绩。自从韩老师被聘为名誉院长后，基本上每年都会来学校指导工作，并做学术讲座和召开座谈会，使赣南医学院在教学、科研、各项基金申

请等各方面得到飞跃发展。在 2011 年学校 70 周年校庆时，韩老师在学术报告会上向全校师生动情地说，“既然学校聘请了我，这也是我当过的最大的‘官’，我可能做得不够，但是我一定会尽我最大的努力去做好”，赢得了师生的阵阵掌声。

教学评估，韩老师以赣医人身份全程参与

2007 年，赣医迎来了教育部本科教学水平评估，这是关系学校发展的大事，也是学校面临的一次大考验。当学校向韩老师汇报这一工作的时候，并征求韩老师的意见，“您是否能在评估期间来学校，”韩老师毫不犹豫说，“我作为学校的一份子，理所应当要来。”在评估期间，韩老师放下所有的事情来到赣医，全程参与学校的本科教学水平评估，一个星期，每天都有好多的事情要做，他给自己写好了备忘录，每天对自己的行程都有周密的安排，而且他对我说，“我也是赣医的一分子，我今后出席学校的任何活动，一定要佩戴赣南医学院校徽”，尽管这是一个很细微的环节，但让所有的赣医人都为之动容。在专家进校期间，韩老师已是接近 80 岁高龄，但是他坚持亲自到下榻宾馆迎接评估专家，记得有一个场景，至今令人难以忘怀。当时评估专家组长在宾馆门口看到韩院士后，很激动地问，“韩老师，您是来开会吗？”韩老师微笑着说，“我是来迎接你们的，我是这个学校的一份子，也是接受你们评估的对象”。这个回答让很多专家都很感动。记得在评估期间，韩老师只要是自己能做的事情，都是自己做，包括一周的教学水平评估，陪专家参观实验室，参加座谈会，凡是能去的他都去了，给所有的专家都留下了非常深刻的印象。

教育基金，韩老师以无私的爱献给医学教育事业

韩老师作为学校名誉院长，当时学校提出给年薪，但是韩老师并没有接受这一待遇，他向学校提出“是否可以用这份经费设立一个基金，一是奖励老师潜心教书育人，把老区的医疗事业发展好，把人才培养好；二是激励学生好好学习，来回报学校、社会和国家的培养。”学校接受了韩老师的建议，

设立了“韩济生院士教育教学奖”，这项工作至今一直在坚持。而且韩老师也身体力行，有一次他到学校来讲学，亲自给国际教育学院的留学生上了一堂有关针灸内容的课，全英语给留学生上课，这让留学生大开眼界，让留学生对中国传统医学文化及学校有了更多的认同。韩老师始终认为自己没有为学校做什么大贡献，也从来都不会夸耀自己，我想韩老师与赣医的情结就在于他以自己实际的行动，无形的力量把好多事情做成。作为院士，作为长者，他教给我们如何做人、做事和做学问的人生道理，这种春风化雨细无声的谆谆教诲，这种严谨的工作态度和认真负责的精神将影响着一代代赣医人。

12. 难忘神科所，难忘韩先生

作者介绍

赵承水，师从韩济生，1997 年入学，现工作单位：阿拉巴马大学伯明翰分校（University of Alabama in Birmingham），职位：麻醉及疼痛治疗医生。

难忘的论文写作

2003 年的秋天，获知韩老师将受邀访美并就针刺镇痛及药物成瘾做三个讲座。讲座都在马里兰州，但分别位于贝塞斯达的美国国立卫生研究院（NIH）总部，位于巴尔的摩市的约翰霍普金斯医院，以及 NIH 的一个药物成瘾治疗中心。当时我家住在巴尔的摩市。期待兴奋之余，想到若能邀请到韩老师住在我的家中，就便于就近照顾好老师，又会有更多的机会聆听老师的教诲。经过不懈努力，我幸运地争取到了这一宝贵的机会！

当时韩老师正患腰椎间盘突出，有剧烈的腰腿痛，不能睡软床。经请教朱老师，最终只能让韩老师睡在铺有棉羊皮的地板上。

第一天的报告在约翰霍普金斯医院，听众众多。韩老师以现代科学的研究方法，令人信服的大量实验数据，展示了古老针刺镇痛的原理。听众们无不被韩老师充满智慧的演讲所吸引，被祖国古老的针刺镇痛的奥妙所折服！作为韩老师的学生，我也是第一次在海外听老师演讲。老师的演讲引起巨大轰动。作为学生，我感到无比骄傲和自豪！

第二天的报告在贝塞斯达的 NIH 总部。有多位生活在附近地区的韩老师的昔日弟子陪同参加。不出所料，报告同样获得巨大成功。

但天公不作美，第二天晚上巴尔的摩市遭遇几十年不遇的大暴风雨，造成多处停电、道路交通阻塞、城市瘫痪、大学研究所关闭。第三天在药物成瘾治疗中心的报告面临巨大困难。虽然邀请方非常期待韩老师的报告，但为了安全起见，若韩老师放弃讲座，他们表示可以理解。但韩老师还是非常坚决地表示原计划不变。韩老师说："人家邀请我，我答应了，后来又因为天气不好我放弃了，这样不好。别人可以放弃。如果有一个人来，我也照讲，我不负人。

在开车去报告会的路上，随处可见折断的碗口粗的树枝，大水冲坏的道路，几处横卧路边的大树露出新鲜的树根。经过周转，我们终于到达会场，但只有一名会议召集人在场等候。大概是之前没有人相信韩老师在那样恶劣的条件下还能到场，所以他们都待在了家中。那名会议召集人感动万分，立即打电话召集人。虽然因为路况过于恶劣，只有少数人到场，韩老师仍充满激情地给予了完整的报告。听众们怀着崇敬的心情聆听完韩老师关于针刺戒毒的报告。与会者无不为韩老师不屈不挠、勇于献身科学事业的精神所折服，肃然起敬！

我想韩老师不但揭示了针刺镇痛的原理，促进了科学的发展，也极大地弘扬和促进了祖国医学在世界各地的传播。

难忘的学术报告

成为韩老师博士生的第一学期，有幸在韩老师那里借到国际疼痛联合会出版的有关疼痛学的最新进展。自己在如饥似渴地阅读学习之余，对感兴趣的部分做了一些笔记。之后我呈给韩老师看，除得到了老师在读书学习方面的指导之外，老师还鼓励我把其中一部分充实整理成综述发表。要知道，那时我还从未发表过任何学术文章！当时虽不敢相信发文章会如此容易，但还是很兴奋！

真正要朝着综述方向写的时候，却遇到了天大的困难。一连数天，如老虎吃天，不知从哪里下手。敬于韩老师的威严，我不敢有丝毫怠慢。查了很多文献，还跑了好几趟协和医院和解放军总医院的图书馆。有时一天写不了几句，还经常写了删，删了写，改了又改。最后总算写成了初稿，我惴惴地呈给了韩老师。

出乎意料，我竟得到韩老师的表扬、鼓励！修改稿上布满了修改、删减及新增的句子，还有调整及新增的段落。记忆犹新的是韩老师告诉我："写文章要带参考文献。"由此可见我当时是多么的初级。

后又经过至少七八次的反复修改，终于定稿。这篇综述最后以《交感依赖性神经源性痛》发表于《中国疼痛医学杂志》上，它是我学术文章的处女作！

作为博士生的第二学期之初，韩老师就交给我一项实验课题。很幸运，这一试验在韩老师的指导下很快就有了结果。韩老师告诉我可写成论文投到《Neuro Report》。要知道那时的我连篇中文论文尚没有发表过，自然是对投国际性的英文杂志连半点信心都没有。好在当时适逢暑假，有较多空闲时间。我是赶鸭子上架，终于写成了一个英文初稿。

稿件呈给韩老师后，又得到老师热情的表扬和鼓励。之后，数据的处理、图表制作、英文表达，无不经过韩老师的反复教导及修改。稿件投出后很快被接受发表。

在我剩余的博士生期间，在韩老师的指导下，我又在《科学通报》上以中英文发表论文一篇。另外，韩老师还鼓励我及组织其他几位同学在《中国疼痛医学杂志》上撰写发表科学简报多篇。

回顾自己从对撰写科学文章一无所知，觉得比登天还难，到能成功写作并能发表科学文章，无不凝结着韩老师的心血和汗水！感觉韩老师最知道如何因材施教、循循善诱。最初给予我的总是鼓励和表扬，使一个缺乏信心的人能鼓起勇气去努力！然后将写作的技能和技巧以润物细无声的方式，在反复的修改过程中教给自己的学生。这些宝贵的技能无不让我们受益终生！

在以后教育自己孩子的生活中，我也是努力以韩老师为榜样，尽量给予鼓励和表扬。

13. 相约 98 的师生情

作者介绍

陈紫薇，98 年入学，博士研究生，师从韩济生院士，现就职于华盛顿大学（圣路易市）麻醉科（Washington University in St Louis, Department of Anesthesiology），助理教授。

2018 年除夕，在美国的我们没有法定假期，但是仍在忙碌的早晨打开电视和国内同步收看中央电视台春节联欢晚会。偶遇王菲和那英合唱《岁月》，让我不禁想起《相约 98》已经过去整整二十年了。岁月渐行渐远，而我们和韩老师的师生情谊却愈进愈浓。

我的硕士导师张万琴教授是韩老师的得意门生，因为一些实验合作我在硕士学习期间有机会到韩老师实验室工作了一个月，整个实验室严谨治学和刻苦工作的气氛深深地感染了我。于是在硕士毕业的时候，我抱着势在必得的决心和战战兢兢的心情报考并成为了韩老师的博士研究生。在神经科学研究所的学习和生活充满快乐，并充满了希望。每周的午餐会，每月两次的半月汇报，每年的夏季郊游……给我留下的印象就像孩子的生日一样，不一定清楚地记住每一个细节，但每一个回忆都是温暖的。1999年12月31日傍晚，同学们准备了食物和糖果一起就餐，大家很希望韩老师能够和我们一起迎接新世纪的到来，但也知道天气很冷，时间很晚，韩老师一直很忙，所以当我们打电话给韩老师的时候，心里已经做好了被婉拒的准备。但出乎我们所有人的意料，韩老师毫不犹豫地就答应了。当向大家转达韩老师将和我们一起迎接新年的时候，整个11楼会议室都沸腾了，大家都欢呼了起来。半小时后韩老师穿了一件深色的大衣出现在了会议室门口，大家都报以热烈的掌声。那是我第一次感觉到韩老师风度翩翩，精神矍铄。韩老师为我们带来了食物，席间韩老师像亲人一样和我们一起聊天，说笑直到深夜。从此每逢新年，我都会想起和韩老师一起迎接21世纪到来的场景。

在读博士期间，罗非老师全家去美国访问，我们就借住在罗非老师家中，同时也顺理成章地和韩老师成了楼上楼下的邻居，我有机会看到日常生活中的韩老师。韩老师当时骑车上班，黑色的手提书包放在前车筐里，他的骑车技术特别好。有时候脚前脚后和韩老师同时下楼，我刚刚推车走出家属楼院门，韩老师已经穿梭于人群中飞奔到校医院附近了。经常看到韩老师彬彬有礼地和邻居们打招呼，完全没有院士的架子。在博士即将毕业时，我有幸陪同韩老师和朱老师在大连故地重游。在风景如画的海边，韩老师牵着朱老师的手漫步在沙滩上，多年相濡以沫的感情溢于言表。当晚，韩老师参加了老同学和同事为他特别准备的聚会。十几位七旬的老教授们个个精神焕发，感慨岁月流金，回忆过往，展望未来。仿佛又回到了昨日的同学少年。兴致正浓时，韩老师和大家一首接着一首地唱着老歌，拉起手围成一圈跳起了当年的集体舞。那一刻我仿佛和韩老师、朱老师一起回到了他们的年轻时代。

两年前我的生活出现变故，韩老师第一时间带领实验室的老师和同学们为我送来鼓励和帮助，韩老师还连夜为我题字：天意固难违，友情可暖心。收到韩老师题字的那一刻，我泣不成声，那其中不仅仅是感动和感激，还有想念、内疚和歉意…。我经常拿出这幅亲笔题字看，韩老师的苍劲的笔锋传达给我无尽的关爱和鼓励。在这里我向韩老师和朱老师深深地鞠躬，谢谢韩老师在科学道路上的培养，谢谢您和朱老师在生活中的帮助和鼓励。

14. 我的导师韩济生院士

作者介绍

孙瑞卿，导师韩济生，1998 年入学，现在美国得克萨斯大学医学分部任住院医生。

岁月流逝，每当我想起导师韩济生院士，感激和崇敬之情就油然而生。一九九八年，我怀着万分激动的心情被录取成为韩老师的博士生。当年只有三个名额，后来扩招，我被录取，非常感谢韩老师、王晓民老师的信任，以及师兄赵承水的推荐，使我有幸成为韩家军神经科学研究大家庭的一员。在韩老师实验室学习的三年和来美国工作以后，与韩老师交流的点点滴滴都是我生命中的宝贵财富。韩老师的严谨敬业，求索奉献，关心爱护学生，都值得我一生学习。

在读博士的三年，我的研究课题是针刺在神经源性痛中的作用。刚开始课题开展得没有预期那么顺利。承水师兄和我花了半年多的时间建立神经源性痛模型并用电针治疗，实验结果不理想。当时我心里很焦虑，加上想念远在家乡青岛的小儿子，情绪很不好。韩老师看到了我的焦虑，通过半月汇报，指导我要选用合适的观察指标来研究电针即时镇痛作用和长期累加镇痛作用。为了增加我的信心，韩老师先让我做了一个临时小课题。这个小课题做得很顺利，因此我发表了一篇文章。随后，我的心安静下来，重新开始做我的课题，由于模型比以前稳定，观察指标更加贴近临床，实验结果证明电针对神经源性痛有即时和长期累加镇痛效应。实验用的是盲法，我做模型和治疗，王贺春师弟测疼痛指标。当统计结果出来的时候，结果好得令人难以相信。

临近毕业半年之际，当时的北京医科大学要求博士生在毕业之前要发表两篇国内或一篇国际文章。我投到国际杂志的文章当时还没有消息，非常着急。通过与韩老师交流，我告诉他，我没有投国内的杂志因为听别人说他不会同意我投国内杂志。韩老师听后对我说，不要道听途说，应该直接问他；并让我赶快投国内杂志，保证能按期毕业。听后我心里很感动，也很受启发。尽管我投的国际杂志文章还是在毕业之前发表了，但韩老师的话使我终生受益。

联系出国十分顺利，Dr. Willis（我的第一个美国教授）收到韩老师推荐信五分钟之后，就答应接收我去他的实验室工作。后来办理签证时很费周折，在这过程中，韩老师给予我很多帮助，我也深深体会到了韩老师对学生的关心与爱护，韩老师总是帮助学生做最好的选择。出国后最初几年，每年都会收到韩老师的新年贺卡和年终总结，心里很安慰。我在 Dr. Willis 神经科学实验室工作了六年，发表了数篇研究论文。后来，我转做注册护士，心里总觉得愧对韩先生的培养，没有再主动和韩先生联系。2016 年，我有幸加入了神经科学研究所韩老师的微信圈，心里真是万分高兴。

时光匆匆，回想走过的路，尽管现在我不再从事科研工作，但在韩老师那里学到的做人做事的道理使我终生受益。现在我正在接受神经科住院医生的训练，能够重新从事医生这个职业，受益于韩先生的言传身教；毕生求索进取奉献。

15. 我的博士生导师故事

作者介绍

田德润，2000 年入学，在职博士，2006 年获得博士学位，师从韩济生院士。2005 年任天津医科大学科技处副处长；2008 年任招生办主任兼教务处副处长；现就职于天津医科大学基础医学院解剖系副主任，教授，兼任天津医科大学医学检验学院院长。

缘起

1997 年，北京十月金秋，我参加北大医学部神经科学研究所主办的一个国际性学术会议，韩老师是大会主席。这是我第一次聆听韩老师的报告，记得这次会议中外大咖云集，会议中还见到了王晓民老师（应该是大会秘书长）。会议期间我参观了当时的神科所，留下了非常深刻的印象。

2000 年初，天津医科大学与北医协商，选拔 6 名中青年教师赴北医攻读在职博士学位，我有幸成为其中一员。由于我在解剖教研室工作，最初选择的是到北医解剖系读博士，但当年解剖系的博士招生计划已满，需要等到下一年度。情急之中我想起曾经参观过的北医神科所，就冒昧地给神科所写封自荐信，希望能到神科所读博士。非常幸运，没过多久我就接到到神科所面试的通知。我很快赶到神科所，清楚记得是王晓民老师接待我，王老师看了我的硕士毕业论文后说了一句让我记忆犹新的话："你的硕士论文就这么简单呀！"这句话真的让我感觉惭愧，1988 年读硕士时，我只是做了一些大鼠饮水行为学的实验研究，确实很简单，就连毕业论文还是蜡纸版油印的。

2000 年 5 月 20 日，我到北医办理相关手续，然后到神科所再次找王晓民老师。王老师跟我讲，韩老师最近打算开辟一个新的研究方向，需要一个研究生，那你就跟韩老师做实验吧！然后就把我带到韩老师的办公室。此时此刻我怦然心跳，既兴奋有紧张。兴奋的是即将成为大名鼎鼎韩院士的学生，紧张的是我没有丝毫思想准备，1997 年看到讲台上的韩院士，今天再次见到精神矍铄、无比敬仰的韩院士，而且成为我的导师，发懵得都不知道说些什么好。

估计韩老师看出了我的紧张心情，先是很和蔼地跟我聊了聊，让我简单地介绍一下情况。然后韩老师拿出一篇《Nature》最新的文献对我说："最近一期《Nature》上同时发表了权威专家撰写的 5 篇有关肥胖的综述，目前还没有有效的药物治疗肥胖。虽然有一些文献报道了临床上针刺治疗肥胖的疗效，但缺乏机制的研究，我打算在这方面做一些深入的研究，不知你是否感兴趣？"虽然我自知能力有限，但还是信心满满地表示愿意做这方面的研究。韩老师嘱咐我，下一步要认真查阅相关文献，写一篇综述，准备开题报告，最后拿出一本刚刚出版的由韩老师编著的《针刺镇痛原理》，亲自题字签名并盖上印章送给我，让我受宠若惊！至此，在韩老师指导下我开启了三年博士生涯。

建立肥胖大鼠模型很麻烦，周期很长（14 周），需要每周自制高能饲料。为了让这帮小家伙能够多吃、长胖，我在基础饲料粉中按一定比例添加了猪油、香油、花生、白糖和鸡蛋等，然后用烤箱烤干。记得每次做饲料时，整个神科所楼道都会充满烤蛋糕的香气，大家都会说："哇！好香呀，老田又做蛋糕了。"经过反复摸索、调整高能饲料的配方，大鼠体重最高可达 800 多克，食源性肥胖大鼠模型终于成功了。但这又遇到麻烦，电针时所用的大鼠固定套筒根本装不下我喂养的这些大胖子，又得自己找材料，制作加粗加长的套筒。在成功建立肥胖动物模型之后，后面的实验研究开展起来就顺利多了。

转眼过去多年，我每每回味在神科所的那段时光，点燃的记忆恍如昨日，那些人、那些事历历在目，似火花又似流水，在我的血脉里激动地跳跃。当年我已年近 40 岁，每周往返于津京两地，虽然很艰辛但非常值得。由于硕士期间导师要出国，我提前一年完成毕业论文答辩后，主要从事教学工作，虽然晋升了副教授，但科研能力较低。突然来到神科所这样学术水平很高的平台，可以说是一切都要从头学起，真的很难，我最终还是坚持下来了，体会到什么是不耻下问，什么是以勤补拙，什么是坚持就是胜利！在韩老师的悉心指导和督促下，我终于完成了博士论文，用严谨的研究方法证明了针刺治疗食源性肥胖大鼠的作用和机制，并发表于《Neurosciences Letter》。当年在 SCI 上发表针刺治疗肥胖的文章是很少的，而且该研究项目还获得 2002 年度国家自然科学基金资助。这是我第一次发表 SCI 文章，第一次获得国家自然科学基金。在此衷心感谢韩老师，给我这样一个难得的机会，让我获益终生；也感谢神科所曾给我巨大支持帮助的所有老师和同学（名单太长，不一一列举）！

这段刻骨铭心的经历成为我大学教师生涯的转折点，让我真正学会了如何去做科研，如何去指导学生，为我后来的科研工作奠定了夯实的基础。目前我继续沿着韩老师为我指明的研究方向带领自己的团队从事肥胖发生机制的研究。

后记

按照教育部规定，在职攻读博士学位，必须有省部级科技奖励才能答辩，我一直等到 2006 年才回到神科所进行答辩。在办理答辩手续时出现一个小插曲，原来我刚到北医时填报的导师是王晓民老师，又重新办理转导师手续，将导师正式改为韩老师，成为名正言顺的韩济生院士的学生，我自豪（王老师别生气，做您的学生我也是很自豪的）！

16. 难忘的一次挨“训”

作者介绍

邢国刚，2001 年于西安交通大学获得博士学位，同年进入北京大学神经科学研究所做博士后研究，合作导师韩济生院士。现任北京大学神经科学研究所教授。

韩老师一向律己极严，对待自己的学生当然也是严格要求的。

据说凡是在韩老师实验室待过的人，无论是硕士、博士还是博士后，甚至是外来的进修人员，无一能够“幸免”，全都挨过韩老师的“训示”。因此，每一位新来的学生也都将挨过韩老师的“训”视为真正步入师门的标志。实验室里有一个流传至今的真实故事，一位外来进修的访问学者，在来实验室后很长的一段时间里，一直没有得到韩老师的“训”，于是她在心里就犯起了嘀咕：“是因为我不是先生的嫡系弟子，还是由于先生觉得我孺子不可教呢？”直到有一天，她像其他学生一样也挨了韩老师的一顿“训”之后，她心中那个疙瘩才终于解开了。事过之后，她十分自豪地对周围同学说道：“现在我终于也算是真正的韩门弟子了！”

我是2001年师从韩老师做他的博士后的，出站后一直留在先生的身边工作，因此聆听先生的训导自然也就比其他学生多了许多。我的每一步成长可以说都是在先生的训导下走过来的。随着岁月的流逝，虽说有些已经记忆模糊，但许多训导至今还在引导着我如何处事、怎样做人。

我的第一次“挨训”是在我博后进站不久，当时先生在招我做博后时就告诉我，鉴于我在研究生期间的电生理学知识基础，要我进站后将所里那套多年废弃未用的电生理平台恢复起来，因为现代神经科学研究不能没有电生理学技术的支持。当我踌躇满志地打开那套封存已久的电生理仪器时，心一下子像是掉进冰窖，凉透了！由于年久未用，再加上多次实验室的调整挪动，许多仪器的导线和配件都已丢失，有的仪器甚至连启动开关都打不开了。怎样才能让这堆“破烂儿”运转起来，而且还要利用它们完成我的博后课题，说实话，我心里着实没有一点儿底了！说来也巧，几天后的一个早晨，我在电梯里遇见了先生！几句问候之后，先生主动问起了我恢复电生理平台的进展情况，并问我有没有遇到什么困难。先生的话一下子触动了我那根委屈和焦虑的神经，于是我喋喋不休地抱怨道，这台仪器缺了什么导线、那台仪器少了什么配件，由于这些仪器都是早年日本光电公司的进口设备，现在这个公司已经不再生产这些产品了，丢失的配件根本无法弄到……我真的不知道怎么办才好，更担心我不能按时完成自己的博后课题！最后我试探着问先生是否可以允许我换一个课题，也可以像其他学生那样，做一些与细胞、分子生物学相关的“高大上”的课题。听完我的抱怨，先生静静地看了我一眼，然后语重心长地说出了让我这一辈子都不会忘记的一席话：“博后是要来创业的，不是来坐享其成的！你的事业才刚刚开始，如果遇到一点儿困难就选择放弃和逃避，事事都等着别人把你前面的路铺好，你会发现你的路将会越走越窄，最终将一事无成。”听完先生的训导，我顿时感到如梦方醒、羞愧难当。是啊，这是我博士毕业后所做的第一件事情，现在遇到这么点儿挫折就要放弃和逃避，今后我还能做成什么呢？“不能放弃，绝不能放弃！”先生的训言犹如警钟般一直在我耳边长鸣，告诫我无论遇到什么样的困难，也一定要将这套电生理平台搭建起来！在接下来的日子里，我无数次地奔走于知春路上的中发电子大厦，购买各种导线、插头和电子配件，回来后就将自己关在实验室里，拆卸、检测、组装、调试……实在找不到的配件，就直接去求助自己的博士生导师帮忙！功夫不负有心人，终于在进站的半年之后，这套当初我几乎要放弃的"在体细胞外记录"的电生理平台终于搭建起来了！当我用这套自己亲手搭建起来的台子记录到第一例漂亮的神经元放电的时候，我在无比激动之余也深深地明白，没有先生那次振聋发聩的训导就绝不可能有今天的成就！

出站后，我选择了继续留在先生的身边工作，当然也就免不了获得更多的挨训"殊荣"，然而在每一次的挨训之后，我都发现自己要比原来更成熟、更"长大"了一些。先生的训言犹如一座灯塔，一直照耀和指引着我人生前进的方向；先生的训言又宛如山涧的一道清泉，不断给我力量，滋润我的成长。每当我在事业中遇到挫折或出现迷茫的时候，先生都会及时地给我以耐心的训导，让我能够重新振作起来，去战胜困难；每当我在人生的道路上出现了少许的偏差，先生也都会及时地给我以严厉的训责，让我时刻警醒，走正自己人生每一步的征程。

值得欣慰的是，在先生一次次的"训"和激励之中，我也慢慢地成长起来了。这些年不仅又重新组建了另外一套细胞外记录的电生理平台，而且还陆续建起了单细胞膜片钳、脑片膜片钳、在体多通道阵列微电极记录，以及光遗传学和化学遗传学等多种电生理学记录系统，使我们神科所的电生理学技术平台几乎能够满足所有 PI（实验室主管）的实验需求，促进了神科所整体研究实力的提升。

在先生的身边工作时间久了，我慢慢地发现先生对待自己的学生（甚至是所里的同事），既是一位严师，又像是一位慈父。就像是每一位父母对待自己的孩子一样，爱之深，才责之切。每次聆听完先生的"训"，我都有一种重生的感觉。我很幸运，在我人生的道路上，能够时时得到这样一位严师慈父的"训"，伴我成长、催我奋进，这是我一生中最为宝贵的财富，我定当会好好珍惜。

17. 会讲故事的韩老师——记韩济生院士

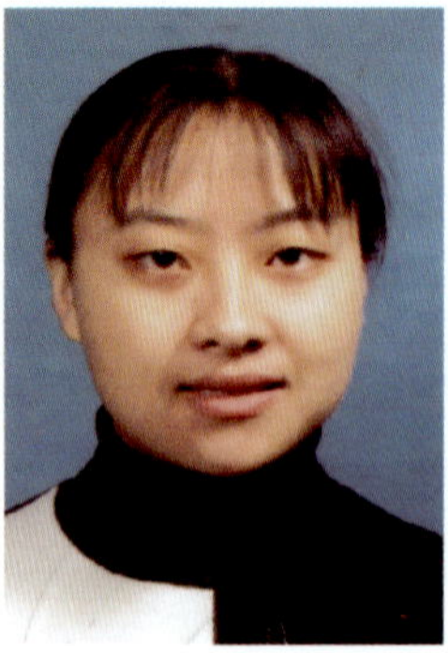

作者介绍

刘风雨，师从万有、韩济生，2002年入学，现为北京大学神经科学研究所副教授。

2002年的9月，我有幸成为韩济生院士和万有教授的博士生。韩老师学识渊博，思维敏捷，工作一丝不苟，是一位睿智的学术大师。在我的心里，他更是一位风趣幽默，会讲故事，很接地气的教师。通过讲故事，韩老师把做人做事的道理分享给大家，让我们如沐春风、受益匪浅。下面，就和大家分享几则故事：

节约时间的金点子

韩老师是一名杰出的神经科学家，也是一名社会活动家。他在一线做教学科研工作的同时，还组建了中华医学会疼痛学分会和北京市神经科学会。韩老师每天事务繁忙，他的成功有一个重要的秘诀，就是节约时间。记得在2003年的一次午餐会上，韩老师分享了1个节约时间的金点子。在生理楼工作的时候，为了节省时间，韩老师常常步履匆匆，上楼梯时两级并一级。后来搬到北医的中心实验楼，楼里装的是电梯。为了节约在电梯里的时间，韩老师进电梯后，总是先按关门键，再按楼层键。这样，每次上电梯里都可以节约一秒钟的时间。所谓积水成渊，事业的成功都是由点滴积累而成。

“求索”感悟

2013 年，神科所党支部组织参观“韩济生院士实物展”。展厅里面的每个摆件都按照时间的顺序，放置得井井有条。每张照片、每本书籍、每件仪器，都寓意深刻，体现出韩老师严谨求实、自立自强、坚忍不拔的性格。最难忘的是，在实物展的放映厅，韩老师结合自己成长的历程，给大家做了一个励志的报告。现在想想，当年韩老师的报告题目可以命名为《不忘初心，砥砺奋进》。

“路漫漫其修远兮，吾将上下而求索”出自屈原的《离骚》。韩老师对“求索”二字的感悟：“探索，追求，动脑筋，想办法，从表象中求规律”。韩老师曾经心潮澎湃地分享自己做针刺镇痛图的故事。当时白天做实验很辛苦，晚上不管有多晚，韩老师也要将积累的数据整理好，规规矩矩地画在坐标纸上。看到图中的镇痛效果缓起缓降，他求得半衰期，推出上升期，从而推想出针刺镇痛的神经化学机制。在报告期间，韩老师还给大家讲了一个“大力士和收税员”笑话。大概内容是：马戏团的大力士力量大，轻轻地就可以折断很粗的铁棒。在一次比赛中，大力士向观众提出他那著名的一百英镑悬赏：“你们看到这根根甘蔗吗？现在我先把甘蔗汁挤干，如果谁能来把我挤过的甘蔗再挤出一滴汁来，我就给他一百英镑。”有几个气力大的人上台试试，但都失败了。这时，一个小个子走进来，这引起人们一阵阵哄笑声。然而，令人吃惊的是，这个小个子居然还能把甘蔗挤出汁来！大力士不禁惊叫道：“先生，你真行！你是干那行的？”小个子啊了一声，说：“收税的。”当然，这只是一则笑话。通过这个笑话，韩老师想要传递给我们理念是：科研资料就像甘蔗一样，值得一次次地进行深度的挖掘。在韩老师六十余年的教学科研生涯中，经常对着一张图看得出神，然后推导出一系列的重要发现。

韩老师归结自己的成功之处在于“求索”之功。

“奉献”精神

韩老师是当代神经科学家。在他眼中，什么样的科学家最了不起？神科所开会的时候，韩老师讲了“当代毕昇”王选院士和“杂交水稻之父”袁隆平院士的故事。这两位都是“顶天立地”的大科学家。所谓“顶天”，就是科研上不断追求思想和技术上的创新。所谓“立地”，就是研究成果转化的产品接地气，服务大众。一位科学家做的事情，能够顶天立地，他就非常了不起。韩老师毕生都在思考一个问题：自己的科研成果，如何能够最大限度地造福大众。就是在这种“全力以赴、精益求精”的奉献精神下，韩老师一直都重视转化医学。药物成瘾、儿童孤独症和不孕不育，都是世界范围内的重大医学问题。至今，韩老师每天仍然工作在科研一线，开发验证韩氏仪对这些疾病的临床疗效和治疗机制。韩老师风趣地说：“有限人生，将时间达到最大利用率，尽可能扩大战果，以实现儿时‘济生’的愿望！”。

感谢韩老师，您让我们学会思考，学会做人做事，学会做教研工作！韩老师的故事，故事里的韩老师，一直激励神科所人不断地勇攀高峰！

18. 深深的一躬

作者介绍

张瑛，师从王韵，2002 入学，现为北京大学神经科学研究所副教授。

韩老师堪称我国疼痛学界、针刺学界的泰斗，从 20 世纪 60 年代接受周总理的嘱托，开始从事针刺镇痛机制的研究，至今已近 60 个年头。人说“六十一花甲”，六十年来潜心专注一件事——针刺镇痛的机制与针刺的应用推广，这是何等的坚韧与执着，为当今社会提倡的“不忘初心，牢记使命”的时代主旋律做出了完美的诠释。时至今日，虽然韩老师已不像往日那般“拼命”，恨不得把百分之二百的时间都投入到科研当中，节奏有所放缓，但他仍旧坚持在教学科研第一线，为推广针刺在孤独症治疗中的应用做着不懈的努力。因为办公室临近会议室的缘故，我几乎每周三下午都能看到韩老师准时出现在会议室，参加课题组每周一次的小组会，他亲自与研究生讨论结果，亲自为他们批阅半月汇报。因为每次见到韩老师总是精神矍铄，目光迥然，思路那么清晰，讲话掷地有声，我甚至会忘了他的身份和年龄，只是把他当作神科所的一名“普通教授”。

提到针刺镇痛，没有人不知道韩老师，提到内源性阿片镇痛，更没有人不知道韩老师，他在针刺镇痛领域的研究成果已经载入史册。因此，在前不久全球著名的学术出版商 Elsevier 公布的 2017 年中国论文高被引学者榜单中，韩老师仍然高居神经科学领域的前十名（第四名），不得不令人景仰和叹服。但韩老师从不因为自己是大家、名人而居功自傲，搞特殊化，反而更加的谦逊和低调。

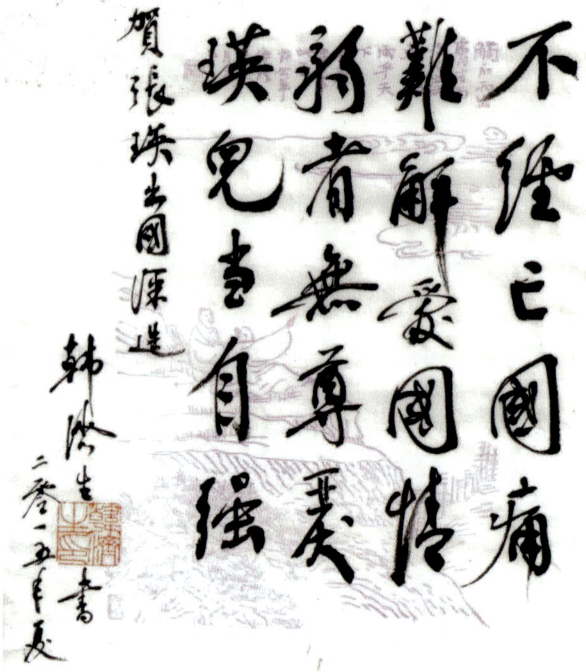

2008 年是不平凡的一年，于国家是因为中国首次举办了奥运会，举世瞩目，于韩老师是因为这一年，他“亲手栽培”的北京神经科学会二十

岁生日了，而他自己也恰逢八十寿诞，又是从教五十五周年。神科所的上上下下，齐心协力举办了一场四百余人的学术报告会，同时邀请海内外的"韩门弟子"回家看看，包括当时在国外著名大学任职的陈东风博士、纪如荣博士和谢翠微博士等，他们还在报告会上做了精彩的演讲，记忆犹新。在报告会结束后的聚餐中，韩老师偕夫人朱老师，向到会的各桌嘉宾一一举杯致谢。我当时是博士毕业刚参加工作第二年，还是个毛头小孩，但有幸和神科所的其他年轻教工一起，承担了会议的一些具体工作。当韩老师走到我们一桌时，他放下手中的酒杯，偕夫人向我们一桌"年轻人"深深地鞠了一躬。他的目光依旧炯然，但态度是那么真诚，那么让人敬畏。这一"躬"深深地触动了我的内心。一位声名显赫的学者、德高望重的长者，向一些初出茅庐、不知天高地厚的无名小卒致敬，这是何等的谦逊，何等的胸怀！

这件事已经过去将近十年，我也算得上神科所的"老人"了，但韩老师那深深的一躬，铭记在了我的内心，这才是大家！这才是风范！

至今，在神科所工作已有十余年，虽然我跟韩老师不在一个课题组，但韩老师时时处处挂念和关心着我们这些"年轻人"。还记得 2015 年夏天出国进修前，韩老师亲自为我提的一首诗——"不经亡国痛，难解爱国情。弱者无尊严，瑛儿当自强。"此生，我将铭记韩老师的嘱咐，牢记使命，砥砺前行！

19. 与韩老师一起走过的 8 年针刺转化医学之路

作者介绍：

张嵘，2006 年 7 月于复旦大学上海医学院获博士学位，现为北京大学神经科学研究所副教授。

2006 年 3 月，我第一次来神科所面试时，就被神科所的领导们问道：“你是学临床的，愿意去临床上做科研吗？”我说：“当然愿意。”“那如果是去戒毒所面对吸毒人员呢？”“也可以。”在经历 100 多份简历的筛选和 5 名最终面试者的竞争后，我留了下来。初到神科所的两年，我在崔彩莲老师组做基础研究，无论是疼痛还是药物成瘾，都是和针刺疗效相关的研究。我翻阅了韩老师 3 大本针刺论文集，心想针刺原理已经做了这么多了，我又能贡献出多少新理论呢？ 2007 年 3 月，一名委内瑞拉中医来神科所办公室，希望复印韩老师的《针刺镇痛的神经化学原理》第一卷（市面上已经买不到，图书馆又不外借），看到如此热情的“脑残粉”，我禁不住问他的背景，一名留学中国 5 年的中医，回去开了诊所，用韩氏仪治好了难治性溃疡性结肠炎与抑郁症，但是搞不懂为什么有效，决定自费留学两年再次学习针刺理论。我被神奇的韩氏仪感染了，一下子买了 3 台，送爷爷、奶奶，姥姥、姥爷，自己也留一个。2007 年暑假，我偷偷写下自己的理想，我不想重复前人的针刺基础研究，我想在韩氏仪的临床应用上做点突破。2008 年 9 月，刚休完产假的我突然被叫到韩老师办公室，崔老师也坐在一旁，我大概入职 2 年，只和韩老师碰过 2~3 次，韩老师问我是否愿意和他一起做临床，如果愿意就转到他的组。我毫不犹豫地说：“愿意啊！”韩老师说有好几个题目，有孤独症的，也许要到哈尔滨工作；有戒毒的，也许要到广州工作。无论哪一个，对我来说都是新鲜的。一段爷孙针刺转化医学之旅正式启程！

初期（2009—2011）：研究方向探索，小型基金申请，探索性临床试验发展阶段

在我致力于临床研究后，工作模式发生了彻底变化，校内两点一线的生活变成了：校内、市外不定期出访和调研，为此，为了方便出行，我也把准备买房的钱，先买了车。当时对于到底做哪个方向，我还处于观望和尝试阶段。一段时间后，我才知道，韩老师有做临床的心思已经很久了，并且已经有很多前期合作基础与联系。当时，韩老师布置给我的工作范围包括：河北涿州的孤独症研究基地、中国康复研究院的截瘫后肌痉挛研究基地、北大六院的抑郁症研究基地、山东中医药大学的生殖医学研究基地。韩老师甚至亲自带我去和当地负责人接洽，并安顿我后期工作。收集初始数据，和医生交谈，和患者访问，3 天一小结，5 天一汇报，不亦乐乎。随后，我向中国做循证医学最厉害的华西医学院的专家学习，明白了做临床的基本流程，写方案、过伦理检测、临床试验注册、签知情单、入组干预与收集数据。我也在这一两年中收取了各方面数据，有了初始积累。2009 年 5 月，韩老师从夏威夷会议归来和我谈想法，他神情严肃地说针刺研究现在面临很大挑战。国

际上接连发表两篇文章，指出针刺镇痛相对安慰剂对照组无效，这个肯定和设计有关，也和参数有关，为针刺疗效正名，是你我的责任。从那天开始，我们决定好好地干一场，一切按正规要求进行。我们把以前的自身前后对比疗效研究，改为设计两组间比较，其实我们已经有了专门设计的安慰剂韩氏仪（间断的 5mA 刺激），评估的疗效指标也根据文献设定了可行又公认的指标，样本估算，随机方法都一一加以慎重考虑。我们成功申请到了孤独症与生殖医学的两个国自然项目，和合作者签署协议，规范责任义务与定期会晤原则。

中期（2012—2015）：集中研究方向，扩大合作对象，验证性临床试验发展阶段

经过分析前期进展与未来市场需求，我们决定专心致力于两个研究方向：孤独症与生殖医学。在基金支持下，大家的工作规范起来，同时，韩老师也招收研究生投入到孤独症的相关研究中，单枪匹马的我终于有了 1~2 个“小兵”。同时，韩老师之子韩松平博士回国加盟针刺转化医学团队，为科研设计的科学性、创新性助力！

科研逐渐走上快车道，北医三院生殖医学中心的加盟，大大加快了数据获得的速度以及增加了其可信性，我们还获得卫生部行业专项的支持，有了较大额度的经费，可与更多生殖机构开展合作研究。在北大临床研究所的技术支持下，我们有了开展高规格的多中心中央随机对照临床试验的可能，高大上的电子数据库，第三方独立统计也应用了起来。孤独症研究也因为有了研究生的力量，在适应人群选择、参数筛选、动物模型机制探索等多方面开展起来，我们的工作渐渐形成稳定的研究方向。相比实验室研究，多中心大样本的临床研究的管理工作、科学文件、对接人头多不胜多，合作医院医生在繁重的日常工作之余，还要完成临床任务，控制入组进度与数据质量需要投入大量精力才能按时推进，工作进行困难时，韩老师就出面给大家鼓劲，激励大家克服困难，勇敢完成任务。

韩老师在疼痛医学以外的论坛里渐渐活跃起来，针刺转化医学成为这段

时期学术报告的主旋律，我们有了 5~6 个研究生规模的研究团队，韩老师又重启博士生一线导师角色，每周三下午 3 点，和三人导师小组，以及研究生讨论、辩论，一起享受研究的苦与乐！韩老师在新数据进展面前，时而激动地双目放光，时而严格纠正研究生思考和表达中的不足之处。我也在韩老师训练研究生的同时获得学术进步，12 年学术成果让我晋升副教授，我和韩老师共同体验为人师的艰辛与快乐！

然而，韩氏仪的产业化也遇到寒冬，原来生产韩氏仪的南京济生公司项目终止，与后续产业化的继续，都让韩老师伤脑筋。为了不再受产业化公司的影响，韩老师决定自己实现产业化，重新设计制造第五代韩氏仪，彻底摆脱被别人控制的命运。

后期（2016– ）：成果呈现，产学研推进，注册用临床试验发展阶段

随着临床研究的进展，韩氏仪临床应用目标逐渐清晰，在生殖医学方面对试管婴儿成功率低、高龄妇女怀孕困难等西医难治之病逐渐显示出优势，在孤独症方面对于中重度冷漠型和被动型儿童的社交、语言、挑食等有显著改善，相应的动物模型与机制探索也渐渐稳步成熟与深入。同时，转化医学的成果也渐渐呈现，专家共识、专家著作、专利、论文、主办国际专题会议、发起成立专业委员会与研究中心及两款新型韩氏仪研发成功，被国内外专家与政府认可，多年的积累渐渐得到回报。我们的临床转化医学研究从以往习惯以科研为目的的验证性临床试验，转变为应对国家药监局批准医疗器械上市的注册前临床试验。韩老师不仅是单纯的基础医学科学家，而且增加了医疗器械发明人的身份；从事临床试验的目的也不仅要满足论文发表，而且要满足法规的要求。项目管理文件进一步增加，产品相关的资料种类繁多，试验记录严格而又繁琐，数据质量要求进一步提高。韩松平博士亲自踏入从未涉猎的临床研究领域，成为一名监察员，同时生产线与质量标准建立、资金筹集等担子都压在他的身上。我结束了持续几年的跑一线临床研究工作，变成了一个真正的文件生产超人，动辄出版几十大盒临床资料与研究者手册。同时，作为科学家产业化自给的发明和技术转移，处理好关联交易、融资洽

谈，都是必不可少的环节，相应的财务、法务、商务事宜迎面而来。对于我们三名纯科研人员来说，面临了更大的挑战，甚至我们也会出现内部意见不统一。

在此关头，韩老师作为我们转化医学研究与产业化团队的精神领袖，以创造性的理念，为我们建立思想指导原则，在求同存异的原则上鞭策着我们继续前进。

这是 2014 年 2 月，韩老师给我们团队的指导原则：

● 特点：CAP

■ 互补 Complementary：老中青结合，1+1+1>>>3, 显示强大生命力；

■ 积极 Active：有高度活力；

■ 预期 Perspective：第一发展期设定为 5 年（2014—2018）。

● 内部守则：VAST

■ 尊重 Value：尊重自己的地位，尊重对方的价值；

■ 忠告 Advice：出现问题是常态，善意出发提出忠告，用正能量化解矛盾；

■ 支持 Support: 尽最大能力发挥自己的作用，支持集体，支持对方；

■ 坚信 Trust：坚持对集体的信心，对对方高度信任。不轻言放弃！

● 外部形象：RESK

■ 可信 Reliable：值得信任；

■ 有效 Effective：临床有效；

■ 科学 Scientific: 科学根据；

■ 慈善 Kindness：普济众生。

韩老师对我学术和做人做事的影响

无法否认，韩老师是一个充满激情的人，无论是对学术还是对生活，这种激情和年龄无关，和年代无关，他像一个纯洁的孩童一样对科学抱有好奇之心，心无杂念，勇往直前，对自己的追求高调而又务实，保持自己的本色，感染了一代又一代追随者。韩老师不仅聪明细心，而且勤奋有条理，前者是天资，后者是习惯，从他的物件保存、文件管理，以及针对每个物件背后的故事，都是那么生动有序，这些收集与思考的习惯让韩老师的人生规划尽可能有准备地实现，铸造成功人生。韩老师又是一个敢于面对自己和他人内心的人，在一起出差的路上，在一封封长长的邮件里，亲密无间地交谈自己曾经有过的遗憾，指出我身上的不足，像对亲孙女一样谆谆告诫，这些沟通让韩老师不压抑自己，不敷衍别人，彼此心灵的窗户始终是敞亮的。这些都是珍贵的财富，值得我回忆与效仿终身。

在我来神科所之时，韩老师已经功成名就了。他不仅从事神经科学的教学科研，还花费大量精力推动临床疼痛医学，和主编《疼痛医学》杂志等。我有幸赶上末班车，和他经历了 8 年多的针刺转化医学之路，一起干，一起苦，实为三生有幸。眼看着从几个患者的口头描述发展成一个课题几十页的临床研究报告；我作为一个小讲师从奔跑于各个医院间，变成和各位临床专家共议未来科研与应用的走向；韩老师从抱着好奇的心态探望治好的患者到走向国际会议的大讲台，挥洒自如地讲述一个又一个转化医学研究历程；我们俩以共同合作者的身份写在一个个 PPT 与论文首页，这就是一步一步走过来的路，我们彼此成就，我们珍惜世缘。尽管做转化医学很难从影响因子上迅速产生效益，但是看到一个个不孕症患者顺利怀孕，看到孤独症孩子的父母感谢的目光，引用韩老师在 2017 年北大研究生毕业仪式上的讲话，“在你退休的时候，回想自己的一生，如果你的所作所为能使国家更美好、使百姓更幸福，那么以前受过的那些苦和累，就都是值得的！”

20. 师之大者——记我眼中的韩济生老师

作者介绍

徐新杰，师从韩济生、张嵘，2010年入学，现工作单位为北京协和医院，职位为助理研究员。

转眼间，从北医神经科学研究所毕业已有两年。每当回首那五年的研究生生涯，内心总会充满温暖与感激。五年的科研生活，可以说充满了酸甜苦辣，既有实验成功时的兴奋与欢笑，也有面对困难时的苦苦思索与不断尝试。非常感谢在此过程中有韩老师的关心与帮助，在他的耐心指导下，我的每一步都走得无比踏实与坚定。中国人的情感大多是含蓄而内敛的，感激的话总难开口讲出，借此机会向韩老师表达我内心最诚挚的谢意。

至今我仍记得第一次和韩老师见面，是保送研究生时与韩老师的面谈，当时内心既无比激动，又有些许紧张。面谈中韩老师和蔼亲切的面容和对我的谆谆嘱咐至今还清晰地记在我的脑海中。韩老师谈到针刺研究的由来、发展历程和取得的一系列成果时，内心的喜悦溢于言表；从韩老师的言谈举止中，我被他对这份事业发自内心的热爱与自豪之情所深深感染；韩老师也提到，年轻人的兴趣总是多样和多变的，所以希望我能静下心来，踏实认真地做好一件事。过去的几年，我从神经科学领域的“门外汉”到略窥门径，至今对该领域已有了一定的理解并产生了浓厚的兴趣，这个过程离不开韩老师的言传身教和辛勤指导。有人说，一个人如果能将自己喜爱的事业作为工作，那么他将是无比幸福的，从这个意义上讲，韩老师在事业上是一个幸福的人!

我进入实验室，开始课题研究之后，与韩老师的交流也越来越多。五年以来，从实验的设计与思考到数据的分析与挖掘，再到如何不解自明地进行作图、简洁生动地进行学术汇报与交流，韩老师对我的殷殷教诲真的是事无巨细，这些训练使我终身获益。最为难能可贵的是，每次的交流韩老师总能给予我们及时的反馈并提出修改意见，使我们能够不断成长！所以，渐渐地，我们也自然而然地养成了一个习惯，每当得到实验结果的那一刻，总会情不自禁地第一时间拿去和老师们进行讨论，一起分享实验成功的喜悦，或是共同分析实验失败的原因。这些经历每次回想起来，内心都非常温暖。特别是在毕业离开实验室之后，那段当时视为平常的时光更是显得无比珍贵。

韩老师作为神经科学领域的一代大师，既教给了我科学严谨、实事求是的治学态度，更用他那无私奉献的热情和大济苍生的胸怀教给了我担当。博士阶段，在韩老师和张嵘老师的指导下，我开始接触并从事孤独症的相关研究。在此期间，和孤独症儿童与家长的接触使我内心很有感触。患儿多方面的发育障碍、家长沉重的心理负担和经济压力特别令人同情和怜悯。而因为现阶段治疗手段的缺乏，所以我们的研究更是具有重要的意义。孩子们那一张张可爱的脸庞和家长们沉重的表情时刻提醒着我：有这么一群人需要帮助。因此我们所做的已经不仅仅是一个课题，而更是一种关怀、一份使命和一种“被需要”的情感。我想这也正是科学研究、特别是医学研究的一种终极目的。我很庆幸自己能够加入这份研究，很高兴看到自己的工作可以给予那些需要帮助的人们慰藉和帮助。所以毕业至今，我一直坚持奋斗在孤独症科研领域内，希望尽自己的绵薄之力能够给孤独症家庭带来丝丝温暖。很感谢韩老师指导我进入了这个研究领域，使我能够在研究中实现自己更高的人生价值。

毕业至今，每逢春节，我总能收到韩老师发来的新年贺卡，透过照片能感到满满的幸福和家国情怀，一封封的贺卡也让整个实验室形成了一个温馨的大家庭。而每次在校园里碰到韩老师和老伴偕手而行，或是散步或是在买菜的路上，他们的那种跨越半个多世纪的相偕相伴也非常令人羡慕和感动。如果用两句简短的话概括韩老师对我的影响，我想可以说是“求学路上敬爱的导师，人生路上仰慕的楷模”。师之大者，当之无愧！

记得 2015 年元旦，那段时间因为临近毕业找工作，我的内心并不平静。但在元旦当天的早晨，打开邮箱却收到了韩老师送来的元旦祝福，并随信发来了一幅盛开的迎春花照片。迎着新年第一缕阳光的温暖，美好的花朵蓬勃绽放；其实，人世间也总有一些温暖美好的事业值得我们去奋斗和追求。相信未来的我们，也一定会加倍努力，让孤独症治疗这一温暖美好的事业早日开花结果！

21. 与韩老师二三事

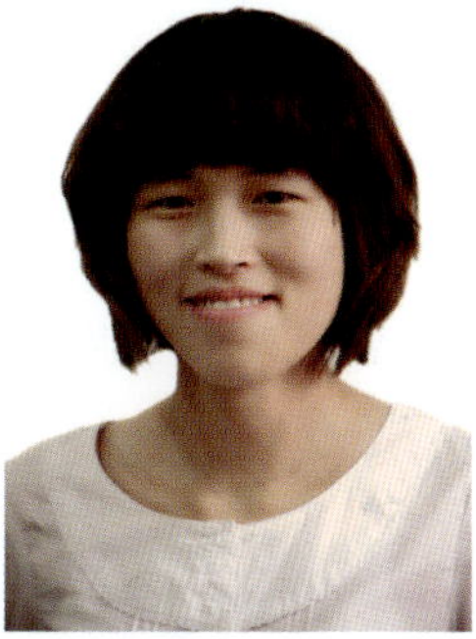

作者介绍

李晋，师从韩济生，2011 入学，硕士研究生，现为周口师范学院教师。

2011 年 3 月我参加北医神科所研究生复试，还记得面试结束后，在北医公卫楼前遇见步履匆匆的韩老师，我激动地上前问好，韩老师的第一句话就是:“李晋，恭喜你！你被录取了！”彼时情景，仿佛昨日发生。有机会成为韩老师的学生是我人生中太幸运的一件事！韩老师谦和宽容的处事品格，敏捷缜密的科学思维，严谨求实的治学态度，为祖国科学事业无私奉献的忘我精神每时每刻都感染着我。

读研期间，韩老师八十几岁的高龄仍然每周按时参加组会。同学们进行文献分享或数据汇报时，他思维清晰，表述明确，提问或分析问题常常一针见血，令人茅塞顿开。组里要求按期上交半月汇报，可以谈实验进展，也可以谈困惑、感想，形成师生紧密沟通的良性循环途径。而我每次收到老师们的批阅反馈，必然看到韩老师的手写批注，认真解答每一个问题并提供建设性意见。毕业三年，这些半月汇报伴随我来到新的工作岗位，被我视若珍宝版妥善收藏，为我前进道路做好宝贵铺垫。

毕业时我曾为“走向怎样的工作岗位”“成为什么样的人”此类成长命题感到困惑。书信（电子邮件）往来于韩老师，韩老师并没有多讲什么大道理，只是结合他的人生经历让我明白，人生绝不是一蹴而就，或一劳永逸的庸碌短途，沉下心来，耐得住寂寞，往往能收获柳暗花明的惊喜。硕士毕业时，韩老师手书诸葛孔明的《诫子书》作为我的毕业礼物，让我狂喜感动良久。“非宁静无以致远，非淡泊无以明志”，这句格言是韩老师一生光辉精神的真实写照，更是我初出茅庐上下求索的指路明灯。

感谢令人敬仰的韩老师，他在学业上给予我许多的循循善诱和耐心指导；在生活上给予我悉心支持、鼓励和帮助；在做人上教会我用更平和和更乐观的心态面对困难。韩老师孜孜不倦的奋斗和奉献精神是我一生的榜样。

22. 民族的重量

作者介绍

寿小婧，2011 级硕博连读，师从韩济生，张嵘。现为北京师范大学认知神经科学与学习国家重点实验室助理研究员。

九年前的深冬，在北京大学医学部会议中心礼堂，第九届北大生物医学论坛的开场讲演中，一位精神矍铄的老人健步走上讲台，从西裤的口袋里掏出一叠文稿，声音沙哑但有力："各位领导、各位老师、各位同学，我把一些心里话试着写成一篇散文，请原谅我笨拙的文笔，但它确实代表了我的心声。"他就是我后来的博士生导师——韩济生院士。

作为观众席上一名普通的大学二年级学生，我当时只是听到这一句，喉咙就开始发涩起来。或许是因为我第一次亲眼见到传言中泰斗式的人物，或许是因为韩老师如此认真地对待一场通常被认为"没什么营养"的大会开场，又或许是韩老师诵读中那隐隐待发的情绪。文中，韩老师提到了自己崇敬的伟人和科学家，教导我们要把握今天，尤其强调了不能丢了民族的诚信和尊严："我们万众一心，清扫自己的心田，纯洁自己的灵魂……任何一个人只要努力，一定能成为一名具有诚信和尊严之灵魂的真人，一名堂堂正正、自立于世界之林的、大写的中国人！"每次回想起当时的心情，就像是观海——既有风和日丽的波光粼粼，又有风卷云动的波涛汹涌，忆到深处，满是震撼！后来，我找到这一篇散文，一直珍藏在我的各个电脑里，有时会翻出来再细细读一遍，以此来坚定我在浮华流转中几多颠簸的理想。

在之后研究生阶段的学习和生活中，韩老师曾提出希望我们都要有"贵族精神"，这其中就包括对社会的担当以及对国家的责任。就像年幼时的周总理曾说："为中华之崛起而读书！"就像施一公院士曾说一直无法忘记家乡的老师让他为家乡的人民争光。我想，这大概就是他们成为伟人的原因，心怀民族心怀天下，毕竟民族的重量比个人或是家庭重得太多太多。

在我即将博士毕业时，韩老师书赠我一幅字："能为中华民族的崛起奉献一份力量是毕生难得的历史机遇，真理在短时间内可能蒙受压抑，但从长计议必放光芒，寿小婧共勉！"每当想到这些时，我也在心里默默地对韩老师说："在扑朔迷离的众生万象中，您就是指引我前进方向的灯塔，给我破除迷蒙黑暗和寻找光明的勇气和热情！"

23. 折磨与锻炼

作者介绍

李汉霞，师从韩济生，2012 年入学，现为泰山医学院助理实验师。

韩老师为人谦逊，思维缜密，治学严谨，为国家科研事业奉献终身的科研态度，令我等后辈门生钦佩仰慕。《师说》曰：“师者，所以传道授业解惑也。”这正是韩老师的写照。

师从于韩老师期间的各种兴奋、喜悦、紧张、难过都还历历在目，犹如昨日发生的事情，其中记忆最深刻的事是：研二上学期我刚开始自己的科研课题时，每一个实验步骤韩老师都要求非常细致，比如取大鼠脑核团时，大到核团的位置、小到取核团用针的直径都进行反复讨论、探索和论证。课题进行到提取 RNA 时，在 RNA 提纯问题上，老师要求我不断重复练习，最终我的操作过程能确保提取出完整的 RNA。在一次练习提取 RNA 的过程中，裂解试剂 Trizol 不小心溅到我眼中，当时我非常的害怕和无措，晚上韩老师得知后亲自打电话询问情况，并马上安排张嵘老师陪同我去医院复诊，当时所有的无助都被这温暖给赶走。之后 Real-time PCR 的整个实验步骤都掌握后，韩老师又要求我查出相关文献，重复出文献的结果，以此验证我掌握的PCR是否合格。此验证过程又出现了许多波折，幸而最终验证合格，这标志着我可以开始进行正式实验了，当时我真的是大大地松了一口气。这个过程当时对我来说是一种折磨，但现在看来我认为更是一种锻炼。之后我再进行正式实验就非常顺利了，这就是所谓的“磨刀不误砍柴工”。

在现在的科研工作过程中，每当我接触一项新技术时，都会反复查阅文献并不断练习、验证每一个步骤，确保它们都是正确的，文献中结果都能被验证从而确定出一套成熟的实验技术。验证文献结果看似是一个浪费时间的过程，其实它是后来实验结果可靠与否的重要依据，更是一种严谨的科研态度，这正是韩老师传授给我的科研法宝。感谢令人敬爱的韩老师，在学业上的循循善诱、耐心指导；在生活上的关怀、鼓励；在做人上让我学会用乐观的心态面对困难、战胜困难。韩老师教会我的不仅仅是学业上的谨慎、专注，更多的是人生的态度。韩老师带领我一步步地走上科研这条道路，他永远是我生活、工作中的灯塔，指引我努力前行。

24. 忆做韩老师学生的时光

作者介绍

孟凡超，2013级硕士，师从韩济生、张嵘。现为中南大学湘雅二医院精神科在读博士。

距2013年夏天初次见到韩老师的时候已有4个年头了，那时候是在长沙，第一次见到了神采奕奕的韩老师。仍记得韩老师在湘雅遗传实验室讲述自己的科研工作的情景，当韩老师说自己已经85岁的时候，一下子震惊到了我，那时候我觉得韩老师看起来才70出头，清晰的思路，动人的演讲方式都深深的令人折服。当时我刚得知自己成为韩老师的研究生，对课题组也不是很了解，更不知道什么是孤独症，带着满心的憧憬和期待，进入到了我的硕士研究生时代。

研究生第一年开始慢慢接触科学研究，印象最深的那一课就是韩老师在晚上给我们上的神经科学进展，韩老师因为膝盖不好，一整堂课都是坐着讲的，但是教室满满的人，聚精会神地听着韩老师伟大的科学成就，感受着科学家的魅力。那天晚上我送韩老师回家，一路上谈论了课题，我和韩老师讲了自己和精神病学的缘分，韩老师也说了很多的科学感悟和人生哲理。仍记得那天晚上的星星很亮，虽然是深秋，但是那种温暖，现在回想起来我心里也是满满的感动和幸福。

感恩青春能在北医校园度过，感恩我能够在韩老师的课题组学习 3 年，在这过程中，韩老师严谨的科学态度，一心追求真理、坚持不懈的精神，以及对于科学真理的热爱深深地影响着我，也让我时刻反省着自己，鞭策着自己不断前行。我更感谢这 3 年的学习让我结识了孤独症，老师们也无私地提供给我很多学习的机会，让我从此爱上了这份工作，并决定把服务于孤独症患者作为我终生的事业。

25. 一次难忘的面试

作者介绍

张洪峰，2013 年 9 月进入北京大学神经科学研究所攻读博士，师从韩济生教授，研究方向为“自闭症的发病机制及治疗研究”，于 2016 年 7 月毕业。目前在厦门大学神经科学研究所从事博士后研究，研究方向为儿童遗传性脑病机制研究，职称为博士后研究员。

三月的北京，春寒料峭，我在神科所会议室门口，来回踱着步，不断做着深呼吸。这是人们常用的舒缓紧张的方式，可此时似乎对我无效，我身体依然在颤抖，面色潮红。因为接下来等着我的是一场关键面试，这决定着我的去留。而且主面试官是神经科学领域的“大牛”，德高望重，此时我的紧张程度可想而知。会议室的门依然紧闭着，上一个同学还在里面，我在幻想里面可能发生的状况：一群面试官端坐在下面，一脸冷峻，会提出各种刁难问题，而面试者不知如何应对，各种尴尬。一想到这里，我心里更不安了。

突然“吱呀”一声，门开了，我心里一惊，不切实际的幻想立马消失了。当用颤抖的手轻轻推开门时，我清晰地记得，迎面坐着一位身披朴素棉衣的老人，身形瘦削，但精神矍铄，两眼散发出智慧的光芒。我心想，这应该就是大名鼎鼎的韩济生教授吧。我最早是在大学图书馆书籍封皮上知道韩老师的，当时想韩老师年事已高，应该已经淡出“科研圈”了，万万没想到将来有一天能见到真人。大学毕业以后也经常听身边的人提起他，尤其是我女朋友，一直想学神经，做韩老师的弟子。

没错，此时在我眼前的就是韩老师，他并不是想象中那样“高冷”的面试官，而是一位和蔼可亲的长者，见到他有一种素未谋面的亲切感，我忍不住对韩老师会心一笑，就当打招呼了。韩老师回以微笑，真诚、不造作，似乎还略带几分纯真的笑容，这似乎有种魔力，我的心顿时安静下来，不再那么紧张了。

面试的第一项是用英语做自我介绍，当时我心就慌了，因为没有提前准备，再加上发音不标准，我当时表现得很是差劲，几乎要放弃了。没想到的是，韩老师很有耐心，不仅纠正了我的发音，还引导我继续下去。我磕磕巴巴地终于把自我介绍做完，丑态百出，对我来说，这真是煎熬。稍感庆幸的是，韩老师并没有揪住我的错误不放，反而以包容的心态对我循循善诱，我想这就是韩老师所说的科研工作者的大气量吧。三年之后，在我的每周小结里面，韩老师留下了类似的话语“做科研要养成一个包容开放的心态，一切按客观规律进行，不要为了兜售自己的观点，歪曲了科学原则，要大气！”是的，只有保持一颗包容开放的心态，才能听进去别人的批评，才能进行有深度的讨论，这对科研是非常重要的。

面试的结果可想而知，我很幸运地成为了韩老师的弟子。接下来是三年的博士生涯，这时间相对一生并不长，但却影响着我的一生。韩老师曾说“以色列这么一个小国家，科技样样先进，不断研究出新东西，高质量。为什么能做到？一定有一个好的氛围。求乎上，得乎中。如果求乎中，就得乎下了！所以要不断高标准要求自己，养成习惯，终身受益”。走上工作岗位后，韩老师的谆谆教诲依然响彻耳畔，我会高标准要求自己，保持开放包容心态，在科研道路上砥砺前行。

26. 我的导师韩济生院士

 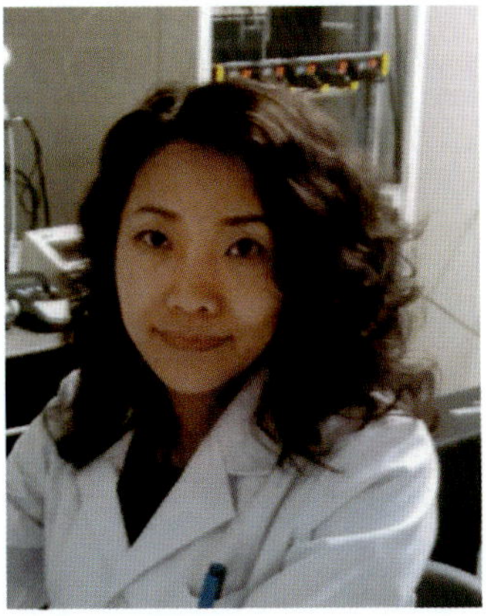

作者介绍

吴晶，师从韩济生。2013 年 9 月进站，现工作单位为北京大学医药卫生分析中心生物成像与分析实验室，职位为主管技师。

2013 年春天，我跟着我的博士生导师王京宇教授一起登门拜访韩老师，想问一问韩老师是否还有招收博士后的打算。在没有见面之前，我只是从百度上查阅了韩老师的简历：神经生理学家，中国科学院院士，国际知名疼痛学家，我国疼痛医学的开创者……我心里其实很紧张，心想这样一位大师级人物，一定是非常严肃，高高在上。而当我们敲韩老师的家门时，却是韩老师亲自来开门，热情地招呼我们进屋，随之而来的是非常亲切的沟通，于是我顺利地加入了韩家军，光荣地成为了韩老师的博士后。

跟随韩院士做博士后的两年时间，印象最深刻的莫过于韩老师对学术、对知识、对科研、做学问的脚踏实地、严谨认真的态度。师者，所以传道授业解惑也。即使年纪很大，每周的组会韩老师仍旧坚持参加，每周的周小

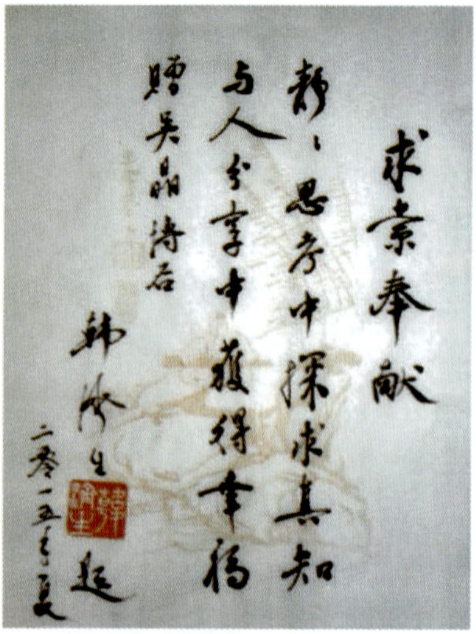

结，他也会亲自批阅，认真做批注。看似平常的小事，对于如此高龄的老人来说，真的是太不容易了。我的姥姥、姥爷比韩老师大几岁，现在96岁，虽然身体没有什么毛病，但其实连生活自理都不能保证，而韩老师还在精神矍铄地培养下一代的科研工作者，这让我由衷地佩服。有一次组会，雨下得非常大，我走到会议室的时候浑身都湿透了，但是韩老师已经坐在了会议室，在给组里早到的同学讲解如何作图。韩老师还经常利用组会的时间跟同学交流各种心得，有学习方面的，也有生活方面的。记得有一次，因为学校垃圾桶的旁边被乱丢满垃圾，韩老师还特意给大家讲起了日本在这个方面的素质教育，虽然对日本的侵略历史永远不能原谅，但在素质教育方面还是值得我们学习的。韩老师从做人到做事，各方面的人生感悟都会认真地传授给组里的学生。莫道桑榆晚，为霞尚满天，韩老师的身上不正是透露出这样的一种气息吗？！

2015年春天，我的宝宝还不到半岁，一天正由姥姥、姥爷带着在学校小花园乘凉。组会结束后韩老师从小花园散步回去，听说这是我的宝宝，立刻张开双手抱起了她。眼里充满慈爱，犹如长辈抱起自己的外孙。那份情，那份爱，可以感受到韩老师对年轻一代的希冀和期望。

出站在即，韩老师给每一位即将毕业的同学，都亲手题写了毛笔字。“求索奉献”几个字凝聚了韩老师生命不止，求索与奉献不息的奋斗精神，将其传承与发扬光大便是韩老师对子弟的深深厚望。

在两年的博后生涯中，韩老师热爱学术，热爱钻研，热爱生活，热爱一切的“心大、奉献、激情”的状态一直深深感染着我，这种精神也会在未来的工作生活中时刻鞭策着我，伴随我的一生。

27. “吹毛求疵”的韩老师

作者介绍

戴玉川，师从韩济生，2014 级在读研究生。

韩老师一生醉心于科研，奉献于科研。韩老师能够在科研事业中取得伟大的成就，源于他对待任何事情都实事求是、严谨求真的态度。韩老师在培养学生时，也是以这样的要求去锻炼学生，在他眼里，细节决定成败，任何一个小小的错误，都应该给予高度的重视。

记得我在一次工作汇报中，我讲完了结论，等待老师进行指导。韩老师突然问我：“你的小结和结论的页面，文字内容只有两三行，那么剩下的空白的页面，有用吗？”我回答道：“暂时没有用。”听完我的话，韩老师立刻生气了，他反问道：“没有用，为什么不把字放大点，争取把页面占满？字体很小，让别人看不清；又浪费着那么大的地方不用。你觉得合适吗？”我当时立刻意识到自己做得很不合适，无言以对。然后韩老师又语重心长地对大家说，做 PPT 时要充分利用每一个页面，不能浪费资源。以后不能再犯这样的错误。

从此以后我在整理 PPT 时会倍加注意页面布局，充分利用空间。其实，诸如此类细节的问题，韩老师不止一次地和我们谈起过。例如标点符号的使用、图表坐标轴的方向、段落对齐方式、文字颜色等，韩老师能够敏锐地抓住很多细节，并且用心指导我们如何处理。如果我们不能及时改正，他就会非常生气。在他眼里，小小的错误也是不负责任的表现，这样的工作怎么能够拿得出手？

韩老师如此注重细小的错误，正说明了他对待科研严谨求实的态度。千里之堤溃于蚁穴，无论多小的地方，都要经过深思熟虑，最终的结论才能经得住推敲。韩老师对我们要求如此严格，是对科研工作的负责，也是对我们的负责。如果放任我们的这些小错误不管，那么最终我们是要吃大亏的。正是在韩老师的教导下，我们的工作质量才能进一步提高，而且我们也能“理直气壮”地向他人展现。

感谢韩老师严格的教导。这种“吹毛求疵”的精神，我们将永远记在心里，这种精神也将影响我们一生。

28. 三生有幸，得遇良师

作者介绍

霍然，师从韩济生、张嵘、邢国刚，2014 级直博生，现在北京大学神经科学研究所就读。

2014 年 9 月我进入韩济生老师课题组攻读硕士研究生学位，在此之前网上查过韩老师的资料，所以非常期待零距离接触科学界巨擘。课题组有每周开例会的传统，犹记得第一次例会前我忍不住想 86 岁高龄的老一辈科学家会是怎样的一种状态呢？会前韩老师早早到达会议室，精神矍铄、步履稳健！整个例会韩老师学术之专业、治学之严谨、言词之精要、思维之敏捷给我上了科学道路上的第一课。岁月没有在韩老师身上留下明显痕迹，我情不自禁感叹如果有一天自己能够到达这个年龄，那么只要能达到韩老师一半或是三分之一的精神头儿就很知足了！

很荣幸我的硕士阶段，做的是韩老师一生致力于的针刺研究方面的课题，有数不尽的收获与感动，在此仅分享两件小事。

老师教我画“格子”

我的研究方向是针刺信息的外周神经传导机制，采用单一神经纤维记录技术，相较于其他技术是个不小的挑战。前期遇到很多实验困难，忍不住灰头土脸地跟老师交代，韩老师耐心听我说完，然后看着我说：“霍然，很抱歉，在单纤维记录的技术方面我帮不到你，你要请教邢国刚老师和刘风雨老师，那么我能为你做什么？”我呆住了，完全没有想到一个老科学家能给我这个没有入门的小菜鸟道歉，并且提出实在的帮助！在韩老师及各位老师的帮助下我终于克服困难获得了有效的结果，内心太激动，当晚实验结束就草草做了三页幻灯片、每页贴一张实验数据图跟老师报告这一喜讯。第二天就收到韩老师的回复，打开幻灯片看到修改后的结果，我震惊得好几分钟合不上嘴。原来韩老师将三页的内容整合到一页幻灯片，上下、左右严格一致并对齐，重要部分画上了横平竖直的直线，纵横坐标标识清晰，并且字体、字号都调到了视觉上极舒服的状态！“科学道路上再认真、严谨都不为过！”韩老师给我上了一课！

老师教我写字母

记得第一次投稿神经科学年会摘要，我写的初稿可以说是一团糟，韩老师把我叫到跟前指导我如何写规范的科学摘要并一一指出我的问题。我在记录过程中写“Peripheral”这个单词首字母时就划了一个半球加一竖堆成了，韩老师盯着我写完问：“英文手写体你们学过吗？”我中学开始学习英语，乡村老师当时也不注重教育这些，所以只能说没有学过。然后韩老师不急不缓边说边给我演示怎样写 26 个英文字母的手写体！并且隔天韩老师在会议间歇将英文字母大、小写的手写体整理好一并发给全课题组同学，教导我们重视每一方面。科学道路上无小事，韩老师又给我上了一课！

三生有幸，得遇良师！韩老师教我们如何做人、如何做科研，这大约就是韩老师是我辈口中“韩爷爷”的魅力所在！

29. 每周小结的批示

作者介绍

宋天佳，师从韩济生、张嵘，2014 级直博生；现在北京大学神经科学研究所就读。

在我的印象中跟韩老师最有规律的交流，就是每周工作小结上交后韩老师在小结上做的批注。从我大四毕业设计提前来到实验室，到现在研究生学习的第 4 年，工作小结粗略数来已经有 100 余份，而每一份上都有韩老师做的批注。翻看刚开始的工作小结，那时我有很多知识都没有学习，实验内容的表述、作图规范性都有很多问题，面对这些问题韩老师总是非常详细地帮我改正。当时我不知道需要将统计图标明序号与名称，韩老师就不厌其烦地在一份有近 10 张统计图的小结上一一帮我标名统计图的序号和名称；有时统计图的图例或者横纵坐标不规范，韩老师就在图上帮我仔细地修改，或者干脆在旁边画一幅规范的图，告诉我如何才能让统计图“不解自明”；实验内容表述不规范时，韩老师也会逐字逐句地帮我改正，甚至会修改我的标点符号，使句子“更利于科学描述”；小结的批注内容非常详细、全面，一些普通的工作小结的批注甚至写满了近半页 A4 纸。现在，我的工作小结中基本表述或者作图问题减少了，但韩老师的批注依旧详尽并且重点突出。在汇报一些实验方法时韩老师会提醒我注意实验过程中的关键环节；在汇报实验结果时韩老师会在一旁将实验结果反映出的关键问题用精炼的语句总结出来；在汇报一些读文献的收获或者参加会议的收获时，韩老师总是用下划线将重点内容标明；小结的批注中既有指导性的内容，也提出让我思考的问题，或者鼓励的话语，有时碰到韩老师不是特别了解的内容，他也实事求是地写道“我不能提出具体意见。”

每周我拿回韩老师批注的工作小结，不仅能获得对课题有实际意义的指导，更能感受到韩老师对待科研严谨、认真、细致、实事求是的态度，并且真切感受到他对每一位学生的负责与关心。韩老师在工作小结上对课题的指导，我们自然应该尽快消化与落实，而不论我们在从事什么工作，韩老师对待科研工作的品质与态度更值得我们学习并坚持。

30. 我眼中的韩老师

作者介绍

蔡小娥，师从韩济生、张嵘，2015 年 9 月入学，现为北京大学医学部在读研究生。

在我的印象中，韩老师总是穿着得体，精神饱满，准时、准点地参加各项会议，包括每周三例行的组会。也许你会觉得，这没什么大不了的，但是他保持这个习惯已经几十年了。

我对韩老师有一种发自内心的敬佩，不论是在科研工作上，还是在生活细节之处，相信大多数和韩老师接触过的人都有切身的体会。

韩老师对学术上的严谨，这是毋庸置疑的，但是他对生活，亦是如此。他家里的花花草草总是被打理的那么挺拔、鲜艳、缤纷。每次教师节我们到韩老师家里拜访的时候，他和夫人朱老师并排坐在一起，讲他们那个时候的学术故事，一讲就是个把小时。韩老师说他很喜欢作图，一做就是一晚上，做着做着会很兴奋。有一次，他拿出来一张曲线图，画得规规整整，我以为是某个试验研究的曲线图呢，细一看，是韩老师记录朱老师近几年来的体重变化曲线图，他说这样他就能直观快速地找到，哪段时间朱老师的体重下降最多，或是某个时间段体重保持不变的可能原因。那一刻，我心中不禁感叹，被韩老师对朱老师关心的情意打动，被韩老师把科学测绘的方法贯穿在生活中的精神所打动，被韩老师的专业素养所打动，概言之，我被韩老师这样一个人所打动。

有一次，朱老师和我们讲起，早上她和韩老师散步时的一个场景，韩老师指着操场上和去食堂路上的学生，说："你别看这些孩子现在小小的，以后啊，可了不得，这里面肯定有很多孩子会成为各个医院的主任啊、院长啊，甚至像屠呦呦那样得诺奖的都大有人在！"。这是一个师长对学生最殷切的期盼，是老一辈科学家对我们这一辈人满怀希望的寄托，是一个中国人对强大祖国坚定的信心。这话的精神也时时提醒自己作为北医人肩上的责任。

在这两年的学习生活中，我总有一个强烈的感受：作为韩老师课题组的一名研究生，我既幸运又幸福，没有理由不努力。

31. 我心中的韩济生老师

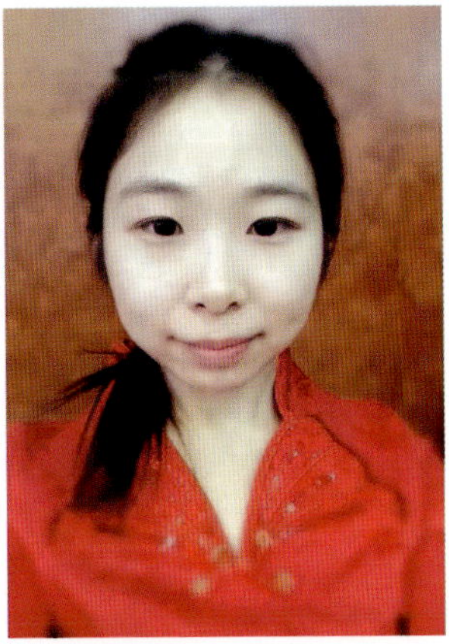

作者介绍

王筱曦，师从韩济生、张嵘，2016 级博士研究生。现工作于北京大学医学部神经科学研究所。

我初见韩老师，是在博士生复试时，一个精神矍铄的老人慢慢走进办公室。当时我除了战战兢兢，还有一分敬佩：原来对科研有热情的人，看起来如此年轻。

开学后的教师节，大家一起到韩老师家拜访。韩老师和师母热情地招待我们，聊年轻时的故事，我们大家听得很认真，觉得很有意思。师母讲到韩老师以前工作时的故事，去国外讲学时的奇闻轶事，还有韩老师以前工作时的忘我投入，于我而言都是新鲜的。这也让我明白，对于科研，唯有热情是源源不竭的动力，对科研有热忱的人，才能在科研上有所进步。

每次组会，韩老师一定会尽量参加，听取同学们的各项研究进展，给出自己的指导意见。韩老师的指导非常清晰、简洁，会让大家明白自己研究上的欠缺、陷入的误区。每次大家介绍国内外新的研究热点、研究内容时，韩老师也都表现出极大的兴趣，愿意听同学们的分享，对于有问题的内容，他鼓励大家积极讨论，为大家营造轻松的组会气氛。从韩老师身上，我看到了一个科学家的热情，对于科研从未停歇的热情，对于培养年轻学生的热情。

在会议室和实验室的墙上，都能看见韩老师的墨宝，或俏皮，或激励大家认真工作。在繁忙的工作之余还能拥有对生活的热情，这让我觉得韩老师是个懂生活的科学家。韩老师除了有对科研的认真执着，还对生活充满热情。愿自己也能像韩老师一样，做一个对工作有热情、对生活也有热情的人。

32. 我眼中的韩济生院士

作者介绍

翟福骏，师从张嵘，2016 年入学；现就读于北京大学神经科学研究所。

入学后的不多天便是教师节，张嵘老师带着课题组师兄师姐和我去韩老师家拜访，有幸去韩老师家，我心情很奇妙，感觉自己跟要去布达拉宫朝圣的人一样。记得韩老师给我们讲的是有关国外军人收入的故事，教育我们要坚持谋求上进，要坚持务实，要坚持做真人。闲谈话资，韩老师也不忘自己的教师身份，这是韩老师给我开学上的第一课。

后来，韩老师赠给课题组每人一本他题过字的《芳菲时节》，刚开学那会儿，我经常看韩老师曾经的学生写有关韩老师的故事，很受鼓舞。有的同学尊称韩老师为韩爷爷，我有次好奇韩老师的年龄，上网查查吧，妈呀！韩老师已是 88 岁高龄！但他步伐矫健，思维敏锐，而且仍在科研一线工作，油然而生的敬佩之心溢于言表。

寿小婧师姐毕业的谢师宴上，韩老师总结了他这一生带过的其中三个研究生现在的发展状况，这三个研究生都和师姐一样做的是从事脑影像方面研究，通过三人的故事，韩老师给师姐上了学生时代的最后一堂课。从这当中可以看到韩老师每时每刻都在想着“怎样去育化学生”，即使是一场宴会，韩老师也会精心准备。

韩老师的人生信条是：求索，奉献！他用自己一生实现了四个字！总有年少轻狂的人高喊“生命不息，奋斗不止”，可是坚持到底、坚持到老的人能有几个？在这个浮躁社会，韩老师是一面旗帜，为人师表！当之无愧！

33. 风华儒雅 道德文章

作者介绍

宋学军，工作单位为北京大学肿瘤医院、医学部疼痛医学中心。

1991 年 3 月初的一天，沪上早春，阳光明媚、风和日丽。徐汇区岳阳路 319 号中科院上海分院大院南侧有一座砖红色小楼叫猴房，因为曾经作为猴子实验室之用。猴房二楼是脑研究所赵志奇先生的实验室，我和几个同学在中间的会议室兼休息室午餐，免不了谈天说地。“请问这是赵志奇教授实验室吗？”一个清澈、温和的声音从门外飘来。只见一位标准的知识分子模样的中年人站在门口，身着浅灰色西装、潇洒倜傥、气宇轩昂。我们还没有反应过来，来人开始向我们介绍，“我叫韩济生。”说话时，单手放置胸前、上身略微前倾、含首微笑、儒雅谦逊、满面春风。“啊，韩老师！”我们几个同学闻声立即站了起来。当时在赵老师实验室，“韩济生”是个响亮的名字。“韩老师好！这是赵老师实验室，我们都是赵老师的学生。”我就是这样认识了尊敬的韩济生先生。

其后二十余年的岁月我在美国学习和工作，同时与国内麻醉、疼痛和神经科学同行保持比较密切的交流与合作，也得到了韩先生的亲切关怀、鼓励和热情帮助。先生的人格魅力、科学理想、追求和敬业精神、家国情怀，都深深地感动着我。在先生的感召和鼓舞下，2012 年春天，我满怀建设疼痛医学学科的理想加盟北京大学神经科学研究所。在先生的领导下于次年建立了北京大学医学部疼痛医学中心，并在北医本科生中首开设疼痛医学教育专业选修课程。

在北医工作期间，我住的职工公寓十三栋公寓与先生家所在公寓楼毗邻，可以互相看到窗户里的灯光。先生的家也常常是他的办公室，我经常去他家里请教、汇报和讨论工作，也会去串门，与先生和师母朱秀媛教授交流思想、信仰、兴趣爱好以及对生命和生活的理解，这一幕幕都是非常令人开心的。在工作和生活的很多方面、很多细节，我都得到了他们无微不至的关怀、关心、支持和帮助。刚住进公寓时，先生和师母和我分享他们当年住在十三栋公寓的生活经历，师母还带着我到北京著名的红星家具商城选购家具和日常生活用品，对我真是慈母一般的关怀爱护。对于课堂教学，先生非常注重教学效果，对教案和教学方法精益求精。每次理论课后都留有十分钟时间给学生提问和讨论是先生授课的主要特点之一。学生积极踊跃的发言和提问是先生最鼓励、赞赏和满意的一个环节，他自己坚持了几十年并传承给年轻教师。事实证明这是优秀教学不可或缺的一个重要环节。先生对自己和其他讲课教师严格要求、身教言教。我清楚地记得是 2015 年 3 月 16 日晚上第 10~11 节课，在北医逸夫楼 408 教室，北医本科生首开疼痛医学课程，我讲解疼痛的脊髓机制，先生亲自去课堂听课。第二天，先生与我分享他对于疼痛闸门控制学说的讲解技巧，并指出我的讲解可能适合研究生，但对本科生则深入过度、浅出不够，不利于学生对最基本知识的理解和掌握。我根据先生的见解和教导，重新思考改进我讲课教程的多个环节，给学生带来了更好的教学效果。先生对学生要求严格、毫不含糊，曾经在一次先生的课上，我也在课堂听讲，但有学生只顾玩手机电脑，不注意听讲，而且对先生的问题一问三不知，先生给予严厉批评；更想不到的是，第二天一早，我收到先生的电子邮件，附件是一篇将近两页纸的评论文章，显然是先生当天课后回家连夜写的。文章结合头一天晚上课堂上发生的事情，阐述了课堂教学和师生互动的重要性并延伸到培养大学生情操、责任感和历史使命感等重要问题。在疼痛医学讲授、学习、讨论的过程中，跟着先生，我自己受益匪浅，同学们也受益匪浅并对课程热爱有加。先生的很多教导都是让人终身受益。

在与先生至今四分之一世纪的亲密交往中，无论大事小事，我都深切地感受和见证了他作为一名杰出的医学教育家和科学家严谨的治学态度，崇高的教育理想和科学追求，更有高贵纯净的心灵、精致优雅的情操和浓重的爱国情怀 。先生怀瑾握瑜、教书育人，智慧勤劳、研究创造，在科学研究和人才培养诸多方面做出了杰出的成就。

韩先生九十载风华儒雅，一百年道德文章！

衷心祝福敬爱的韩先生和师母福如东海，寿比南山！

后　记

面呈读者的《春华秋实》，是我作为共同主编的自豪。韩济生先生带领我进入疼痛和神经科学研究领域，更一直指引我的学术与人生成长；25 年为学生、为同事的岁月，我深深地浸润在韩先生的学术、事业与精神的浓浓氛围中，并享受着所有的这一切。

然而，每每在敬仰先生的时候，总有一个疑问：90 岁高龄缘何还能如此健康地生活？ 66 载辛劳缘何还能如此活跃地工作？其中隐藏着多少深刻的奥秘啊！禁不住“逼”先生“现身说法”，告诉弟子们他何以有如此成功的人生？让我惊奇的是，先生竟然日夜兼程地写作，写成了他 53 年来从事针刺原理研究的 53 个小故事！我哪里敢私藏，更受《芳菲时节》的启发，遂约了北京大学医学出版社的社长，得到出版社大力支持，要赶在韩先生九十大寿之前正式出版！我哪里是主编，分明是一场科学和人生盛宴的分享者！

韩先生的学生何止我一人？他早已桃李满天下。先生的其他弟子们得此消息，纷纷响应，要表达自己的思念和感激之情，短期内收到了海内外同窗 33 篇充满深情的短文，这些短文也在帮助回答我的疑问。

这 53 个富有哲理的小故事和 33 篇充满深情的短文结合在一起，天衣无缝。她们像分布在浩瀚大海中 86 颗灿烂的明珠，也像垂挂在参天大树上 86 颗丰满的果实，在北京大学成立双甲子的喜庆活动中展现于世，和“芳菲时节”一起，成就了《春华秋实》的圆满周期。

万有

2018 年 6 月 11 日

附　录

表1　韩济生教授培养的已毕业研究生一览表（1978—2018）

姓名	性别	出生年月	入学时间	来自学校名称	所学	毕业时间	学位名称	论文题目
李思嘉	女	1949.4	1978.9	北京医科大学	神经化学	1981.6	硕士	中枢 5- 羟色胺在大鼠电针镇痛及其耐受中的作用
宣雨霆	男	1952.4	1978.9	山西医学院	神经生理	1981.6	硕士	中枢 5- 羟色胺在家兔电针镇痛及其耐受中的作用
谢国玺	男	1948.2	1979.8	山东沂水医专	神经化学	1981.12	硕士	中枢微量注射抗脑啡肽、β - 内啡肽和 P 物质的抗体对电针镇痛和吗啡镇痛的影响很大
谢翠微	女	1953.9	1979.9	第三军医大学	神经化学	1981.12	硕士	中枢去甲肾上腺素在大鼠电针镇痛和电针耐受中的作用
屈智超	男	1944.8	1980.8	第四军医大学	神经化学	1982.12	硕士	脑内 Y- 氨基丁酸在电针镇痛和吗啡镇痛中的作用

续表

姓名	性别	出生年月	入学时间	来自学校名称	所学	毕业时间	学位名称	论文题目
李思嘉	女	1949.4	1981.9	北京医科大学	神经化学	1984.9	博士	延髓 - 脊髓 5- 羟色胺下通路对心血管活动的调节作用及与内源性阿片样物质的相互关系
谢翠微	女	1953.9	1982.2	北京医科大学	神经化学	1984.12	博士	中枢去甲肾上腺素在大鼷能觉调制和心血管活动调节中的作用及其它内源性阿片肽的关系
谢国玺	男	1948.2	1982.2	北京医科大学	神经化学	1984.12	博士	中枢内源性阿片样肽在疼痛调制和电针镇痛中的作用：中枢微量注射抗体的研究
柴松海	男	1947.2	1982.9	首都医学院	神经化学	1985.12	硕士	心脏兴奋在中枢心血管效应中的抗阿片作用
丁玄宙	男	1953.1	1983.1	天津医科大学	神经免疫	1987.8	博士	应激对巨噬细胞功能的影响及其机制分析——免疫系统的神经内分泌调控
徐　红	女	1962.8	1983.9	北京医科大学	神经免疫	1988.2	博士	针刺调节免疫功能的研究——电针大鼠血清中免疫抑制因子的发现、生化特性鉴定和作用机制分析
费　宏	女	1958.3	1983.9	北京医科大学	神经生理	1986.6	硕士	电针镇痛的个体差异性与中枢内源性甲啡肽和强啡肽的关系
包　虹	女	1960.6	1984.8	南京医学院	神经电生理	1987.11	硕士	电针镇痛传入纤维类型的电生理研究

续表

姓名	性别	出生年月	入学时间	来自学校名称	所学	毕业时间	学位名称	论文题目
王晓京	女	1960.3	1984.9	北京医科大学	神经生化	1989.6	博士	CCK 在痛觉调制中的抗阿片作用及机理分析
王克威	男	1958.1	1984.9	佳木斯医学院	神经分子生物学	1988.6	博士	中枢血管紧张素 II 的抗阿片效应及其在大鼠电针耐受和吗啡耐受中的作用
范　镭	男	1956.3	1984.9	白求恩	神经化学	1988.6	博士	中枢阿片肽对心血管活动的调节作用及血管紧张素 II 抗阿片效应
于龙川	男	1947.11	1985.2	昌潍川医学院	神经生理	1988.1	博士	中脑边缘镇痛回路的研究
查宏斌	男	1957.7	1985.9	安徽医科大学	神经免疫	1990.6	博士	应激血清淋巴细胞转化抑制因子的研究
孙少丽	女	1963.7	1985.9	河南医科大学	神经生理	1988.7	硕士	不同频率电针镇痛的机制研究
王晓民	男	1956.3	1985.9	大连医科大学	神经药理	1988.6	硕士	血管紧张素 II 在家兔中脑导水管周围灰质对抗阿片镇痛并参与电针耐受和吗啡耐受的形成
尹丽艳	女	1962.11	1985.9	哈尔滨医科大学学生	神经药理	1988.7	硕士	可乐宁降压机制的分析
王晓京	女	1959	1986.9	北京医科大学	神经药理	1989.7	硕士	八肽胆囊收缩素在痛觉调制中的抗阿片作用及其机理分析
王俊峰	男	1962.2	1986.9	安徽中医学院	神经化学	1991.7	博士	阿片类物质的协同镇痛以及钙离子和 cAMP 在阿片镇痛中的作用

续表

姓名	性别	出生年月	入学时间	来自学校名称	所学	毕业时间	学位名称	论文题目
梅　林	女	1956.7	1987.2	中国医科大学	神经化学	1990.6	博士	中枢 CCK 对大鼠脊髓水平阿片肽心血管调节作用的拮抗效应
马青平	男	1962.4	1987.2	中国医科大学	神经化学	1990.6	博士	中脑边缘镇痛路的神经化学和形态学研究
周　岩	男	1963.9	1987.9	北京医科大学	神经化学	1992.6	博士	电针耐受形成过程中中枢八肽胆囊收缩素生成和释放的动态 变化
朴素芬	女	1963.1	1988.9	佳木斯医学院	神经化学	1991.7	博士	八肽胆囊收缩素对抗吗啡镇痛的作用部位及其在吗啡耐受形成中的作用
张丽娟	女	1962.1	1988.9	哈尔滨	神经生化	1991.6	博士	中枢八肽胆囊收缩素对抗阿片镇痛的分子机理研究
许　伟	男	1963.3	1988.9	河南卫生	神经生理	1991.7	硕士	脊髓中种类 5- 羟色胺受体亚型与痛觉调制
王　宪	女	1954.6	1989.9	北京医科大学	生理	1992.6	博士	降钙素基因相关肽的心务管作用及其在循环体系中的发病学意义
王晓民	男	1956.3	1989.9	大连医科大学	神经分子生物学	1993.6	博士	刺激细胞引起某些即刻早期瓜基因和前脑啡肽基因表达的研究
罗　非	男	1966.5	1990.9	北京医科大学	神经生理	1995.6	博士	反复电针对慢性痛的累加治疗作用及其机制研究
张立新	男	1966.8	1990.9	同济医科大学	神经分子生物学	1993.6	博士	转 CCK 基因：对 P77PMC 大鼠的惊厥易感性和电针镇痛的影响

续表

姓名	性别	出生年月	入学时间	来自学校名称	所学	毕业时间	学位名称	论文题目
薛吉春	男	1965.2	1990.9	辽宁中医学院	神经生理	1993.6	博士	强啡肽在脊髓的生理学和药理学特性：镇痛与致瘫的比较研究
王　可	女	1965.2	1990.9	中国医科大学	神经生理	1993.7	博士	兴奋性氨基酸在脊髓化学性伤害性痛信息中的作用及其与 P 物质和降钙素基因相关肽的关系
刘乃江	男	1965.1	1991.9	济宁医学院	电生理	1996.6	博士	八肽胆囊收缩素对抗阿片镇痛或电针镇痛的作用部位及其钙离子通道机制的研究
边景檀	男	1960.12	1991.9	天津师范大学	神经生理	1994.6	博士	脊髓中 P 物质参与电针镇痛的研究
方　圆	男	1962.8	1991.9	兰州医学院	神经化学	1994.6	博士	ACTH 的中枢抗阿片镇痛效应及其作用机制分析
崔　霞	女	1964.6	1991.9	北京中医学院	分子生物学	1994.6	博士	电针刺激下即刻早期基因和前脑啡肽基因在中枢神经系统中的定位研究
董艺娜	女	1969.6	1991.9	河南省煤炭卫校	神经生理	1994.6	硕士	中枢去甲肾上腺素和阿片肽在痛觉调制中的相互作用
董宏伟	女	1970.8	1992.9	张家口医学院	神经生理	1997.6	博士	针刺镇痛长效应现象的实验观察及其机制研究

续表

姓名	性别	出生年月	入学时间	来自学校名称	所学	毕业时间	学位名称	论文题目
许　伟	男	1963.3	1992.9	新乡医学院	神经化学	1995.7	博士	针刺痛长效应现象的实验观察及其机制研究
郭惠夫	男	1965.1	1992.9	兰州医学院	神经分子生物学	1995.6	博士	低、高频电针诱导师原癌基因 c-fos/c-jun 和三类阿片肽基因表达及其关系的比较研究
田津斌	男	1970.7	1992.9	北京师范大学	神经生化	1995.6	硕士	大鼠脊髓生长抑素、降钙素基因相关肽释放的电针频率依赖性及其电针镇相关机制的研究
李重庆	男	1952.7	1993.3	石家庄医学专科学校	神经电生理	1996.11	博士	八肽胆囊收缩素和血管紧张素 II 在钾离子通道水平对抗阿片作用的机制研究
王　韵	女	1966.4	1993.9	北京医科大学	神经分子生物学	1996.6	博士	阿片耐受及电针耐受的受体分子机制研究
田今华	女	1969.12	1993.9	北京医科大学	神经生物学	1997.6	博士	中枢孤啡肽在阿片镇痛和电针镇痛中的作用
汤乃梅	女	1963.6	1993.9	大连医科大学	神经分子生物学	1996.6	博士	CCK 反义 PNA 加强电针和低剂量吗啡引起的镇痛：使镇痛无效大鼠转为有效
徐　涛	男	1970.8	1993.9	华中理工大学	神经电生理	1996.6	博士	钙郭子结合及清除的动力学研究

续表

姓名	性别	出生年月	入学时间	来自学校名称	所学	毕业时间	学位名称	论文题目
刘苏星	女	1958.1	1993.9	包头医学院	神经生理	1996.7	硕士	中枢八肽胆囊收缩素在不同针效大鼠及神经源性疼痛大鼠中的作用
喻允国	男	1968.7	1993.9	同济医科大学	生理	1996.7	硕士	电针对吗啡依赖大鼠心率的影响
经兴军	男	1962.11	1994.9	内蒙古医学院	神经生理	1997.7	硕士	帕金森氏病大鼠模型 GDNF 基因治疗的实验研究
马端端	女	1970.6	1994.9	兰州医学院	神经分子生物学	1997.7	博士	帕金森氏病 GDNF 基因治疗的基础研究
董艺娜	女	1969.6	1994.9	北京医科大学	神经生化	1997.6	博士	100HZ 慢性电针耐受机制的研究
孙齐伦	男	1971.3	1994.9	华北煤炭医学院	神经电生理	1997.6	硕士	背根神经节细胞上不同频率去极化与诱发出胞量的关系以 κ 受体激动齐 U50488H 对诱发出胞的调制
刘红香	女	1966.2	1994.9	河南医科大学	神经生物学	1998.7	博士	多次 100HzTENS 治疗慢性炎症痛的适宜参数和可能的神经化学机制研究
田津斌	男	1970.7	1995.6	北京医科大学	神经生化	1998.7	博士	中枢地址释放的频率响应性及其与 HANS 镇痛相关机制的研究
张　敏	女	1970.9	1995.9	兰州医学院	神经生物学	1998.7	博士	孤啡肽在钙离子通道水平的抗阿片作用及阿片类物质对 [Ca2+] 的影响
蒋玉辉	男	1969.1	1995.9	安徽省立医院	神经生物学	1998.9	硕士	内吗啡肽在电针镇痛中的作用的研究

续表

姓名	性别	出生年月	入学时间	来自学校名称	所学	毕业时间	学位名称	论文题目
冀 栋	男	1973.3	1996.7	北京中医药大学	神经生物学	2003.7	博士	N- 甲基 -D- 天冬氨酸受体在电针抑制吗啡依赖中的作用
袁 立	女	1968.11	1996.9	北京联大中医药学院	神经生物学	1999.7	博士	孤啡肽在吗啡耐受形成中的作用及其抗阿片作用的受体机制
唐晓青	女	1971.7	1996.9	同济医科大学	神经生物学	1999.6	博士	应用重组 GDNF 腺病毒进行脊髓损伤基因治疗的基础研究
王 玢	女	1974.2	1996.9	河南医科大学	神经生物学	2001.7	博士	阿片复吸的神经机制及电针抗复吸的实验研究
尚铁燕	女	1972.6	1996.9	北京中医药大学	神经生物学	1999.6	硕士	脊髓损伤基因治疗的基础研究
黄 诚	男	1968.1	1997.11	赣南医学院生理室	神经生物学	2000.3	硕士	小鼠的电针镇痛模型的建立及电针镇痛机制的初步研究
梁德勇	男	1961.9	1997.2	中国中医研究院	神经生物学	1999.9	博士	电针镇痛有效与无效大鼠差异表达基因和关节炎大鼠差异表达基因的研究
何其华	女	1961.4	1997.7	北京医科大学仪器分析中心	神经生物学	2001.6	硕士	雷公藤单体 T10 对 MPP+ 损伤和谷氨酸损伤的神经保护作用及机制研究
方 明	男	1964.7	1997.9	镇江医学院	神经生物学	2000.7	博士	神经营养因子在慢性炎症痛中作用的初步研究
王学庆	男	1966.11	1997.9	南京大学生物系	神经生物学	1999.6	博士	慢性炎症痛敏的外周机制研究
赵承水	男	1967.4	1997.9	山东省立医院	神经生物学	2000.7	博士	痛稳素和钙调神经磷酸酶对神经源性痛的作用

续表

姓名	性别	出生年月	入学时间	来自学校名称	所学	毕业时间	学位名称	论文题目
李丰桥	男	1967.8	1997.9	青岛医学院生理系	神经生物学	2001.7	博士	雷公藤单体的神经营养保护作用和对帕金森病的防治作用
陈紫薇	女	1971.12	1998.7	大连医科大学	神经生物学	2001.7	博士	阿片受体激动剂在 SH-SY5Y 细胞上的协同作用及其机制
孙瑞卿	女	1966.9	1998.7	青岛大学医学院	神经生物学	2001.7	博士	1. 反复电针对神经源性痛的累加治疗作用及其机制研究；2. 痛稳素翻转急性和慢性吗啡耐受
张蔚婷	女	1976.6	1998.7	北京医科大学	神经生物学	2003.6	博士	人体电针镇痛的脑功能成像研究
杨　奎	男	1971.8	1999.1	大连医科大学附属第一医院骨科	神经生物学	2002.6	硕士	针刺治疗慢性神经源性痛
邓伦斌	男	1971.9	1999.9	北京师范大学	神经生物学	2002.6	博士	背根神经节超极化激活电流 (Ih) 参与神经源性痛大鼠外周痛敏
王贺春	男	1972.4	1999.9	北京中医药大学	神经生物学	2002.6	博士	慢性神经源性痛电针治疗的适宜参数及其神经可塑性研究
骆　昊	女	1976.4	1999.9	北京医科大学	神经生物学	2003.6	博士	辣椒素受体 (VR1) 在大鼠慢性炎症痛中的作用
王　颖	女	1975.6	1999.9	北京医科大学	神经生物学	2004.9	博士	细胞周期素依赖的蛋白激酶 5（Cdk5）信号转导通路在阿片受体介导的神经保护中的作用

续表

姓名	性别	出生年月	入学时间	来自学校名称	所学	毕业时间	学位名称	论文题目
史向党	女	1968.8	2000.7	大连医科大学	神经生物学	2003.6	博士	电针对抗吗啡渴求及复吸的神经生物学机制
田德润	男	1961.2	2000.7	天津医科大学	神经生物学	2006.6	博士	电针治疗肥胖及其中枢神经化学机制研究
任燕华	女	1962.5	2000.7	北京医科大学药物依赖研究所	神经生物学	2003.6	博士	电针对可卡因条件位置偏爱的抑制作用及其神经生化机制
高　雪	女	1971.1	2000.9	解放军总医院心研所	神经生物学	2005.5	博士	B 型胆囊收缩素受体与 μ 阿片受体相互作用的实验研究
涂会引	男	1972.6	2001.9	郑州大学医学院	神经生物学	2004.6	博士	背根神经节和脊髓背角超极化激活环核苷酸门控阳离子通道四种亚型的分布及其在神经病理痛中的作用
王锦琰	女	1973.3	2001.9	山东大学医学院	神经生物学	2004.6	博士	清醒大鼠丘脑皮层通路神经元群痛觉编码研究
黄　进	女	1978.6	2001.9	北京大学医学部	神经生物学	2006.6	博士	皮层 - 丘脑网络的动态反应在痛觉及其调制过程中作用的初步研究
李卉丽	女	1977.1	2001.9	北京大学医学部	神经生物学	2006.6	博士	（NDAP）神经元发育相关蛋白的功能研究
麻耀颖	女	1977.6	2001.9	山西医科大学	神经生物学	2006.6	博士	成瘾记忆中的关键分子事件—DA，NMDA 受体和 PKC

续表

姓名	性别	出生年月	入学时间	来自学校名称	所学	毕业时间	学位名称	论文题目
刘风雨	女	1976.9	2002.9	山东大学医学院	神经生物学	2005.6	博士	5-羟色胺对正常和神经病理痛大鼠脊髓背角广动力范围神经元作用的比较
朱海浩	男	1972.1	2002.9	郑州大学	神经生物学	2005.6	博士	蛋白激酶D1(PKD1)在CFA诱导的炎症痛中的作用研究
乔志梅	女	1974.3	2002.9	河北医科大学	神经生物学	2006.6	博士	清醒大鼠大脑皮层痛觉诱发电位的研究
初宁宁	女	1980.4	2002.9	北京大学医学部	神经生物学	2007.7	博士	电针对吗啡依赖大鼠VTA区DA能神经元萎缩的治疗作用及其机制研究
梁璟	女	1978.8	2002.9	山西医科大学	神经生物学	2007.7	博士	2 Hz电针抑制吗啡条件性位置偏爱的机制研究
王飞	女	1979.12	2003.9	北京大学医学部	神经生物学	2009.7	博士	大鼠AMPK通路蛋白的异常表达及电针减肥的神经化学机制研究
张含荑	女	1981.1	2003.9	北京大学医学部	神经生物学	2006.7	硕士	痛觉预期对大鼠伤害性刺激编码的影响
王贵彬	女	1978.4	2003.9	北京大学医学部	神经生物学	2009.7	博士	100 Hz电针抑制大鼠吗啡戒断症状的累加和长时程效应及其机制研究
左艳芳	女	1980.6	2003.9	北京大学医学部	神经生物学	2008.7	博士	可卡因处理对大鼠选择延迟大奖赏和即刻小奖赏行为及其眶额叶—边缘环路内神经元活动的影响
杨艳蕊	女	1979.9	2003.9	北京大学医学部	神经生物学	2008.7	博士	Cdk5在CFA诱导的炎症痛痛觉敏化中的作用研究及其分子机制的初步探讨

续表

姓名	性别	出生年月	入学时间	来自学校名称	所学	毕业时间	学位名称	论文题目
李祥虹	女	1979.11	2004.9	北京大学医学部	神经生物学	2007.7	博士	深部脑刺激对帕金森病大鼠反应时间及基底节环路的影响
李　谧	女	1980.3	2004.9	北京大学医学部	神经生物学	2009.7	博士	铜离子对淀粉样肽降解酶 Neprilysin (NEP) 活性的调控以及机制的研究
孟　丽	女	1979.9	2005.9	军科院放射医学所	神经生物学	2008.7	博士	不同频率场电刺激脑片和脊髓片脑啡肽与强啡肽释放及初步机制研究
曲晓秀	女	1983.1	2005.9	新乡医学院	神经生物学	2008.7	硕士	脊髓背角 NMDA 受体 NR2B 亚基在神经病理痛中的作用及其电生理学机制研究
胡　玲	女	1980.1	2006.9	武汉大学医学部	神经生物学	2009.7	博士	吗啡戒断不同时间点大鼠 VTA 区 DA 能神经元放电活动改变及 100 Hz 电针的调节作用
吕秀芳	女	1975.11	2008.9	牡丹江医学院	神经生物学	2011.7	博士	伏核活性调节细胞骨架相关蛋白 Arc/Arg3.1 在吗啡奖赏记忆中的作用及机制
葛菲菲	女	1985.2	2009.9	北京大学医学部	神经生物学	2015.7	博士	内嗅皮层到背侧海马齿状回的谷氨酸能投射介导情境线索诱发的海洛因觅药重建
徐新杰	男	1986.6	2010.9	吉林大学	神经生物学	2015.7	博士	母体高雄激素、催产素和精氨酸后叶加压素在儿童孤独症谱系障碍发病及社交分型中的作用

续表

姓名	性别	出生年月	入学时间	来自学校名称	所学	毕业时间	学位名称	论文题目
方东	男	1984.11	2010.9	郑州大学	神经生物学	2014.7	博士	IL-6 通过 JAK-PI3K 通路上调 TRPV1 在 DRG 神经元上膜介导了大鼠骨癌痛的发生发展
寿小婧	女	1988.1	2011.9	北京大学医学部	神经生物学	2016.7	博士	孤独症儿童的神经影像和神经化学机制研究及不同频率经皮穴位电刺激的疗效探索
郑琴	女	1980.12	2011.9	北京大学医学部	神经生物学	2014.7	博士	KCNQ/M (Kv7) 钾离子通道抑制在大鼠骨癌痛中的作用
李晋	女	1989.2	2011.9	新乡医学院	神经生物学	2014.7	硕士	电针和慢性束缚应激对大鼠社会交往行为及下丘脑 OXT 和 AVP 表达的影响
李汉霞	女	1988.3	2012.9	山东大学	神经生物学	2015.7	硕士	电针对大鼠社交行为及下丘脑 OXT 和 AVP 基因表达的影响
张洪峰	男	1988.12	2013.9	北京大学医学部	神经生物学	2016.7	博士	孤独症谱系障碍：催产素和精氨酸后叶加压素系统的失调及电针的治疗作用
程根	男	1990.1	2013.9	北京大学医学部	神经生物学	2016.7	博士	皮层神经元中 TRPV1 与 NMDA 受体相互作用介导辣椒素减轻脑缺血神经元损伤
孟凡超	女	1989.1	2013.9	中南大学	神经生物学	2016.7	硕士	中文版孤独症社交分型问卷的开发以及在经皮穴位电刺激治疗孤独症中的应用

续表

姓名	性别	出生年月	入学时间	来自学校名称	所学	毕业时间	学位名称	论文题目
戴玉川	男	1991.2	2014.9	西北农林科技大学	神经生物学	2018.7	硕士	早期补充催产素和精氨酸后叶加压素改善丙戊酸诱导的孤独症大鼠社交行为和刻板行为的疗效与机制研究
霍　然	女	1989.2	2014.9	青岛大学	神经生物学	2018.7	硕士	初级传入神经纤维对多种频率针刺样刺激的反应：采用大鼠在体神经纤维单单位记录技术
蔡小娥	女	1993.3	2015.9	中山大学	神经生物学	2018.7	硕士	学龄前孤独症谱系障碍儿童对社会性相关信息变化时的眼动追踪研究

表2　韩济生教授培养的已出站的博后一览表（1978–2018）

姓名	性别	出生年月	入站时间	来自学校名称	出站时间	出站报告题目
高而威	男	1953.11	1986.7	哈尔滨医科大学	1988.7	电针加速大鼠脑内 c-fos 表达的研究
王　强	男	1960.11	1988.12	上海医科大学	1990.8	大鼠低、高频电针镇痛相关脑区的研究
陈素珍	女	1963.3	1990.7	中科院北京动物研究所	1992.1	内源性阿片物质在内毒素和心源性休克中的作用机制研究
许　铁	男	1957.12	1990.1	中科院上海生理研究所	1992.12	内源性阿片物质在内毒素和惊涛的性休克中的作用机制研究
纪如荣	男	1963.8	1990.9	中科院上海生理研究所	1992.12	电针刺激原癌基因和阿片肽基因表达及其定位
吴鎏桢	男	1957.1	1992.1	陕西中医学院	1994.12	穴位神经刺激仪（HANS）治疗阿片戒断综合症的临床和机理研究
万　有	男	1963.11	1993.12	同济医科大学	1995.12	帕金森氏病 GDNF 和 TH 基因治疗初步实验研究
刘自芦	男	1953	1994.2	德国亚琛大学	1996.6	中枢神经肽释放的频率响应规率
陈光慧	女	1958.1	1995.2	美国北卡大学	1996.12	大鼠 GDNF 基因的克隆及载体构建
徐国恒	男	1964	1995.1	中山医科大学	1997.9	GDNF、TH 和 LacZ 重组腺病毒的构建及其用于帕金森氏病基因治疗的离体研究

续表

姓名	性别	出生年月	入站时间	来自学校名称	出站时间	出站报告题目
赵　英	女	1957.9	1996.12	日本仙台东北大学	1998.7	星状神经节组织配合韩氏穴位神经刺激仪治疗迁延不愈性的突发性耳聋的临床研究
梁希彬	男	1965.4	1998.9	山东医科大学	2000.7	电针治疗部分损伤帕金森病大鼠模型的实验研究
曹晓杰	女	1965.11	1998.9	白求恩医科大学	2000.6	用 RT-PCR、原位杂交及膜片钳方法对炎症细胞模型超级化激活离子通道作用的研究
邢国刚	男	1966.7	2001.9	西安交通大学医学院	2003.7	脊髓背角 LTP 参与慢性痛的机制
牛东滨	男	1965.1	2001.9	广州第一军医大学	2003.9	通用型四环素调控 AAV 载体的构建及携带人 GDNF 基因对 PC12 细胞的营养保护作用研究
陈极寰	女	1973.8	2002.9	中国科学院心理研究所	2004.9	低频与高频电针抑制吗啡条件性位置偏爱的作用比较及其机制研究
倪皖东	韩济生	1964.3	2004.7	首都医科大学	2006.9	特定频率外周电刺激对于视觉情景刺激诱发的海洛因渴求疗效的脑功能核磁共振成像研究
吴　晶	女	1979.6	2013.9	北京大学医学部	2015.7	血液不同组分多元素分析与孤独症发病关系研究

表3 在韩济生教授实验室学习的本科生（1978–2018）

姓名	性别	年级	来自学校	学位	学习时间
尤 明	男	1977 级	北京大学基础医学院	学士	1982.6—1982.12
费 宏	女	1978 级	北京大学基础医学院	学士	1982.12—1983.6
徐 红	女	1978 级	北京大学基础医学院	学士	1982.12—1983.6
李勇杰	男	1979 级	北京大学基础医学院	学士	1984.2—1984.6
薛 东	男	1979 级	北京大学基础医学院	学士	1983.12—1984.6
冯 越	女	1980 级	北京大学基础医学院	学士	1984.12—1986.6
陈东风	女	1980 级	北京大学基础医学院	学士	1985.3—1986.3
李 雁	女	1981 级	北京大学基础医学院	学士	1986.6—1987.3
徐晓军	男	1981 级	北京大学基础医学院	学士	1986.9—1987.4
曹 威	女	1982 级	北京大学基础医学院	学士	1987.1—1988.3
陈晓红	女	1983 级	北京大学基础医学院	学士	1988.4—1989.4
王霄红	女	1983 级	北京大学基础医学院	学士	1988.4—1989.4
孙素娟	女	1984 级	北京大学基础医学院	学士	1988.11—1990.5
罗 非	男	1984 级	北京大学基础医学院	学士	1988.11—1990.5
孙宇华	女	1985 级	北京大学基础医学院	学士	1989.9—1990.5
沈洁敏	女	1986 级	北京大学基础医学院	学士	1990.6—1991.5
韩念霖	女	1986 级	北京大学基础医学院	学士	1990.9—1990.12
郝 彤	女	1986 级	北京大学基础医学院	学士	1990.1—1991.5
曹一雪	女	1987 级	北京大学基础医学院	学士	1991.6—1992.6
杜 悦	女	1987 级	北京大学基础医学院	学士	1991.6—1992.6
汪 虹	女	1987 级	北京大学基础医学院	学士	1991.6—1992.6
张 淼	女	1987 级	北京大学基础医学院	学士	1991.6—1992.6
王雪皎	女	1988 级	北京大学基础医学院	学士	1992.6—1993.6
薛越强	男	1988 级	北京大学基础医学院	学士	1992.6—1993.6
王 砺	男	1988 级	北京大学基础医学院	学士	1992.6—1993.6
李显喜	男	1988 级	北京大学基础医学院	学士	1992.6—1993.6
徐扬阳	女	1988 级	北京大学基础医学院	学士	1992.6—1993.6
顾 群	女	1989 级	北京大学基础医学院	学士	1993.6—1994.6

续表

姓名	性别	年级	来自学校	学位	学习时间
宋　珍	女	1989 级	北京大学基础医学院	学士	1993.6—1994.6
刘　卫	男	1990 级	北京大学基础医学院	学士	1994.6—1995.6
王黎华	男	1991 级	北京大学基础医学院	学士	1995.6—1996.6
宋　浩	男	1991 级	北京大学基础医学院	学士	1995.6—1996.6
于　斌	男	1992 级	北京大学基础医学院	学士	1996.6—1997.6
张　伟	男	1992 级	北京大学基础医学院	学士	1996.6—1997.6
王继鸥	男	1992 级	北京大学基础医学院	学士	1996.6—1997.6
杨　鉴	男	1998 级	北京大学基础医学院	学士	1902.9—1903.6
宋　婧	女	2008 级	北京大学基础医学院	学士	2010.9—2011.7
王冬青	男	2009 级	北京大学基础医学院	学士	2011.9—2012.8
李铁霞	女	2009 级	北京大学基础医学院	学士	2011.9—2012.8
戴笑妍	女	2009 级	北京大学基础医学院	学士	2011.9—2012.8
丁羚昱	女	2009 级	北京大学基础医学院	学士	2011.9—2012.8
刘　鹭	女	2009 级	北京大学基础医学院	学士	2011.9—2012.8
马　驰	男	2009 级	北京大学基础医学院	学士	2011.9—2012.8
安勇博	男	2009 级	北京大学基础医学院	学士	2011.9—2012.8
钱　驿	男	2010 级	北京大学基础医学院	学士	2011.10—2012.8
丁　瞳	女	2010 级	北京大学基础医学院	学士	2011.11—2012.8
马　瑞	女	2010 级	北京大学基础医学院	学士	2011.12—2012.8
周颖	女	2010 级	北京大学基础医学院	学士	2012.9—2013.8
梁文英	女	2010 级	北京大学基础医学院	学士	2012.9—2013.8
季智健	男	2011 级	北京大学基础医学院	学士	2012.9—2013.8
丁　超	男	2011 级	北京大学基础医学院	学士	2012.9—2013.8
晓　娜	女	2011 级	北京大学基础医学院	学士	2013.9—2014.8
杨嘉瑞	男	2011 级	北京大学基础医学院	学士	2013.9—2014.8
邹　达	男	2011 级	北京大学基础医学院	学士	2013.9—2014.8
高元绪	男	2012 级	北京大学基础医学院	学士	2013.11—2014.8
杨凤泊	男	2012 级	北京大学基础医学院	学士	2013.11—2014.8
朱之昂	男	2012 级	北京大学基础医学院	学士	2013.11—2014.8
李臻臻	女	2012 级	北京大学基础医学院	学士	2013.11—2014.8
邵嘉艺	男	2012 级	北京大学基础医学院	学士	2014.9—2015.8

续表

姓名	性别	年级	来自学校	学位	学习时间
向泓雨	女	2012 级	北京大学基础医学院	学士	2014.9—2015.8
贾慧敏	女	2012 级	北京大学基础医学院	学士	2014.9—2015.8
焦　霈	男	2013 级	北京大学基础医学院	学士	2014-9—2015.8
刘小平	男	2013 级	北京大学基础医学院	学士	2014.9—2015.8
鲁芊铄	男	2013 级	北京大学基础医学院	学士	2014.9—2015.8
洪凡凌	女	2013 级	北京大学基础医学院	学士	2015.9—2016.8
王碧君	女	2012 级	北京大学基础医学院	学士	2015.9—2016.8
张天宇	男	2013 级	北京大学基础医学院	学士	2015.9—2016.8
彭雅婧	女	2014 级	北京大学基础医学院	学士	2015.9—2016.8
王承夏	男	2014 级	北京大学基础医学院	学士	2015.9—2016.8
加焱冰	男	2014 级	北京大学基础医学院	学士	2016.9—2017.8
胥津歌	男	2014 级	北京大学基础医学院	学士	2016.9—2017.8
谢宇非	女	2015 级	北京大学基础医学院	学士	2016.9—2017.8
金梦颖	女	2015 级	北京大学基础医学院	学士	2016.9—2017.8
王迦南	女	2015 级	北京大学基础医学院	学士	2017.10—
袁　硕	男	2016 级	北京大学基础医学院	学士	2017.10—
党婉文	女	2016 级	北京大学基础医学院	学士	2017.10—

表4　北京大学神经科学研究所进修人员一览表（1978–2018）

姓名	性别	来自学校名称	进修时间
罗胜德	男	北京中科院心理所	1973.8—1973.12
任民峰	男	兰州新医药研究所	1973.8—1975.6
刘启光	女	北京医科大学附一院	1974.10—1975.2
许敏媛	女	北京大学	1974.9—1975.2
徐晋敏	男	广西医学院	1975.11—1976.10
关新民	男	同济医科大学	1975.11—1976.11
原存信	男	合肥医专	1975.11—1976.11
周保和	男	重庆医学院	1975.11—1976.11
叶汉章	男	上海复旦大学	1975.11—1976.8
陆莲华	女	贵阳医学院	1975.3—1975.11
杨宗洗	男	山西医学院	1975.4—1975.11
芦振初	男	南京医学院	1975.4—1975.12
刘义传	男	广州医学院	1975.6—1975.12
鲁祖荪	男	北京结核病研究所	1975.6—1975.12
岳天立	男	徐州医学院	1975.6—1975.12
孙其范	男	北京 301 医院	1978.10—1979.10
杜敏逸	女	北京医科大学附一院	1978.10—1979.10
胡彩欣	男	北京中医研究院	1978.10—1979.10
张万琴	女	遵义医学院	1978.1—1979.1
涂宗英	女	同济医科大学	1978.1—1979.1
梁熙南	男	广西医学院	1978.1—1979.1
苏树尹	男	广西医学院	1978.1—1979.1
张媛贞	女	南京大学	1978.9—1979.9
蒋　莹	女	南京药学院	1978.9—1979.9
康宝娥	女	北京师范大学	1979.9—1980.9
周东丰	女	北京医科大学附六院	1980.3—1981.3
许德义	男	石河子医学院	1980.9—1981.9

续表

姓名	性别	来自学校名称	进修时间
黄忠鼎	男	贵阳医学院	1980.9—1981.9
陈启盛	男	南京医学院	1980.9—1981.9
陆　利	女	新乡医学院	1980.9—1981.9
孙　兵	男	天津医科大学	1980.9—1981.9
张　复	男	乌鲁木齐石河子医学院	1980.9—1981.9
邵作慧	女	唐山煤矿医学院	1980.9—1981.9
梁　凯	男	沈阳辽宁中医研究所	1980.9—1981.9
陈启贤	男	华西医科大学	1981.9—1982.4
洪息君	女	广西医学院	1981.9—1982.9
徐志敏	男	佳木斯医学院	1981.9—1982.9
刘毓秀	女	北京结合病研究所	1982.2—1983.7
金文泉	男	重庆医学院	1982.5—1983.7
袁　和	男	第四军医大学	1982.5—1983.7
杜晓立	女	北医大第一附院	1982.9—1983.7
张慧秀	女	安徽合肥医学院	1982.9—1983.7
张　敏	男	济南山东医大	1983.9—1984.7
周剑平	男	天津医科大学	1983.9—1984.7
曹涛运	男	衡阳医学院	1983.9—1984.7
周定邦	男	昆明医学院	1983.9—1984.7
吕俊华	男	吉林医学院	1984.11—1985.11
王佩云	女	柳州医专	1984.9—1985.7
蒋乃昌	男	贵阳医学院	1984.9—1985.7
陈震东	男	福建医学院	1984.9—1985.7
黄　龙	男	大连医学院	1985.2—1986.1
何承敏	男	湖北中医学院	1988.8—1989.6
张　勤	女	无锡市第一人民医院	1991.9—1993.7
梁晓夫	男	南京铁道医学院	1992.9—1993.7
明晓云	女	泰山医学院	1993.9—1994.7
崔彩莲	女	西安医学院	1993.9—1995.12
赵小平	女	中国医科大学	1994.10—1995.10
张华伦	男	美国加州大学	1994.3—1994.8

续表

姓名	性别	来自学校名称	进修时间
戴玉斌	女	大连 213 医院	1994.6—1995.12
刘红香	女	河南医科大学	1994.9—1995.7
饶开晴	女	成都西南民族学院	1995.9—1996.9
方　明	男	镇江医学院	1995.9—1996.9
毛慕华	女	吉安医专	1995.9—1996.9
杜瑞兰	女	牙克什卫校	1995.9—1996.9
李　君	男	昆明医学院	1995.9—1996.9
凌　燕	女	河南医科大学	1996.7—1997.10
崔　巍	女	河南医科大学	1996.7—1997.12
邹　丹	女	沈阳医学院	1996.9—1997.7
黄　诚	男	赣南医学院	1996.9—1997.7
石瑞丽	女	包头医学院	1996.9—1997.7
邓祖国	男	黔南医专	1996.9—1997.7
张文华	女	山东医科大学附属医院神经外科	1997
时　红	女	人民医院神经内科	1997.1
周贵英	女	中国医科院阜外心血管医院	1997.11
景润峰	女	河南	1998
蒋袁絮	女	宁夏	1998
卢　峻	女	北京	1998
张爱旭	女	山西	1998
杨　扬	男	山东	1998
高　巍	男	河南	1998
韩　宙	男	北京	1998
王鸿杰	男	北京	1999
牛东滨	男	广东	2000
程晓馨	女	大连医科大学	1999—2000
马勤耘	女	安徽中医学院经络研究所	1999—2000
杨　奎	男	大连医科大学附属一院外科	1999—2000
吴红海	男	河北医科大学	2000—2001
崔秉泰	男	韩国庆熙大学	2001—2003
姚　进	女	北京大学人民医院	2002.9—2003.1

续表

姓名	性别	来自学校名称	进修时间
李　艳	女	北京师范大学	2002—2002
张　茜	女	北京师范大学	2002—2002
黄　诚	男	江西赣南医学院生理教研室	2003.2—2003.7
杨君峥	女	北京大学第三医院	2003—2003
王爱玲	女	北京大学第三医院眼科	2003—2003
姜　宏	女	青岛大学医学院生理教研室	2003—2003
黄志华	女	赣南医学院	2004—2004
王　磊	男	清华大学	2005—2006
赵亚锋	男	人民医院	2005
刘天蔚	女	青岛大学医学院	2005
张伟赫	男	人民医院	2006
蒋绍祖	男	江西赣南医学院	2006
张　雷	男	首都医科大学	2006
鞠　辉	女	人民医院	2006
胡　静	女	首都医科大学	2006—2007
张　蕾	女	青海省人民医院	2006—2007
梁尚栋	男	南昌大学	2007
赵　媚	女	北大药物依赖性研究所	2007.6—2007.7
熊丽娟	女	四川农业大学	2007.7—2007.7
姜　红	女	北京大学人民医院	2007.7—2007.9
郭素红	女	吉林医药学院	2007.8—2008.7
魏义明	男	福建医科大学	2007.8—2008.7
宋天然	女	北京大学第三医院	2007.9—2007.11
任欣淼	女	首都医科大学	2008.1—2009.6
姜丽娜	女	北京大学第一医院	2008.12—2009.6
唐文雄	男	北京大学人民医院神内	2008.6—2008.12
杜怡娟	女	北京大学生命科学院	2008.6—2009.6
方　东	男	郑州大学	2008.7—2008.8
唐春花	女	北京大学人民医院神内	2008.7—2008.9
任鹏飞	男	郑州大学	2008.7—2009.7
苏　萌	女	病理系分子形态中心	2008.8—2009.2

续表

姓名	性别	来自学校名称	进修时间
戈　果	女	贵阳医学院解剖学教研室	2008.9—2009.7
王　君	女	基础医学院解剖学系	2008.9—2011
宋　静	女	山西医科大学	2009.10—2010.7
刘　鹏	男	辽宁中医药大学	2009.2—2009.12
刘　莹	女	北京农学院食品科学系本科	2009.4—2009.8
韩彩艳	女	山东中医药大学	2009.4—2010.7
庄　君	女	北京大学人民医院	2009.7—2009.7
王莹莹	女	北京大学第一医院	2009.7—2012.6
董宇为	男	桂林医学院	2009.8—2010.4
林小慧	女	广西桂林医学院附属医院	2009.9—2010.5
郭　青	女	桂林医学院	2009.9—2010.8
周艳玲	女	武汉科技大学	2010.08—2011.7
王　波	女	山东中医药大学第二附属医院	2010.11—2011.10
伊文霞	女	北京大学第一医院	2010.12—2011.7
李楠楠	女	山东中医药大学	2010.3—2010.3
胡　芳	女	华中科技大学	2010.3—2010.5
王亚男	女	山东中医药大学	2010.3—2010.6
马　达	男	科学出版社	2010.3—2010.6
郑建华	男	中国农业科学院	2010.4—2011.4
尹　默	男	加拿大女皇大学	2010.5—2010.8
隋守竹	女	美国加利福尼亚大学	2010.6—.2010.8
倪冬春	男	中南民族大学药学院	2010.7—2011.6
侯炳军	男	山东医学高等专科学校	2010.8—2011.7
黄志华	女	赣南医学院	2010.9—2011.9
赵　华	女	河北石油职业技术学院	2011.12—2012.6
郭瑞娟	女	北京朝阳医院	2011.3—2012.3
吕娇娇	女	上海市同济大学附属医院	2011.7—2012.7
梁　明	男	山东中医药大学第二附属医院	2011.8—2012.1
李治华	女	郑州大学	2011.8—2012.7
陈　力	男	英国赫尔大学	2011.4
谢　涵	男	北京大学第一医院	2011.4

续表

姓名	性别	来自学校名称	进修时间
都爱博	男	北京望京医院	2012.7
温二生	男	江西赣南医学院	2012.7
薛进华	男	江西赣南医学院	2012.7
贺端端	女	北京大学第三医院	2012.11
周俊飞	男	北京大学人民医院	2013.1
赵宇洋	女	海南科兰科技有限公司	2013.4
张　璐	男	北京大学第三医院	2012.10—2013.2
李正迁	男	北京大学第三医院	2012.10—2013.5
刘亚杰	女	北京大学第三医院	2012.10—2013.5
王向东	男	江西护理职业技术学院	2012.10—2013.6
潘常玉	女	北京中医院	2012.10—2013.6
丁　蕾	女	北京大学第三医院	2012.10—2013.7
天　可	男	北京市中关村中学	2012.2—2012.2
苏　娜	女	首都师范大学	2012.8—2012.11
李物峰	男	山西	2013
刘　燕	女	天津中医药大学	2013.2—2015.7
朴丽颖	女	延边大学医学院临床医学	2013.3—2014.3
姚　瑶	女	北京大学口腔医学院	2013.3—2016.7
田学仁	男	美国布朗大学	2013.6
刘　璐	女	首都医科大学附属北京中医医院	2013.7—2014.7
楠　迪	女	江西中医学院	2013.7—2016.7
谢璐霜	女	成都中医药大学	2013.8—2014.7
苏东强	男	北京大学医学部	2013.9—2016.7
蔡世昌	男	怀化医专	2013—2014.7
闫超群	女	天津中医药大学在读	2014.10
曹彬彬	女	北大医院儿科	2014.10
于茂荣	男	海康公司	2014.10
高向阳	男	北大临床医学	2014.10
韩　旭	男	海康公司	2014.12
高　凯	男	北大医院	2014.2
张雨佳	女	北大医院	2014.3

续表

姓名	性别	来自学校名称	进修时间
孔玮晶	女	北大医院儿科学	2014.3
柴睿超	男	海康公司	2014.5
Zohal Ghulam-Jelani	女	加利福尼亚大学洛杉矶分校	2014.6
郑　斌	女	连云港市东方医院	2014.7
赵　平	女	连云港市东方医院	2014.7
宋江曼	女	北大人民医院	2014.8
王海宁	男	中日友好医院	2014.9
张绪德	男	英国牛津大学二年级学生	2014.9
梁雅婧	女	北京大学口腔医学院	2014.9
江茜	女	赣南医学院	2015.11.1
赖丽娟	女	赣南医学院	2015.11.1
王佳平	女	北大医院儿科	2015.3.1
丁　绪	女	首都医科大学附属儿童医院	2015.3.1
Diane Villaroman	女	University of California, Los Angeles	2015.6
张　伟	男	新乡医学院	2015.7
戈　果	女	贵州医学院	2016.1
罗道朋	男	贵州医学院	2016.1
赵　阳	女	北京大学第一医院	2016.1
许寒晓	女	贵州医学院	2016.2
冯志博	男	zhbf2002@163.com	2016.3
万雅兰	女	中山大学	2017.1—2017.3
杜军霞	女	邢台学院	2017.11—2018.1
梁　唯	女	医科院动物所	2017.11
段旭博	女	贵州医学院	2017.2.1
张锋瑞	男	中科院心理所	2017.5
杨翰新	女	university of cambridge trinity hall college	2017.7
TAROKH Moll AFARA JZADEH	男	University of California, Los Angeles	2017.7

续表

姓名	性别	来自学校名称	进修时间
Chen Y Yang	女	University of California, Los Angeles	2017.7
Sara Rashidi	女	University of California, Los Angeles	2017.7
陶　欣	女	中山大学生命科学学院	2017.8.1
曹　峰	男	医学部护理系	2017.8.1
黄金玲	女	广东和信健康科技有限公司	2017.9.1
李奕楠	女	北大人民医院	2018.1.12

表5　目前在北京大学神经科学研究所学习的研究生

姓名	性别	导师	来自学校名称	年级	身份
刘玲瑜	女	邢国刚	中南大学	2012	博士生
吕天节	男	王　韵	中南大学湘雅医学院	2014	博士生
麻　慧	女	崔彩莲	北京中医药大学	2014	博士生
马　军	男	万　有	中央民族大学	2014	博士生
马龙雨	女	伊　鸣	南京市农业大学	2014	博士生
宋天佳	女	韩济生	在中国海洋大学	2014	博士生
赵红岩	女	邢国刚	承德医学院	2014	硕士生
贾　梦	女	崔彩莲	中山大学	2015	博士生
江颖颖	女	万　有	华中科技大学	2015	博士生
景虹波	女	邢国刚	四川大学	2015	硕士生
刘青颖	女	万　有	河南大学	2015	博士生
柳博珩	男	邢国刚	北京大学	2015	博士生
邵　杉	女	伊　鸣	北京大学	2015	博士生
谢洪武	男	万　有	江西中医药大学	2015	博士生
尹湘莎	女	王　韵	首都医科大学	2015	硕士生
付　苏	女	万　有	河南大学	2016	博士生
管　芮	女	伊　鸣	北京大学	2016	博士生
郭誉鹏	男	张　瑛	福建医科大学	2016	硕士生
金滋润	男	邢国刚	中国医科大学	2016	博士生
孔金阁	女	王　韵	北京大学	2016	博士生
刘婷婷	女	王　韵	北京大学	2016	博士生
孙浩杰	男	万　有	北京大学	2016	博士生
孙兆炜	女	王　韵	中山大学	2016	博士生
王佳昕	女	刘风雨	承德医学院	2016	硕士生
王筱曦	女	韩济生	南京医科大学	2016	博士生
杨明达	男	吴鎏桢	北京大学	2016	硕士生
翟福骏	女	张　嵘	华北理工大学	2016	硕士生

续表

姓名	性别	导师	来自学校名称	年级	身份
陈　璐	女	王　韵	郑州大学	2017	硕士生
陈　琪	女	王　韵	四川大学	2017	博士生
韩炳轩	男	伊　鸣	北京大学	2017	博士生
龙　帅	男	万　有	西北农林科技大学	2017	博士生
苗德根	男	韩济生	北京中医药大学	2017	博士生
袁珠琳	女	邢国刚	首都医科大学	2017	硕士生
张子贤	男	邢国刚	大连医科大学	2017	博士生
支玉如	女	张　瑛	西北农林科技大学	2017	硕士生
范晓岑	女	万　有	北京大学	2010 八年制	博士生
王　菲	女	王　韵	北京大学	2010 八年制	博士生
徐　煜	男	王　韵	北京大学	2010 八年制	博士生
杨瑾裕	女	王　韵	北京大学	2011 八年制	博士生
朱肖琪	男	王　韵	北京大学	2011 八年制	博士生
陈　曦	女	伊　鸣	北京大学	2012 八年制	博士生
胡志文	男	王　韵	北京大学	2012 八年制	博士生
王　铖	男	万　有	北京大学	2012 八年制	博士生
杨冠男	女	邢国刚	北京大学	2012 八年制	博士生

表6　目前北京大学神经科学研究所工作人员和在站博后

姓名	性别	出生年月	职称	学位	来所时间	来所前单位
韩济生	男	1928.7	教授	学士	1962.10	北京中医学院
万　有	男	1963.11	教授	博士	1993.12	武汉同济医科大学
王　韵	女	1966.4	教授	博士	1993.9	北京大学
崔彩莲	女	1955.10	教授	学士	1993.6	西安交通大学
邢国刚	男	1966.7	教授	博士	2001.9	西安交通大学
吴鎏桢	男	1957.1	教授	博士	1992.8	西安中医学院
伊　鸣	男	1982.8	特聘研究员	博士	2012.8	伦敦大学
张　勇	男	1978.2	特聘研究员	博士	2016.9	约翰霍普金斯大学
刘风雨	女	1976.9	副教授	博士	2005.8	北京大学
张　嵘	女	1977.11	副教授	博士	2006.8	北京大学
张　瑛	女	1979.11	副教授	博士	2007.8	北京大学
李亦婧	女	1981.01	副教授	博士	2009.8	北京大学
卢　佳	女	1966.2	讲师	硕士	2016.10	北京大学
岑　程	女	1988.4	讲师	博士	2017.8	北京大学
廖斐斐	女	1981.12	副主任技师	硕士	2007.8	天津医科大学
蔡　捷	女	1980.12	副主任技师	硕士	2007.8	山东大学
王昕虹	女	1970.7	主管技师	学士	1992.8	北京大学
黄燕华	女	1970.5	主管技师	学士	1996.4	首都师范大学
孔金阁	女	1985.6	主管技师	硕士	2012.8	北京大学
王金鹏	男	1990.3	技师	硕士	2017.6	中国农业大学
崔　爽	女	1982.9	技师	硕士	2017.11	耶鲁大学医学院
刘　磊	男	1989.1	博士后	博士	2018.4	清华大学